otl aicher

innenseiten
des
kriegs

s. fischer

© 1985 s. fischer verlag gmbh, frankfurt am main
typographie und ausstattung: otl aicher
satz: nagel fototype, berlin
papier: holzfrei hochweiß offsetpapier 120 g/m^2
der nordland papier gmbh, dörpen
druck: gutmann + co., heilbronn
verarbeitung: g. lachenmaier, reutlingen
printed in germany, 1985
ISBN 3-10-000408-6

inhalt

innenseiten des kriegs

der erste sonntag

es war ein strahlender sonntag. es war der erste sonntag im krieg. seit vorgestern wird zurückgeschossen. den sonntag verbrachten wir sonst kaum noch in der familie. wir mieden die kleinbürgerlichen rituale und zogen uns schon am tag zuvor mit einem schlafsack bewaffnet in die wälder und ihre nächte zurück. auch im winter. sonntagskleidung war uns das letzte relikt einer gesellschaft der äußerlichkeiten. die jugendbewegung gab uns formen des verhaltens mit, die uns halfen, an der bürgerlichkeit vorbeizukommen, indem wir sie provozierten.

diesmal war es anders. ich blieb zuhause. seit tagen hing ich am radio. meistens, um ausländische sender zu hören. später stand ein zweiter empfänger in einem kleiderschrank versteckt, und unter wintermänteln flüsterte radio beromünster oder die BBC aus london hervor. ausländische sender zu hören, wurde verboten und stand unter strenger strafandrohung. mancher kam deswegen ins KZ.

wir wußten, daß es diesmal ernst war. er trieb sein spiel mit drohungen und verlockungen wie bei der sudetenkrise, wie eh und je. einmal bot er immerwährenden frieden an, sprach von einer letzten forderung, dann wieder drohte er mit dem einmarsch in danzig. ich wußte, daß ihn das diplomatische spiel störte, der versuch, über botschaften und botschafter den frieden zu retten. jedermann konnte ja nachlesen, was er wirklich vorhatte. er hatte es niedergeschrieben, schwarz auf weiß, unverschlüsselt.

aber meine mutter hatte ›mein kampf‹ nicht gelesen.

es gab kein hin und her mehr. auch unser bangen und zittern war zu ende. »seit heute früh, null uhr fünfundvierzig, wird zurückgeschossen«, hatte er vorgestern verkündet. er hatte einen polnischen überfall auf rundfunkstationen nahe der grenze inszeniert, um aufbrechen zu können, einem »volk ohne raum« ein neues herrschaftsgebiet zu erschließen. der osten gehört den deutschen. seit den tagen der »christlichen« ritterorden, seit dem mittelalter, ziehen die deutschen nach osten.

was geschichtlich hätte sein sollen, vielleicht heroisch, was die leute auf die straße treiben oder die kirchenglocken zum läuten bringen sollte, war an diesem sonntag gefühlsverlust mitten in einem familienmilieu. ich hatte mir nie vorstellen können, wie ein krieg anfängt, aber so hatte ich es mir nicht gedacht.

9

mit sonne und sonntagsbraten. ausgerechnet an den tagen, an denen der zweite weltkrieg begann, war ich eingeschottet in ritual und konvention. ich befand mich unter verdutzten bürgern, die nach einer aufbruchstimmung suchten, nach helden, die sie dereinst verehren wollten, sich aber am schönen sonntag freuten, ihrem braten, ihrem kaffee und kuchen. den nachmittagskaffee mit kuchen konnte ich umgehen. werner scholl rief an. wir verabredeten uns nach dem essen am ortsausgang zum klosterwald. er kam mit einem freund, ulli, den ich nur vom sehen kannte. da die spekulationen vorbei waren, konnte das gespräch nicht viel höhe gewinnen. das überraschende am krieg war seine wirklichkeit. wir hielten uns fast geschäftlich an das faktische.

es klang auch ganz geschäftlich, als werner fragte, ob ich mitmachen würde, eine widerstandsgruppe aufzubauen, eine sabotagegruppe. ich war weder überrascht noch bestürzt. es war nur eine frage.

wie lange er glaube, daß der krieg dauern würde, fragte ich. es wird schnell gehen. die engländer, franzosen haben zeit gehabt zu rüsten, sind aus dem ersten weltkrieg gestärkt hervorgegangen, haben die ganze grenze entlang eine verteidigungs- und aufmarschlinie aufgebaut, haben flugzeuge über flugzeuge, panzerarmeen. in ein paar tagen wird es losgehen.

mach keinen blödsinn, sagte ich zu werner. der krieg kann lange dauern. denk daran, wie sich hochtechnische armeen von verdun bis lille ineinander so verkrallt hatten, daß es kein vor und zurück mehr gab. eine widerstandsgruppe fliegt in diesem partei- und polizeistaat über kurz oder lang auf. jeder ist des andern spitzel geworden. es ist ja für das vaterland.

werner hatte eine kalte verwegenheit. kürzlich hat er nachts der büste der justitia vor dem gerichtsgebäude eine hakenkreuzbinde um die augen gebunden. sie stand da, groß, erhaben, eine bronzene waage in der steinernen hand, nun einen stoffetzen mit dem symbol der partei um die augen. beim heldengedenktag der garnison gab es beim feierlichen zapfenstreich auf dem nächtlichen münsterplatz plötzlich einen ohrenbetäubenden knall. eine knallkapsel war hochgegangen. so war er.

werner und ich gingen in dieselbe schulklasse, die bald ihr abitur machen sollte. wir waren freunde geworden, weil ich mich hartnäckig weigerte, in die hitlerjugend einzutreten. man ließ mich deshalb weder zum abitur noch zum studium zu. meine isolation in

10

der klasse war aufgebrochen. werner zog auf seine art folgen daraus. er trat aus der naziorganisation aus, was aufsehen erregte. seine geschwister, vor allem hans und inge, waren früher in der hitlerjugend gewesen, man kannte sie in der ganzen stadt.

werner und ich bestimmten die politische diskussion in der klasse, benützten schulaufsätze zu anspielungen, so daß uns die lehrer die arbeiten mit der bitte zurückgaben, sie verschwinden zu lassen. wir verwikkelten lehrer, von denen wir das gefühl hatten, daß sie uns nicht verpfeifen würden, in diskussionen über die neue interpretation der deutschen geschichte und ihre widersprüche. nietzsche, einen vorgeblichen ideologen des neuen staates, kannten wir so gut, daß wir ihn dagegen ausspielen konnten.

werner traute ich zu, daß er eine konspirative gruppe zustandebringen würde, er würde sich zur not funkgeräte und sabotagematerial beschaffen. aber das netz der bespitzelung und beobachtung war zu eng, als daß man ohne konspirative schulung lange würde überleben können. die gesamte öffentlichkeit vom »blockwart« bis zum »hauswart« war mit parteimitgliedern durchsetzt, und neben der partei stand die allgegenwärtige geheime staatspolizei. die wände hatten ohren, und die nacht hatte augen.

gab es noch einen rückhalt? konnten einzelne der totalen isolierung standhalten? werner und ich waren keiner politischen bewegung zuzurechnen. die parteien waren vor sechs jahren schon eliminiert worden. wir hatten kaum noch erinnerungen an sie. der widerstand gegen die nazis speiste sich aus der alltäglichen erfahrung und aus der wahrnehmung, wie ein regime das denken gleichschalten konnte. dies nicht nach gründen der vernunft oder einsicht, sondern nach den oft willkürlichen direktiven seiner führung. wer sich widersetzte, wurde kaltgestellt oder verschwand spurlos. man wollte uns zwingen, nicht mehr eigene gedanken zu denken.

ich fragte werner, ob er nicht zu weit gehe, ob er nicht das gefühl habe, eine schuld abtragen zu müssen, da er früher einmal bei den nazis mitgemacht hatte. konvertiten sind oft radikaler als orthodoxe. er empfand schuldgefühle. in erster linie wegen der unfähigkeit der deutschen, sich dem neuen staat zu entziehen. keiner wollte sehen, was er täglich sah, keiner wollte glauben, was er täglich hörte. und wer ein kritisches wort äußerte, wurde wie ein aussätziger gemieden, wie einer, der mit egoismen den großen auf-

schwung einer ganzen nation beschmutzte. alle hatten
sie ihn gewählt.

das kann schuldgefühle erzeugen. schuldgefühle für
ein ganzes volk. ich redete auf werner ein. ich versuchte, ihn zu überzeugen, daß widerstand nur dann
sinn hätte, wenn es eine möglichkeit gäbe zu überleben. widerstand ist kein selbstzweck. er muß um der
veränderung willen geschehen, aus dem willen kommen, an die stelle der jetzigen eine andere welt zu
setzen.

welche form des widerstands hat überhaupt eine
chance, gegen diesen staat etwas auszurichten? und
nur die aussicht auf erfolg rechtfertigt aktionen gegen
ihn. das opfer an sich ist kein motiv. kann es sein, daß
ich feige war?

wie soll man sich verhalten? sollen wir diesen staat
anfallen wie raubkatzen, ihn aus verstecken angreifen
wie schlangen, oder sollten wir ihn unterhöhlen wie
maulwürfe?

füchse leisten keinen widerstand. auch sie schalten
ihre gegner aus und holen ihre beute. aber sie sind
weder heroisch noch treu, weder unbestechlich noch
berechenbar. sie besitzen keine verhaltensnormen,
aber sie haben einen verstand für das richtige. sie sind
listig. sie sind feige ohne ehrverlust, wenn eine aktion
nichts eingebracht hat. dann eben das nächste mal. sie
sind ihren methoden nicht als methode treu, wenn sie
nichts einbringen. ein reh ist ein fluchttier, es eilt
davon. der fuchs flieht nicht, er gebraucht eine intelligenz der anpassung, der verstellung, der behauptung
durch unauffälligkeit. er baut burgen unter der erde
und operiert über tage. er lebt im untergrund und holt
sich auch bei tageslicht sein huhn. aber er lebt in der
verborgenheit, und er agiert allein. er ist erfolgreich
nur als einzelner. weder hat er die macht der vielen,
noch kann er fliehen. so baut er auf überraschung, die
nur aus dem agieren als einzelner kommt.

werner sah die möglichkeit, daß der krieg in kurzen,
harten schlägen beendet werden könnte, so wie preußen einmal in so gut wie nur einer schlacht, bei sedan,
frankreich bezwungen hatte. voraussetzung dafür sei,
daß auch hinter der front züge entgleisten. dazu seien
kleingruppen notwendig, die von der erdoberfläche
verschwunden sind, wenn die mine gelegt ist.

mein problem war ein anderes. ich sah hier keinen
krieg, in dem armeen gegen armeen stehen, soldaten
gegen soldaten, geschütze gegen geschütze. es standen
sich staaten gegenüber. hitler hatte nicht nur generäle

12

beauftragt, einen krieg zu führen. das ganze volk war in die mobilmachung einbezogen, seine arbeiter, seine wirtschaft, seine wissenschaft, seine universitäten, seine kirchen. das konnte kein spaziergang werden.

mein problem war, daß ich selbst ohne schaden das dritte reich überleben wollte, ohne mich verachten zu müssen, ohne vor mir selbst zum krüppel geworden zu sein. wenn der krieg vielleicht über jahre dauern sollte, sah ich zunächst keine risse im system, die einen zu untergrundaktionen ermutigen konnten. aber ich sah einen druck auf mich zukommen, dem ich vielleicht nicht würde standhalten können.

ob dann nicht widerstandsaktionen allein aus gründen der selbstbewahrung notwendig würden, einfach, weil es ein leben mit gebrochenem rückgrat nicht gibt? trotzdem blieb ich bei meinem widerspruch.

kein antifaschist
für einen antifaschisten war ich zu jung. kommunisten gab es keine mehr, keine sozialdemokraten, kein zentrum. die parteien waren verboten worden, als ich elf jahre alt war, und ich hatte keinen vater oder großvater, in dessen bücherregal ich einen liebknecht, einen kautsky, einen bernstein, einen rathenau oder stresemann hätte finden können. wir lebten in einer quarantäne. auch im geschichtsunterricht, auch im religionsunterricht wucherte das neue vokabular von volk, rasse und führer, und die neue nomenklatur hieß reich, kampf und vorsehung.

ein mathematiker ließ uns einmal ausrechnen, wieviel wald und ackerboden dem deutschen volke, einem volk ohne raum, verlorenginge durch den bau der reichsautobahn. ich wußte sofort, daß er gegen hitler war, und das war auch schon das äußerste an möglicher politischer argumentation gegen das dritte reich. damals hat ihn noch niemand angezeigt. es war 1935.

für mich gab es keine opposition gegen hitler als politische realität, als front, als geheimzelle, nicht einmal geheimsender gab es. die wirksamste antinazistische argumentation war radio beromünster, auch weil die dort gesprochene sprache so normal war gegenüber dem pathetischen schraubendeutsch der mitteilungen über deutsche ereignisse. radio beromünster verdanke ich viel, gerade dann, als es endgültig verboten war, auslandssender zu hören. halb ein uhr, wenn die mittagsnachrichten kamen, war der

13

angelpunkt des tages, schon allein eben dadurch, daß
in einer normalsprache über alles in der welt berichtet
wurde, ohne das gläubige pathos oder die sprache des
zürnenden wotan, mit denen die deutschen belange
aus den deutschen radios verkündet wurden. am don-
nerstagabend gab es die politische wochenübersicht
von j. r. von salis, für mich ein politisches seminar.

man kommt ganz ordentlich durch die welt, wenn
man anfängt, die glaubwürdigkeit einer sprache schon
im ohr zu prüfen, in gestus und tonfall. so kam es, daß
mein geschichtslehrer mit allem, was er über den
»führer« sagte, über karl den großen, meister eckhart,
versailles, eine widerwillige neugierde bei mir weckte,
wie es sich denn wirklich verhalten haben könnte.
er weckte den verdacht, auch die franzosen (die eine
dekadente rasse sein sollten), seien vor verdun so
schlecht nicht gewesen. waldraff hieß er. ich vergesse
nie seinen namen und den süßen ton der gläubigen
hingabe, in dem er sprach. er blickte immer mit halb-
verdrehten augen zur decke, wenn er die geschichte
auslegte. das große war anwesend. oder sollte anwesend sein. und es blieb doch watte und rauch.

ich gehörte keiner gruppe der bündischen jugend
an, stand aber mit ein paar ehemaligen mitgliedern der
quickborn-jungenschaft in berlin im kontakt, die ich
gelegentlich kennengelernt hatte. die jugendbewegung bedeutete mir viel. sie schuf ein selbstvertrauen
in die eigene generation, lehrte uns unabhängig werden und legte uns nahe, einen bogen um spießer und
krämer zu machen. die berliner gehörten zu den wenigen, etwas elitären gruppen, die sich gegen den wan-
dervogel oder die pfadfinder absetzten und sich mehr
vom kulturellen wind der zwanziger jahre tragen
ließen. ich lernte die ersten expressionisten kennen,
schon im bewußtsein, mich außerhalb der kultur-
doktrin des staates zu bewegen.

ich zog per autostop durch das reich, und es war für
mich kein verrat, wenn ich statt zu wandern auf dem
sozius einer fünfhunderter »triumph« mit verchrom-
ten auspuffrohren durch berlin fuhr. sie gehörte ernst
klar, einem älteren freund.

als wir miteinander eine fotoausstellung im kolum-
bushaus beim anhalter bahnhof anschauten, wurden
wir verhaftet, offensichtlich, weil unsere kleidung und
haartracht freier aussah als die der bereits auf vormilitärische schulung eingeschwenkten hitlerjugend.
man nahm uns zunächst zur feststellung der personalien auf die nächste polizeiwache mit. daß ein süd-

14

deutscher und ein berliner sich trafen und offensichtlich außerhalb der staatsjugend agierten, reichte hin,
uns so verdächtig zu machen, daß man uns offiziellen
verhören unterzog. so kam ich mit fünfzehn jahren in
das prinz-albrecht-palais in einzelhaft. hier residierte
das reichssicherheitshauptamt. in einzelhaft, einmal
um uns zu trennen, aber auch, weil ich mich weigerte,
auszusagen, ohne vorher das protokoll meines freundes einsehen zu können, was mir schreiend als provokation vorgehalten wurde. vielleicht durch zufall saß
ich so im prominentenflügel mit roten läufern. SS mit
weißem koppelzeug patrouillierte. ich selbst mußte
meine kurze hose mit der hand halten. der gürtel war
abgenommen worden.

es war eine schlimme zeit, eine ungewöhnliche
strapaze für einen jungen kerl. jeden tag zum verhör
und zurück in eine zelle der endlosen stunden. kein
kontakt mit außen, kein brief. wenn ich auf den stuhl
stieg, konnte ich durch einen spalt meinen freund
beim rundgang im hof sehen, mit ernstem, gefaßtem
gesicht, auch er seine hose in der hand. ich wußte
nicht, wie lange das dauern würde, wohin das führen
konnte, und zermarterte mir den kopf. aber die sache
gab nichts her, und wir kamen frei. man suchte nach
homosexuellen anlässen, um vorwände für das voll-
ständige verbot der jugendbewegung zu erhalten. zwei
freunde von unterschiedlichem alter stehen in einer
fotoausstellung und sind für das scharfe auge eines
gestapobeamten ein sicheres objekt für die geplante
propagandakampagne, die dem verbot vorausgehen
sollte. klar, daß sie homosexuell sein müssen.

jetzt hatte ich den staat von innen gesehen, von
seinem innersten innern. für mich war dieser aufenthalt wahrlich eine tortur, weil ich nicht wußte, wie
lange ich mit mir im reinen bleiben und durchhalten
konnte. sie hätten mich ja auch abtransportieren können, und wie sollte ich mich in einer welt der erwachsenen, der gewalt und der macht, der pressionen und
zwänge zurechtfinden?

trotzdem empfand ich diese erfahrung als ein privileg. ich gehörte zu denjenigen, die bescheid wußten,
und es festigte sich eine einstellung, die eindeutig
darauf hinauslief: nicht vor dir selber feige werden,
dich nicht etwas anderm als dir selbst überlassen.
schließlich hatte ich sie gezwungen, mir das protokoll
vorzulesen, ehe ich redete. aber was hätte ich machen
sollen? weiß man mit fünfzehn, was man sagen darf,
was nicht?

15

es gab in meiner heimatstadt einen friseur, der aussah
wie einer der gestapobeamten, die mich verhört hatten. ich gehe auch heute, wenn ich ihm begegne, auf
die andere straßenseite, um sein gesicht nicht sehen
zu müssen. ich weiß, er hat mit der sache nicht das
geringste zu tun. aber er wirft erinnerungen auf.

noch etwas habe ich gelernt: dieser staat versucht,
menschen zu brechen, sie mit macht zu brechen. er
versucht, das beste am menschen, seine haltung, zu
knicken. er begnügt sich nicht mit indoktrination,
nicht mit manipulation, nicht mit druck und über-
redung, er zerschlägt das rückgrat.

ich ahnte, worum es ging, als man bei uns ums eck
zwei kommunisten abholte. ich kannte sie aus der zeit
der reichspräsidentenwahlen 1932. nun war an der
stelle, die sie in unserem knaben-spielrevier einge-
nommen hatten, eine lücke.

nein, ich war kein sozi oder kommunist. ich habe
aus eigener erfahrung gelernt, was das für ein staat ist.
keine siegesmeldung rührte mich mehr, keine erfolgs-
meldung, kein wahlsieg, keine marschmusik.

ich verlor allmählich die empfindung, daß ich allein
durch die welt ging. ich ging immer mit mir zusammen. wir waren immer zu zweit. und über alles, was da
auf uns zukam, waren wir im gespräch, im dialog. das
gab gelegentlich skrupel und konflikte, aber wir haben
uns immer wieder gefunden. das sprechen mit sich
selbst überbrückt nicht nur das alleinsein. ich glaube,
besser als das denken hilft es, wahrheiten zu finden,
glaubwürdige übereinstimmungen. in solchen zeiten
ist man von allen ewigen wahrheiten verlassen. sie
verflüchtigen sich in abstraktionen. und die welt, die
immer anders ist, als die eben verstandene, ist milde
gestimmt und öffnet sich, wenn man über sie spricht,
anstatt nur über sie nachzudenken.

der druck war groß, auch der meiner umgebung.
ich solle doch nicht so dumm sein, das sei ja keine zustimmung, wenn ich in die hitlerjugend ginge. alle
machten mit.

auf der straße war man verpflichtet, marschierende
kolonnen, denen eine fahne vorausgetragen wurde,
mit dem faschistengruß, der erhobenen hand, zu
grüßen. ich tat es nicht mehr und steckte prügel ein.
was hätte es ausgemacht, wenn ich gegrüßt hätte?
gar nichts. ich hätte trotzdem derselbe bleiben können. genau das aber begann ich zu bezweifeln.
wer einmal mit erhobener hand grüßt, ist kein nazi,
wer zehnmal mit erhobener hand grüßt, ist kein

16

nazi, aber ein mitläufer. und wer hundertmal grüßt, ist kein nazi, aber ein opportunist. er hat kein rückgrat mehr.

man könnte sagen, mein selbstwertgefühl, mein selbstbewußtsein, hätte mich zu einem gegner der nazis gemacht. aber in so jungen jahren weiß man nicht, was selbstwertgefühl ist. ich hatte einfach angst, ich könnte mich selber verlieren, erst weich werden wie nasses papier und dann weggeworfen werden.

wer aber einem menschen das rückgrat bricht, der zerstört sein wesen, seine person, sein selbstverständnis, seine übereinstimmung mit sich selbst. das gibts im tierreich nicht, und der seelische krüppel, der übrig bleibt, geht am ende an sich selbst kaputt. wahrheit lernte ich verstehen, nicht so sehr als übereinstimmung mit etwas äußerem, sondern als übereinstimmung mit mir selbst. die unanfechtbarkeit war gewonnen, die zur überzeugung werden kann. nur wagte ich nicht, dies als wahrheit zu definieren, ich war mit einem gefühl der richtigkeit zufrieden.

ich empfand, wie die leute immer mehr begannen, sich zu spalten, sich in verschiedenen verhaltensebenen einzurichten, sich auseinanderzuleben und sich von sich selbst zu entfernen. der staat spaltete sie und entleerte ihre gesichter, ihre augen.

aber steht man das allein durch? ich kannte keine konspirative gruppe, keine mitglieder verbotener parteien.

der pfarrer, der gelegentlich in das haus meiner eltern kommt, wo er sich offen aussprechen kann, sagt mir, er müsse morgen nach paderborn fahren, ob ich ihn begleiten wolle. gerne, es sind ferien. er kommt mit einem kleinen zweitaktauto, holt mich ab, und wir fahren in einen schönen sommertag. nach knapp zwanzig kilometern hält er mitten in einem wald, nimmt ein kleines köfferchen und verschwindet, kehrt wieder, gekleidet als fröhlicher zivilist. er erklärt mir, daß wir gemeinsam eine reise machen, wo polizei und gestapo nicht ihre nase reinstecken sollten. so fahren wir einen ganzen tag.

kurz vor paderborn das gleiche, nur umgekehrt. der zivilist wird zum pfarrer, wir werden in einen saal geleitet, der dann geschlossen wird. an die tausend schwarze soutanen. mein pfarrer wird vorgestellt, und er entwickelt innerhalb von zwei stunden folgende thesen:

1. ich habe alle pfarrer der diözese eingeladen, die am ersten weltkrieg als offizier teilgenommen haben.

17

ich brauche frontkämpfer (hitler nannte sich selbst immer wieder den »frontkämpfer«).

2. wir pfarrer können schon aufgrund des zölibats mehr auf uns nehmen als damals an der front.

3. wir müssen im kampf der nationalsozialisten gegen unsere religion aufs ganze gehen, nicht blindlings, aber ohne persönliche einschränkung.

4. wir müssen gemeinsam agieren. wenn ein einzelner pfarrer auf der kanzel gegen den neuen weltanschauungsunterricht wettert, wird er abgeholt. wenn wir tausend an ein- und demselben sonntag es tun, sind die kerle machtlos.

ich saß als einziger, der keine soutane trug, in einer hinteren ecke. es gab einen frenetischen beifall. mitten in der flut der braunen weltanschauungen standen wir auf einem felsen.

dieses erlebnis erwies sich als unsinkbares floß. ich konnte, wenn es kritisch wurde, immer wieder darauf zurückspringen. in der erinnerung blieb es eine realität.

der pfarrer war ein mutiger mann. als die partei einen volksauflauf vor seinem pfarrhaus inszenierte, um einen vorwand zu haben, ihn in »schutzhaft« nehmen zu können, rief er den polizeipräsidenten an und sagte ihm: der erste, der in mein haus hereinkommt, ist eine leiche.

ich war in dem haus, als über lautsprecheraufrufe versucht wurde, die volksmenge gegen ihn aufzuhetzen. die SA bildete einen ring um das haus, um ihn zu »schützen«. der pfarrer beobachtete die szene hinter einem vorhang, in der hand einen totschläger. herein kam niemand.

später wurde der pfarrer doch noch verhaftet und ins gefängnis gesteckt, kaltgestellt. sein versuch, eine gegenorganisation aufzubauen, war mißlungen.

in dieser ohnmacht überlegt man sich, wie merkwürdig denken und tun verknüpft sind. wie weit kann eine überzeugung von ihrer wirksamkeit entfernt sein. eine gesinnung reicht nicht aus, die logik des handelns zu ersetzen. erst im handeln wird denken manifest. wer sich mit der opposition im kopf zufriedengibt, zieht sich in die bürgerliche unverbindlichkeit zurück. und trocknet darin aus. das tun gibt einsichten frei.

der lebensraum

so gut wie alle nationalstaaten europas hatten sich
kolonien einverleibt. mit der entdeckung amerikas begannen die spanier und portugiesen, sich riesige
reiche zu unterwerfen. sie brachten den indios eine
neue religion und entwendeten ihnen dafür gold und
silber. in grausamen eroberungszügen dezimierten sie
völker, die ihnen nie etwas zuleide getan hatten, sie
zertrampelten alte kulturen und sitten.

im norden amerikas stritten sich franzosen und
engländer um das land der indianer. gewehre, kanonen und schnaps waren den indianischen stämmen
und kulturen so überlegen, daß es heute den indianer
in der amerikanischen öffentlichkeit so gut wie nicht
mehr gibt. was bei den konquistadoren der christliche
gott war als ideologische irritation der urbewohner
und als bemäntelung der eigenen verbrechen, war in
nordamerika die ideologie der freiheit, der demokratie. beide ideologien hatten den vorzug, daß sie
geschäfte sein ließen und sich aus allem heraushielten,
was mit besitz, markt, geld, handel und konkurrenz zu
tun hatte. so konnte man dominikaner und jesuiten
mit erhobenem kreuz unter die völker der anden schik-
ken, um sie zu missionieren und sich gleichzeitig den
genossenschaftsbesitz der dörfer, der ja nicht einzelnen gehörte, unter den nagel zu reißen und an die
neuen herren zu verteilen. man konnte ein guter
demokrat und verfechter der aufklärung sein und doch
gegen einen stamm krieg anfangen, der mit seiner
herde durch das erschlichene privateigentum zog,
auch wenn es einst stammesbesitz war. gemeineigen-
tum wurde als rechtsform aus dem vokabular der justiz
verbannt, und schon wurde alles land verfügbar, das
nicht einen persönlichen besitzer hatte. der rechtsstaat
wurde zum erobererstaat.

und das ging von osten nach westen des nordameri-
kanischen kontinents mit der geschwindigkeit, mit der
eisenbahnlinien gebaut wurden.

genauso trieben die russen ihre bahn ins innere sibi-
riens und ruhten nicht, bis sie am chinesischen meer
waren, alles sich unterwerfend, was es an asiatischen
völkern hinter dem ural gab.

die franzosen und italiener drangen in die arabische
welt afrikas ein, teilten mit den engländern und buren
den ganzen kontinent auf, so daß nicht ein einziges
freies gemeinwesen mehr übrig blieb. der segen der
technik, der den europäern zugute kam, ließ keinen
widerstand zu. auch wenn alles recht auf der seite von

19

pfeil und bogen war, was nutzte es gegen eine kanone.

die holländer besaßen fast die ganze inselwelt indonesiens. australien wurde ein rein englischer kontinent.

deutschland ging leer aus. zwar hatte es in afrika kolonien besessen, mußte sie aber im versailler vertrag abgeben. deutschland hinkte der entwicklung der nationalstaaten hinterher. das reich war in einem prozeß der auflösung, als die andern sich anschickten, die welt unter sich aufzuteilen. die schweiz war aus dem reichsverband ausgetreten, auch die niederlande, österreich. jeder landesfürst war sein eigener sonnenkönig und hielt entsprechend hof im neuerbauten schloß.

in der letzten stunde des nationalistischen staates wurde durch preußen noch eine einigung der deutschen kleinstaaten betrieben, und mit dem neuen rumpfdeutschland trat bismarck in den chor der weltmächte ein. eine weltmacht aber ohne kolonien war undenkbar, und sei es nur, um nicht vom spiel und politischen auftreten der andern ausgeschlossen zu sein. ein staat, der nicht expansiv war, nicht fähig war, sich fremde gebiete einzuverleiben, war kein staat im sinne des 18. oder 19. Jahrhunderts.

so ganz aus der luft gegriffen war es nicht, wenn hitler ebenfalls einen »lebensraum« für das deutsche volk forderte und wenn er andere völker und menschen als beliebige verfügungsmassen betrachtete, sofern er nur stark genug war, sie zu unterwerfen. nimmt man die politische kultur europas zum vergleich, war es auch nichts außergewöhnliches, polen und russen als menschen zweiter kategorie zu betrachten. das räuberische an hitler war vor allem, daß er das räuberische nicht verhehlte und daß er es damit legalisierte. die exhibitionistische moral des deutschen neigt dazu, das, was er tut, auch noch als solches zu bezeichnen. wenn der weiße mann die letzten jahrhunderte als räuber durch die welt zog, und die welt zu seiner beute zu werden drohte, dann focht es hitler nicht an, auch seine politik als nackte eroberung zu deklarieren. statt eine solche eroberung als heilsbringende christliche mission zu verbrämen oder als aufgeklärten liberalismus, stellte er ihr eine funktionelle ideologie zur seite: das schlagwort vom volk ohne raum. nein, aus der tradition der politischen kultur europas paßte hitler – von der doktrin her gesehen – durchaus ins bild.

was er übersah, war, daß die geschichte europas auch eine geschichte der entrechteten ist, auch wenn sie nicht in die geschichtsbücher einging. was er übersah, war, daß diese entrechteten eine politik der herrschaft von innen heraus in frage stellten und allmählich stark genug wurden, könige zu stürzen. was er übersah, war, daß die kräfte gegen absolutismus, zentralismus, etatismus zu einer formenden, bestimmenden kraft wurden, die in die politik der starken eingreifen konnte. was er übersah, war, daß die aufstände der bauern, die aufstände der stadtbürger gegen adel und herren nicht nur das niedrige wimmern um freien brot- und gelderwerb war, sondern um eine andere politische kultur. hitler verspottete die entartung des bürgers zum kaufmann und die degeneration der freiheit zur ideologie des freien welthandels. aus bürgern waren in seinen augen geldverdiener, plutokraten geworden, aus dem bürgerlichen staat die nackte legitimation der besitz- und kapitalvermehrung.

hitler übersah, daß die freiheit inzwischen auch vom bodensatz der menschheit her, von arbeitssklaven und ausgebeuteten zu einer bestimmenden kraft geworden war, die sogar den nationalstaat, seine bürokratie, seine polizei, sein militär in bedrängnis brachte. die sozialbewegungen des vorigen jahrhunderts waren nicht nur ein schrei von entrechteten, sondern eine projektion einer anderen gesellschaft, die ohne staatsautorität auskommen wollte. das ende des nationalstaates war eingeläutet. aber hitler hat marx nie gelesen. auch daß diese kraft starke antriebe aus deutschland erhalten hatte, berührte ihn nicht. marx war für ihn jude. er hielt sich eher an den biologismus der zeit, an charles darwin, der im nachhinein eine wissenschaftliche rechtfertigung all dessen gab, was der weiße mann der erde angetan hatte, die legitimation der macht des stärkeren als auswahlprinzip für den fortschritt alles lebendigen.

das verseuchte denken
der faschismus war eine populär-radikale konsequenz des naturwissenschaftlichen zeitalters. der faschismus war die überwindung der metaphysik zugunsten einer naturwissenschaftlichen erklärung der welt. wie die moderne biologie das leben erklärt hatte, wie es spencer und darwin als weltprinzip beschrieben hatten, als motor der entwicklungsgeschichte, sollte es auch unter

21

menschen sein: der kampf ums dasein, das recht des stärkeren, der sieg der auslese sollten in der gesellschaft ebenso verwirklicht werden, wie sie in der natur wirksam sind. der faschismus ist weder tierisch noch eine teufelei, er ist ein mit deutscher gründlichkeit aufgemachter sozialdarwinismus.

es ist einfach nicht wahr, daß die nazis ein plötzlicher ausbruch von etwas unvorhersehbarem, von etwas total anomalem gewesen wären. sie sind auf der höhe der zeit. sie setzen wissenschaft, den letzten stand der wissenschaft, in politik um. sie sind techniker des zeitgeistes.

es ist einfach nicht wahr, daß zuchtwahl und ausrottung als prinzip der entfaltung alles lebendigen aus heiterem deutschem himmel in ein parteiprogramm herabgefallen sind. der biologismus, der die gehirne verdreht hatte, hatte sie überall verdreht.

ich lasse für mich nicht zu, daß man hitler als abseitigen verbrecher hinstellt, zu dessen handlungsantrieben kein rational vollziehbarer erklärungsweg führen würde. hitler ist so normal wie alle bösewichte, die im namen des fortschritts macht und profit verteidigt haben und damit die vernichtung des nicht lebenswerten lebens. es ist zu billig, den nazis all die verbrechen anzuhängen, die man selbst begangen hat, nur weil sie nie ein hehl daraus machten und ihre methoden jedermann hör- und sehbar hinstellten.

es ist im neunzehnten jahrhundert, es ist im namen des naturwissenschaftlichen denkens, aus überzeugung so grundsätzlich leben zertrampelt worden wie im dritten reich. und ich lasse es, wenigstens vor mir, nicht zu, die behandlung der juden als irrwahn der hölle darzustellen, wo alle, amerikaner, engländer, franzosen, spanier, portugiesen und russen mit schwarzen, roten und gelben völkern grausam genug umgegangen sind.

der unterschied ist, daß die nazis ihre verbrechen nicht hinter vorgehaltener hand, nicht versteckt unter dem deckmantel viktorianischer moral begangen haben, sondern als verkündeten ausweis eines neuen, wissenschaftlichen weltverhaltens. nach ihm hat das arme und schwache zu fallen als notwendige auswahl des höheren und besseren. jeder dollarmillionär glaubt heute noch an dieselben philosophen des fortschritts und der höherentwicklung, des kampfes und des sieges über die schwächeren. er würde das nie zugeben und braucht es auch nicht, denn es entzieht sich seiner persönlichen anschauung. er überläßt es der selbstwir-

kungskraft des geldes, klarheiten zu schaffen, auch
wenn er im engeren kreis noch so tolerant und mitfüh-
lend ist.

mag sein, daß weniger indianer erledigt wurden als
juden, sicher ist, die aufforderung zu killen war nicht
die verordnung einer staatsmaschinerie, sie geschah
aufgrund einer als wissenschaftliche erkenntnis verbreiteten überzeugung. wird sie legitim, indem man
sie dem privaten ansporn und der privaten nutzanwen-
dung überließ? das neue an hitler ist, daß er dieses
problem mit sozialtechnik von sozialingenieuren lösen
ließ und dazu tötungsmaschinerien neuer art schuf,
die den aufwand von kriegen fast ersparen konnte.

selbst einem amerikaner, der sich für aufgeklärt halten mag, gilt noch heute der reiche erfolgreich durch
seine leistung, der arme erbärmlich durch sein ver-
sagen. armenfürsorge ist ein eingriff in naturgesetze,
gleiche chancen in der bildung, im beruf ist eine den
fortschritt, die auswahl hemmende störung des sozialen kampfes um das überleben der besseren. die macht
des weißen ruht nicht auf kugeln und kapital, sondern
auf der auszeichnung durch die geschichte, die nichts
anderes war und ist als ein kampf ums dasein.

frieden? frieden kommt in der natur nicht vor. nur
schwächlinge, feiglinge, die nicht kämpfen können,
wimmern nach frieden.

wer oben steht, darf sich als produkt der auslese des
tüchtigen verstehen.

ich möchte wissen, was ist ein faschist? und deshalb
lasse ich mir ungern die wege zu rationalen einsichten
verstellen, indem man die ganze sache verteufelt,
möglicherweise aus eigenem schutzinteresse.

ich möchte auf die nazis nicht moralisch-emotional
reagieren. und ich möchte auch meinen erkenntnis-
drang nicht absperren oder umleiten lassen, indem ich
mich auf emotionen umpolen lasse. ich möchte es
wissen. und dazu brauche ich die einsicht, daß es hier
sicher unterschiede gibt in den methoden der ausrottung, unterdrückung und knebelung, wohl aber nicht
im anspruch nach beherrschung.

hier sitzt mehr auf der anklagebank als der schwach-
sinn und die verbrechen der nazis. hier sitzt der glaube
eines neuen zeitalters auf der anklagebank, der glaube
an die naturwissenschaft und die übertragung der
spielregeln der natur auf die gesetze und verhaltensnormen der menschlichen zivilisation und kultur.

hier sitzt der glaube auf der anklagebank, daß natur
und kultur identisch seien.

23

und dieser glaube, der glaube, daß der mensch ein
sprechendes tier sei, ist gemeingut aller, die vorgeben,
auf der höhe der zeit zu stehen.

wer wagt es denn, das zeitalter der vernunft, der
aufklärung, der naturwissenschaft infrage zu stellen?
wer wagt es denn, die gesellschaft aus kulturellen
zielprojektionen heraus zu erklären statt aus vitalen
antrieben? wer wagt es denn, wertsysteme als ebenso
starke antriebe menschlichen verhaltens anzusehen
wie biologisch erklärbare triebe und instinkte?

das zeitalter der vernunft war unbestritten eine der
bedeutendsten kulturepochen der menschheit. aber ist
das zeitalter der aufklärung nicht zu ende, sobald man
die biologie über die soziologie und die kulturwissen-
schaften setzt? ist noch niemandem der zweifel
gekommen, daß es zwischen bolschewistischen schau-
prozessen, deutschen gaskammern und amerikani-
schem erpressungswettbewerb einen zusammenhang
gibt, ja daß es einen zusammenhang gibt zwischen den
größten kriegen, die es in der weltgeschichte gegeben
hat und der anerkennung der naturgesetze als letzte
wahrheit?

und ganz beiläufig: warum sind es gerade ein car-
negie, rockefeller, ein hitler, die soviel für kultur übrig
hatten? ist nicht auch die öffentliche demonstration
von kulturwillen, die bis zur U-bahn in moskau reicht,
ein indiz für verdrängungswillen?

angeklagt ist eine intellektuelle seuche. hitler ist
ihre ausgebildetste erscheinung.

wer aber ist ihr ankläger?

der wird sich so schnell nicht finden lassen. eigentlich müßten es die armen, schwachen, die elenden, die
ausgestoßenen selber sein, die den vorhang herunter-
reißen. aber welche kirche steht nicht so im blut, daß
sie auf die lehre ihres gründers verweisen könnte.

das christentum müßte die geschichte anders herum
denken, nämlich von unten nach oben: der mensch
offenbart sich in den schwachen. aber wo ist dieses
christentum geblieben?

der mensch lebt weiterhin auf kosten des menschen.
die sich erheben, stehen auf den leibern der erschlage-
nen. das ist nicht etwa nur eine bittere erfahrung, das
ist nicht nur zu verstehen als lehre der geschichte, das
ist nicht etwa nur eine realität, die man hinnehmen
muß. das ist ein glaube, eine heilslehre, es ist das evangelium der neuzeit.

die neuzeit hat die erkenntnis freigelegt, daß jede
natürliche erscheinung eine natürliche ursache haben

muß, ja daß überhaupt jede erscheinung durch eine ursache ausgelöst wird. das war ein wichtiger schritt. das gesetz von ursache und wirkung hat nicht nur den erfolg der modernen naturwissenschaft ermöglicht und den erfolg der darauf beruhenden technik, die uns von den elementarteilchen der elementarteilchen bis in die weiten des kosmos vordringen läßt. dieses gesetz hat ebenso die teufel, die ideen, die formen, wesenheiten und metaphysischen ursachen und den lieben gott aus der erklärung der natur fortgenommen. das wirkliche entsteht durch wirklichkeiten.

das war ein epochaler fortschritt. leider aber auch ein trugschluß. es ist nicht wahr, daß das wirkliche durch wirkliches entsteht. das trifft sicher zu auf die erklärung der natur. aber der mensch, die menschliche gesellschaft, die menschliche kultur?

es gibt kausale ursachen, es gibt aber auch finale ursachen, zielvorstellungen. und im bereich der menschlichen kultur haben zielvorstellungen einen stellenwert wie in der natur die kausalität. wenn in der natur nichts ohne kausalität geschieht, so geschieht im menschlichen leben so gut wie nichts ohne projektion. das leben des menschen ist kein zwangsläufiger entwicklungsprozeß, sondern ein entwurf. es mag noch so viel im leben des menschen vorbestimmt sein im sinne biologischer daten, es bleibt trotzdem ein im hohen maße selbstgesteuerter prozeß, für den es einen plan, eine zielprojektion, eine erwartung gibt. der mensch ist kein biologisches, sondern ein kulturelles wesen, das heißt, seine antriebe sind nicht kausaler, sondern finaler art.

niemand sollte die bedeutung der naturwissenschaften auch nur um ein geringes schmälern wollen. das unheil liegt nicht in ihrer revolution des kausalen denkens. das verhängnis ist bis zum hinmorden von millionen von menschen die anwendung des naturwissenschaftlichen denkens auf die kultur. das kritischanalytische aufspüren von kausalketten hat zu dem unheilvollen erfolg geführt, die welt nur noch als naturwissenschaftliches objekt zu verstehen, als entwicklungsprozeß im sinne einer kausalkette.

in wirklichkeit ist der mensch durch seine selbstbestimmung, durch seine eigene leistung, durch seinen eigenen willen, durch seine eigensteuerung ein außernatürliches wesen im sinne der kausalität. er sucht in seinem leben etwas, was es in den naturwesen nicht gibt, er sucht einen sinn. der mensch lebt nach der projektion, die er selbst von sich entwirft.

das ist der grund, warum ideen, formen, wesenheiten und gott in seinem denken eine so große rolle spielen. aber die, glaubte man, seien tot, zusammen mit der metaphysik endgültig aus dem korrekten denken entfernt. lediglich in der mathematik und in der logik mußte man dabei bleiben, daß man kausalitäten auch entwerfen kann. nur hier gibt es im denken den aspekt der freiheit, des spiels, der freien setzung. im übrigen ist die welt determiniert, mechanistisch, kausal. nur im gefolge der naturgesetze, nur durch zuchtwahl und den erfolg des stärkeren ist freiheit möglich. wer dachte, daß durch diese einbindung des menschen in naturprozesse die freiheit verlorenginge, mußte sich bald überraschen lassen. zwar verloren die von der natur angeblich ausgestoßenen, die naturgeschädigten, die biologisch minderwertigen bald alle freiheit, sie wurden zu sklaven der stärkeren und zu reinen ausbeutungsobjekten. dafür aber erhielten die neuen herren, die rassisch reinen, die stärkeren, die sieger im kampf ums dasein alle nur erdenklichen freiheiten, vorab die von der natur selbst proklamierte, die freiheit, die schwächeren auszurotten. die neuen herren erhielten die noch nie gewürdigte freiheit, neue ausrottungsverfahren zu erfinden, herren über krieg, mord und verelendung zu sein. und wie die deutschen sind, sie machen alles prinzipiell.

die nazis sind nicht vom himmel gefallen, sie sind nicht aus der hölle gestiegen. sie waren die konsequenten normalbürger der neuen zeit. sie unterschieden sich von den andern dadurch, daß sie sagten, was sie dachten und daß sie systematisch anpackten, was andere nach gelegenheiten taten. es brach ihnen nicht die zunge, wenn sie davon sprachen, andere ausrotten zu wollen. ausrottung war das natürlichste der natur.

auch der marxismus, im kern einer idealen projektion von einer klassenfreien gesellschaft verpflichtet, machte seine anleihen in der naturwissenschaftlichen mechanik der notwendigkeiten. die geschichte habe ihre zwangsläufigkeit und laufe ab in klassenkämpfen. das war nicht zu weit entfernt davon, im namen der gesetzmäßigkeit der geschichte über das leben von menschen beliebig zu verfügen. auch wenn es um eine brüderliche zukunft aller menschen geht, ist niemand, weder freund noch feind, vor den krallen des kampfes ums dasein abgesichert. im zweifelsfall weiß die geheimpolizei besser, was notwendigkeit der entwicklung ist, als jedes noch so hohe parteimitglied. aber immerhin steckt im marxismus eine geschichtsauf-

fassung, die man dem christentum zugemutet hätte:
die zukunft der geschichte gehört den kleinen, ausgebeuteten, verelendeten, ausgepowerten. die herren,
die reichen, die starken, mächtigen, die sieger im
kampf der natur werden fallen. nicht der starke wird
den kampf ums dasein gewinnen, sondern wer arbeitet. und arbeit ist kein prinzip der natur.
   wenn es aber so sein sollte, daß der stärkste der
überlebende sein wird, dann übertraf die bestialität
der blonden bestie alle. mußte alle übertreffen. aus
prinzip. der zweitbeste der bestien ist bereits der
verlierer.

der lehrer waser
man sollte ihm ein denkmal setzen. aber niemand
kennt ihn mehr, den lehrer waser.
   er hatte kurzes graues haar, ging leicht gebeugt und
schützte sich mit der freundlichkeit und dem lächeln
eines chinesen.
   was ist eigentlich geschichtliche größe? ich glaube,
es ist von mark twain: ein großer dichter, der starb,
freute sich, im himmel sich unter die großen der geschichte mischen zu können, ihnen persönlich zu
begegnen. shakespeare, dante, homer, goethe. er sah
sie auch, wollte aber von gott wissen, wer der größte
unter allen dichtern sei. und gott zeigte ihm ein
gedicht, das vergessen im pult eines kleinen lehrers
einer dorfschule gefunden worden war. der sei es.
niemand kannte ihn.
   der lehrer waser kann nicht einmal den anspruch
auf ein gedicht anmelden.
   nur wer in einer finsteren zeit gelebt hat, weiß, was
es bedeutet, vielleicht nur für einen persönlich bedeutet, wenn ein biologielehrer vor der klasse steht und
einführungen in grundlagen der naturwissenschaft
gibt und dann folgendes sagt:
   die biologische substanz ist als materie wertlos.
wenn ich in der einen hand einen nationalsozialisten
hätte, in der andern einen haufen dreck, so wäre das
– rein biologisch gesehen – ein und dasselbe.

die bestie
im neubaugebiet unserer stadt war, unmittelbar hinter
unserer schule, ein block ohne bebauung geblieben.
dort spielten wir fußball. gelegentlich reichte der platz

27

für einen kleinen zirkus. nun stellte sich dort eine
kolonne von omnibussen und lastzügen auf, weiß
gestrichen, verbunden durch gehstege. motto: weltfeind nr. 1. es war eine wandernde ausstellung. der
besuch erfolgte klassenweise. der weltfeind nr. 1 war
diesmal der bolschewismus. aus dem osten blickten
uns halbasiatische, schlitzäugige untermenschen an,
gewehre mit bajonetten in der hand, europa zu überfallen.

das mindestens mochte jeder glauben. ja, das war
so. aber war das nicht ein spiegel? sahen wir darin
nicht nur unser eigenes gesicht? wer steckte die bajo-
nette auf, europa zu überfallen?

einzelgänger
wenn ich morgens mit dem rad vier kilometer zur
schule fuhr, mitten durch die stadt, schielte ich um die
ecken, ob nicht eine bande mir auflauerte, um mich zu
verprügeln. ich war nicht in der hitlerjugend, infolge-
dessen – gar nicht so unlogisch – ein feind des staates,
der neuen zeit. aus der weimarer zeit waren noch reste
bürgerkriegsähnlicher methoden erhalten geblieben.
dazu gehörten prügel.

so wurde ich zum einzelgänger, der schleichwege
sucht, eigentlich ohne daß ich es wollte. ich litt auch
nicht darunter, weil ich mich ganz schön wehren
konnte. und dann war ich an nietzsche geraten. die
nazis mochten seine rhetorik ausnutzen, so die vom
»herrenmenschen«, von der »blonden bestie«, vom
»willen zur macht«. in wirklichkeit war seine philosophie die des einzelnen, der aus einer jämmerlichen
welt aussteigt und am protestrand der offiziellen kultur sein eigenes selbst realisiert, im maßstab seiner
eigenen verantwortung. das half mir.

dann gab es ein ungewöhnliches buch. theodor
haecker: ›was ist der mensch?‹ theodor haecker war
befreundet mit carl muth, dem herausgeber des ›hochland‹, und mit ludwig von ficker aus innsbruck, dem
herausgeber des ›brenner‹, von dem karl kraus sagte,
es sei die einzige zeitschrift, die man in österreich
noch lesen könne. sonst war haecker nicht einzuord-
nen, er war nirgendwo angepaßt, auch nicht in seinen
themen. im ›brenner‹ hatte er als einer der ersten über
kierkegaard geschrieben, er hat ihn übersetzt, und
seine monographie ›sören kierkegaard und die philosophie der innerlichkeit‹, schon vor dem ersten welt-

28

krieg geschrieben, hatte einen bestimmenden eindruck auf ludwig wittgenstein gemacht. und als wittgenstein immer wieder versuchte, einen verleger für seinen ›tractatus logico-philosophicus‹ zu finden, fragte er bei ficker an. wo haecker schreibe, könne doch auch er verlegt werden.

haecker war es auch, der karl kraus über wien hinaus bekannt gemacht hatte und ihm einen hochphilosophischen rang zuschrieb über den ruf eines stänkernden wiener kaffeehaus-literaten hinaus, den er zuhause genoß.

›was ist der mensch?‹ war fast ein theologisches buch; man hätte es ebenso verstehen können als eine auseinandersetzung mit der philosophie der zeit, aber es war vor allem ein politisches buch, nur – und das rettete es vor einem verbot – traten alle politisch heiklen fragen im gewand der theologie auf, weniger angreifbar für die nazis.

es war eine zornige, prophetische abrechnung mit den neuen herren, ihren wegbereitern und epigonen. gewiß, geschrieben in einer verschlüsselten sprache, aber wer sie lesen konnte, behielt das buch in seiner rocktasche.

man muß sich das praktisch vorstellen: was gedacht werden durfte, was gesprochen und gedruckt werden durfte, in der zeitung, in der schule, im radio, war: es gibt edle und es gibt minderwertige rassen. und dann kommt einer und sagt in diesem buch: bei allen unterschieden sind alle rassen gleich – vor gott. und wenn gesagt wurde, die minderwertigste rasse sind die juden, sie kennen nur geld und geschäft, sind nur wert, ausgerottet zu werden, dann kommt da einer und sagt, die juden sind das auserwählte volk bis auf den heutigen tag – vor gott.

und wenn offiziell und inoffiziell gesagt wurde, ein staat ist so stark wie seine fähigkeit, krieg zu führen, dann heißt es da lapidar: das ziel der politik ist der friede.

und wenn es hieß, bei den völkern europas herrsche heute das prinzip »macht geht vor recht«, wenn es hieß, nur der starke mache geschichte, dann heißt es in haeckers buch leidenschaftlich, nicht die macht ist das gegenteil von recht, sein gegenteil ist das unrecht. wer die macht an die stelle des rechtes setzt, ersetzt es durch das unrecht. und er fügte hinzu: es gehört sehr viel mehr wirklicher mut dazu, gegen die ungerechtigkeit oder die lüge eines geistigen oder geistlichen tyrannen ein wort zu sagen, als triebhaft in ein maschi-

nengewehr zu laufen! das war 1933 geschrieben, als
noch ernst jüngers verherrlichung von langemarck im
ohr nachklang.
wenn das wesen des politischen im freund-feind-
verhältnis gesehen wird, wie bei carl schmitt, dem
oberstaatsrechtler, auch einem der christlichen steig-
bügelhalter der nazis, dann öffnet das, so haecker, die
schleusen in das chaos. und er fügt hinzu:»wie wird
die gestalt der welt sein, wie wird das neue aussehen,
nachdem vieles auf diesem planeten, was heute noch
nicht zerschlagen ist, zerschlagen sein wird?« er sah
den krieg kommen.
die neue lebensphilosophie der enthemmung der
vernunft, der freisetzung des lebensprinzips, geißelt
haecker:»dem geringsten schüler des thomas von
aquin hätte sich das letzte haar gesträubt, wenn er ein
buch von ludwig klages hätte lesen müssen«.
er geißelt den staat, der sich von fichte, hegel bis
scheler und spengler als weltgeist und als schöpfer des
absoluten ausgibt, als werdender gott. er wendet sich
gegen die faustische lüge: im anfang steht die tat, mit
der der unfug der teutonischen religion anfing.
schließlich läßt es sich haecker nicht nehmen, oswald
spengler, der im neuen menschen ein raubtier sieht, in
einer bitteren satire zu zerfetzen.
ich lernte theodor haecker kennen, läutete in der
möhlstraße in münchen. er hatte einen etwas
kantigen, schwäbischen kopf mit hellen augen und
einem wäßrigen fernen blick. der mund war gepreßt,
die kleine nase offenbar durch eine verletzung
etwas seitlich eingedrückt. er ging schlecht, stützte
sich immer auf und sprach wenig. er war zugemauert
wie eine festung, von der man nicht wußte, gegen
wen sie gebaut worden war. was er sagte, hatte er vorher dreimal durchdacht. so schrieb er auch. langsam.
immer denkend. lachen konnte er nicht mehr, er
lächelte nur, dann aber strahlend, mit genuß, nach
innen.
im innern dieser festung mußte es kämpfe gegeben
haben. er konnte sarkastisch werden. da gab es ein
arsenal von waffen. bissige satire, tötende ironie, ver-
letzenden spott. er kämpfte mit aller kraft gegen ein
falsches denken, das falsche denken bei andern, das
falsche denken bei sich selbst.
warum haecker konvertierte und katholisch wurde,
ist mir nie klargeworden. es könnte etwas mit der
konversion von karl kraus zu tun gehabt haben, dessen
radikalität und prophetische strenge um so eindring-

licher war, als sie sich des tötenden sarkasmus
bediente. überhaupt gab es eine affinität zwischen
beiden. in karl kraus sah er den mahner des unter-
gangs von österreich-ungarn durch eine bürgerlichkeit des dekadenten raffinements und einer durch
reichtum und feinheit ausstaffierten kultur. dem preußischen deutschtum prophezeite haecker nicht viel
anderes, wofür auch ihm das kulturelle indiz die
unredlichkeit offenlegte bis zum manierismus der
sprache eines stefan george und auch thomas manns.
er hielt vor allem die sprache und den falschen ton für
verräterisch.

hineinsehen in die festung konnte man nicht. trotzdem muß es da auch gärten gegeben haben. er verehrte vergil, den dichter des landbaus, der ernte. er
verehrte shelley, den dichter des ›jagdhunds des himmels‹ und den dichter des ›korymbos auf den herbst‹.
aber er muß qualen gekannt haben wie kierkegaard,
den er ins deutsche übersetzte. er konnte auch hassen
wie dieser.

inzwischen war die festung dieses starken mannes
zugewachsen und versteckt unter einem immergrünen
efeu. das schweigen der schwermut umgab sie.

bei unserem gespräch stießen wir auf den bemer-
kenswerten sachverhalt, daß hitler eigentlich schon
lange vor hitler dagewesen war. die deutschen professoren und die deutschen universitäten hatten ihn erfunden, bevor es ihn gab. nach ihren köpfen sollte ein
neuer staat, ein weltvolk entstehen, das den angelsäch-
sischen liberalismus und krämergeist wegfegte als das
menschlich vordergründige, profitliche und habgie-
rige. anstelle des bourgeois, der nur gegner der wirt-
schaftlichen konkurrenz kannte, sollten altpreußen
und der arbeiter gemeinsam ein neues weltvolk bilden,
in dem die »gesellschaft« eingetauscht wird gegen die
»gemeinschaft«, in der sich die freiheit im einheitlichen willen niederschlägt. altpreußen, das ist ordnung,
heeresgliederung und zugleich der staat, als der sich in
der geschichte verwirklichende gott. der arbeiter, das
ist der tatmensch, der aus der bürgerlichen unverbindlichkeit und verweichlichung ausgestiegen ist und
seine »eigentlichkeit« im absoluten sucht, wo es um
alles oder nichts geht, so spengler. nach werner sombart sind wir deutschen (1915) »das auserwählte volk
der gegenwärtigen weltzeit, ... das gottesvolk«.
»nietzsche«, fährt er fort, »sei der seher gewesen, der
vom himmel hoch dahergekommen, uns die mär
verkündet hat, daß uns der gottessohn geboren werden

soll, den er seiner sprache nach den übermenschen nannte«. so sagte nicht goebbels, sondern sombart, hochangesehener professor der nationalökonomie. und der gottessohn war schon geboren, der damals noch unbekannte gefreite in schützengräben frankreichs, adolf hitler.

zumindest der literarische geschmack hätte verbieten müssen, in den vokabeln der bibel nationalistische großmannssucht anzukündigen. und so redete nicht nur sombart, sondern scheler, simmel, spengler und alle die neu-idealisten, die von fichte gelernt hatten, daß das deutsche volk »geistig das salz der erde sei«.

anstelle der westlichen zivilisation wird eine deutsche kultur entstehen, weil die deutschen das urvolk der erde sind. wir werden überhaupt den unterschied klarmachen zwischen zivilisation und kultur. wir werden wieder geschichtlich denken und geschichte machen, statt sie auf uns zukommen zu lassen.

hitler war keineswegs der mann, der mit der nr. 7 in eine arbeiterpartei eintrat und von unten her mühsam eine neue partei aufbaute. er war getragen von einer woge der rassen-, volks-, staats- und kanonenhysterie. sie öffnete ihm auch die tore zu den feinen münchner familien, wo ein neues deutsches geistesleben gepflegt wurde, das sich vor allem auf wagner und seinen schwiegersohn chamberlain konzentrierte, den entdecker der »germanischen rasse«.

im gespräch stießen wir uns auch daran, daß auf der andern seite bergson und claudel sich zu vergessen schienen und von der »deutschen bestie« sprachen. aber selbst das schwächte sich bald ab, sobald wir die zitate nachschlugen, in denen sombart und spengler damit prahlten, die deutschen aufgefordert zu haben, bestien, raubtiere zu werden.

haecker, obwohl schwabe, zählte mit dem kreis um die zeitschrift ›brenner‹ zu jenen antipreußischen intellektuellen, die wien, das wien der mathematischen logik, der psychotherapie, des neuen bauens, der neuen literatur, der neuen musik, als einen kulturellen gegenpol zu berlin verstanden. diese gegenposition zeigte sich weniger in gezielten, demonstrativen äußerungen, als vielmehr in der wahl der themen, in der art der fragen, die aufgeworfen wurden.

als wittgenstein über ludwig von ficker einigen schriftstellern geld zukommen ließ, anonym, weil er aus dem habitus einer der reichsten familien österreichs aussteigen wollte, bot er auch haecker eine unterstützung an. nachdem man nicht mehr bereit ist, in wittgenstein nur den vater einer neupositivistischen philosophie der sprachanalyse zu sehen, liegt darin mehr als eine geste. beide rieben sich an der unsauberkeit, die in einer feuilletonkultur zwischen denken und aussage entsteht. wittgenstein versuchte es auf seine weise, auf den grund der sprache zu kommen, durch eine mathematisch logische analyse des aussagbaren. haecker, weder ingenieur noch mathematiker, schien wittgenstein meilenweit entfernt zu stehen, allerdings nur bis zu den ›philosophischen untersuchungen‹, wo wittgenstein einen andern sondierungsmaßstab an die sprache anlegte, den des gebrauchs. nicht nur in karl kraus hatten sie einen gemeinsamen freund. auch wittgenstein war eine festung, sogar eine solche gegen seine verehrer.

beide verband eine ontologie, die das sein aus der redlichkeit des subjekts erklärte. ihr exponent war sokrates, der das nichtwissen nicht als unfähigkeit verstand, sondern als eine essentielle begrenzung. ansonsten war sie nur leuten wie tolstoi, kierkegaard, pascal eigen.

an einer stelle im ›traktat‹ heißt es bei wittgenstein: das subjekt gehört nicht zur welt, es ist eine grenze der welt. und bei haecker heißt es gegen schluß seines buches, der mensch könne kraft seiner natur das wesen der materie, der pflanze und des tieres einigermaßen bestimmen, aber nicht sein eigenes, er sei an einer grenze . . .

bei wittgenstein ließ sich diese grenze nur überschreiten durch das, was man schauen kann, bei haecker durch das, was offenbart worden ist. beide hatten die totgesagte »metaphysik« wieder entdeckt.

wittgenstein überraschte die naturwissenschaftlich-empirische welt mit der aussage, das, was das rationale übersteige, sei das mystische, und haecker sah in kierkegaard gerade denjenigen, der sich durch rationale systeme nicht mehr erklärt fühlte, eher durch seine verzweiflung und seine angst.

für haecker war der mensch über das griechische denken hinaus zuallererst eine person, und bei wittgenstein heißt es: der ganze erdball kann nicht in einer größeren not sein als eine seele.

in einer solchen kultur war der tod nicht wegfrisiert. trakl hatte selbstmord begangen, wittgenstein meldete sich freiwillig, um zu fallen. und haecker litt unter schwermutsanfällen. denkt man noch an freud, an musil, an kafka, dann zog da keine kompanie soldaten

durch den wald der mark brandenburg in den morgen,
die welt zu erobern.

bei all denen, die in ihr sprechen hineinhorchen
konnten, wurde nicht nur nach außen geschrieben,
gesprochen oder gebrüllt. es fielen fragen nach innen.
ein nazi hat sich nie mit dem tode beschäftigt.
für ihn gab es das heldentum oder die ausrottung.

christentum

das christentum erkannten wir in seiner demütigung.
mein pfarrer war eine ausnahme. die amtliche kirche
übte sich fast überall in peinlicher anpassung, wie alle
beamten. in der kirche wurde für den führer gebetet.
das war nicht einmal mehr verachtung wert.

der politischen weltfremdheit der kirche entsprach
ihre kulturelle. sie konnte mit der welt, in der ich lebte,
nichts anfangen. sie kapselte sich in der orthodoxie ab,
und statt antworten auf fragen zu geben, lehrte sie
inbrunst. je mehr aber die kirche verfiel, desto mehr
wurde ihr ursprung sichtbar, und ich begann, die evangelien gegen ihre legende zu lesen. seit kindheit kennt
man die biblischen geschichten, und je mehr man sie
hörte, desto gegenstandsloser wurden sie, desto mehr
entleerte sich ihr inhalt zugunsten schöner, bekannter
formulierungen.

das erste war, daß ich nicht mehr kapitel und verse
las, nicht mehr sprüche. ich begann, die bibel zu lesen
wie einen text. und im zusammenhang gelesen, ver-
mittelte dieser text nicht mehr ewige weisheiten, sondern herausforderungen. er machte mich betroffen.
die herausforderung bestand auch darin, gegen ihn
anzudenken.

ich schob die ganze geschichte des christentums,
die seit dem imperium romanum hauptsächlich von
dem nebensächlichen konflikt beherrscht war, wie
man kirche und staat zur deckung bringen könne,
beiseite. sie verstellte den blick auf den ursprung. ich
machte experimente, ob man nach diesem text leben
könne.

wie lebt man nach einem text, in dem es heißt:
wenn dich dein auge ärgert, reiß es aus? oder: wenn
dich deine hand ärgert, haue sie ab? was mir zustatten
kam, war die umkehrung der rangordnung der welt. in
den evangelien wird die welt von unten gesehen. entgegen allem, was mir aus unserer bildung beigebracht
wurde. ich war unten.

34

auch das christentum entstand in der auseinandersetzung mit einer religion der herrschenden, sein
wesen wird deutlich, wenn man sieht, gegen was es
gerichtet war. dringt man so zu seinem ursprung vor,
bekommt man zweifel, ob paulus, luther oder kierkegaard, die es aus der not sexueller konflikte sahen und
es unter dem »stachel im fleisch« interpretierten, nicht
zu persönlich gesehen haben, paulus als judaist es
nicht sogar judaisiert hat, um sich ihm nähern zu
können.

unser weg zum christentum war offen, nicht versperrt durch institutionen und den ihnen eigenen offiziellen interpretationen, die doch schließlich den
gründer des christentums bewogen hatten, sich von
den hohepriestern, den pharisäern und sadduzäern,
die über die religion ihres landes verfügten, zu trennen. die kirche heute war so ermattet, daß sie kaum
mehr kraft hatte, uns einen fingerzeig zu geben. die
kraft des christentums fanden wir in ihm selbst. in ihm
sahen wir die von nietzsche uns eingegebene umkehrung der werte.

es sah die welt von unten.

und ich war unten.

in diesem christentum von galiläa gab es keine helden, keine siege. es war die welt derjenigen, die in der
regel von der geschichte, von der gesellschaft, den
königen, dem staat untergepflügt wurden. und ich sah
eine welt auf mich zukommen, die mich unterpflügen
wollte.

anfang einer freundschaft
es gibt menschen, denen man, etwa auf dem weg zur
arbeit, täglich begegnet. grüßt man sich, grüßt man
sich nicht? je mehr man sich das fragt, um so bedrük-
kender wird die tägliche begegnung. irgendwann muß
einem das schicksal zu dem moment verhelfen, wo
man beginnt, befreit einen gruß zu wechseln.

jeden tag auf dem weg zur schule begegnete ich auf
dem fahrradweg, so immer an derselben stelle, einem
mädchen mit langen zöpfen. sie saß aufrecht, etwas
nach hinten geneigt, auf dem fahrrad und schaute aus
blinzelnden augen. ihr rad hatte verchromte felgen,
etwas feineres. es war eine ältere schwester von werner,
das wußte ich. aber ich hatte lisl noch nicht persönlich
kennengelernt, und ich hoffte auf einen günstigen
moment, die allmählich peinliche form unserer täg-
lichen begegnung aus der welt zu schaffen.

35

dann erfuhr ich, daß der bruder von werner, hans
scholl, und seine ältere schwester inge von der gestapo
zu verhören nach stuttgart abtransportiert worden
waren. wegen bündischer umtriebe. als ich an diesem
tag auf dem fahrradweg der anderen schwester wieder
begegnete, grüßten wir uns. es wurde der gruß einer
freundschaft.

die klasse

wir waren vierunddreißig schüler. jetzt sind wir noch
acht. wer sich freiwillig meldete, konnte rascher
offizier werden. also haben sie's getan. auch lehrer
sind eingezogen worden. mehr und mehr fallen unter-
richtsstunden aus. für uns keine verlorene zeit. wir
leben von büchern, und wir reden über bücher.
   zwei der zurückgebliebenen sind militante nazis. sie
sind nicht wehrfähig und werden nicht eingezogen.
der eine hat ein steifes bein, der andere eine innere
krankheit. aber fast fühlen sie sich von der geschichte
bestraft und kompensieren ihre verdammung in die
heimat mit einem intellektuell aggressiven faschismus. man denkt total und absolut, vor allem gegen das
subjektive, das weiche, die christenmoral der demut,
die friedfertigen, die geschichtslosen.
   man muß autoren, zitate, bücher heranziehen. ein
anderer schüler hält mehr zu uns, zu werner und
mir, aber sein vater ist ein hoher nazi, und er kann
sich nicht freimachen. wieder ein anderer, es ist der
klassenprimus, ist so klug und gebildet, daß er sich
nicht für politik interessiert. die andern zwei warten,
bis sie eingezogen werden, statt sich freiwillig zu
melden.

eltern

ich erfahre es doch: mein vater fuhr nach stuttgart ins
kultusministerium, um vielleicht noch zu erreichen,
daß ich zum abitur zugelassen würde. ich war mit der
tochter des früheren zentrum-ministerpräsidenten
bolz und einem stuttgarter schüler der einzige im ganzen land, der sich weigerte, in die hitlerjugend einzutreten und deshalb das abitur nicht machen konnte.
ich empfand es fast als eine körperliche beschämung,
daß in einem so kultivierten land einige wenige
einzelne sich weigerten, einer nazi-organisation bei-
zutreten. alle machten mit. alle. eine besondere ausnahme war werner, der sogar den mut fand, auszu-

treten, nachdem er schon mitglied gewesen
war.

erreicht hat mein vater nichts. ich hätte ihm auch
abgeraten, etwas zu unternehmen. das konnte in
einem observationsstaat auch für ihn nur nachteile
bringen. man notierte zwielichtige familien. zudem
hatten mir auch meine eltern geraten, meine haltung
aufzugeben. ich hätte also meinem vater nicht zugemutet, sich für mich einzusetzen.

meine eltern kamen aus einfachen verhältnissen,
hatten sich durch die gründung eines handwerksbe-
triebes in das bürgertum hochgearbeitet und dachten
in dem maße angepaßt, wie sie diesen errungenen
status nicht gefährden wollten. beide dachten nie
daran, in die partei einzutreten, aber sie hielten mir
vor: man verliert doch nicht seine gesinnung, wenn
man pro forma in eine nazi-organisation eintritt, sich
dafür aber die chancen für sein leben, etwa das studium, offenhält.

die philosophie des deutschen idealismus, besonders
hegels, hatte die deutschen ein eigenartiges bürgertum
gelehrt. der bürger war in seinen augen keineswegs der
träger des staates. der bürger bekam das eigentum und
die freie ausübung des berufes zugesichert, wenn er
den staat, der freiheit und besitz sichern sollte, als
etwas höheres ansah: als die idee der sittlichkeit selbst.
für hegel erschien die gottheit in drei phasen. zuerst
war gott der überirdische, der allmächtige, das jensei-
tige sein. dann ist gott mensch geworden, er kam auf
die erde. das war die stunde des christentums. und nun
wirkt gott in der geschichte, in der entwicklung der
vernunft.

das subjekt der geschichte aber ist der staat.
geschichte entsteht durch ihn. er ist das dem einzelnen
übergeordnete gemeinwohl. hier folgt hegel aristoteles, für den das ganze mehr ist als die summe der teile.

der staat beschützt das leben, die güter und die
rechte der bürger, dafür überläßt der bürger dem staat
die vollmacht, geschichte zu interpretieren und
geschichte zu machen.

gott heute, das ist der staat, sagt hegel und begründet mit fichte die neue deutsche religion. das wäre
vielleicht noch eine religion von griechischen oder
römischen maßstäben geworden, wenn nicht die
antike abgelöst worden wäre von europa, von der neuzeit, von der aufklärung, die verkündet haben, nicht
der staat ist der sinn der geschichte – der sinn der
geschichte ist der einzelne, das individuum, sein recht,

37

seine würde, auch dort, wo dieses individuum allein gegen alle steht.

es mochte ungefährlich sein, in der architektur und kunst nochmals auf antike strukturen zurückzugreifen. der historismus hegels hatte ernstere folgen, zumal er mit der dialektik ein gesetz des geschichtlichen werdens entdeckte, das einem fortschrittlichen zeitgeist achtung abnötigen mußte. hegel hatte mit seinem werk prophetische statur. und der neue deutsche staat hatte seinen übervater. das resultat war eine deutsche form des opportunismus, die anständigkeit mit anpassung zu verbinden suchte. der bürger durfte die transzendenz und omnipotenz des staates sowenig in frage stellen wie gott, an dessen stelle der staat nun getreten war. war das eine säkularisierte protestantische moral, nach der der mensch nichts aus sich heraus vermag, nach der alles gnade, nach der unterwürfigkeit die eigentliche existenzform ist?

der deutsche ist ein tüchtiger, ehrlicher mensch. aber er ist ein angepaßter mensch. er ist so ehrlich, daß er auch zu seiner anpassung steht, wenn man ihn damit hereingelegt hat. er glaubt an das höhere, das ist der erfolg hegels.

wie immer, die deutsche philosophie brachte es fertig, die freiheit zurechtzustutzen auf die entfaltung der person im privaten, und herrschaft zu interpretieren sogar als schutz dieser freiheit. auf hegel geht der brave deutsche kleinbürger zurück, der dann auch hitler als obrigkeit akzeptierte, weil er den staat verkörperte. denken durfte dieser bürger nur privat. die idee der geschichte, ihr ziel und ihr lauf blieben dem staat vorbehalten und hatte die weihe der transzendenz. man fragt sich, warum die deutschen so bestialisch geworden sind, ohne doch ein volk von bestien zu sein. es sind anständige leute, die hier wohnen und arbeiten.

wir hatten zu büßen, daß die deutschen opfer einer falschen philosophie geworden waren. der lebende beweis wurde angetreten, daß der staat zur unsittlichkeit degeneriert, wenn er in anspruch nehmen darf, die instanz des sittlichen zu sein. und auch in diesem zusammenbruch ging der deutsche, tüchtig wie er war, seinen geschäften nach. man war nicht charakterlos und war nicht ohne gesinnung. aber man kannte sie nur als verbalen akt des privaten.

bleibt man so glaubwürdig?

oder muß man einstehen für das, was man denkt?

darf man sich auch anmaßen, die gedanken des staates
zu denken oder überläßt man sie den organen der politischen transzendenz?
wie weit ist es von der anpassung zum opportunismus? vom opportunismus zur gesichtslosigkeit?
wer steht für uns ein, der staat oder wir selbst? wer
trägt die verantwortung für das, was wir sind?

training
am bahnhofsplatz gerate ich in eine menschenmenge,
was ist los? alles drängt zum straßenrand. offenbar
wird jemand erwartet. ich stehe bald in der vordersten
reihe. es kommt der gauleiter, der oberste mann des
landes und fährt zu einer konferenz im bahnhofshotel
vor. jubel, alles hebt den rechten arm zum faschistischen gruß. ich bleibe steif. ich will wissen, was man
aushalten kann. niemand bemerkt es.

freunde
am ende war nietzsche ohne freunde geblieben. hatte
er sich übernommen, wenn er die freundschaft über
die liebe stellte? der freund ist der einzige, der einen
versteht und trägt, wenn die ganze welt sich von einem
abgewendet hat. der freund ist das außenmodell der
eigenen person, an ihm artikuliert man sein wachstum
und die kontrolle über sich selbst. der freund läßt es
zu, daß man mit sich selbst in korrespondenz bleibt. er
ermöglicht das fragen und antworten. wer ohne freund
ist, fällt in sich selbst zusammen.
ich hatte feste freundschaften. in der gasse, in der
ich wohnte, waren auf der einen seite bauern- und
arbeiterhäuser, auf der andern villen, in denen fabri-
kanten und ärzte wohnten. freunde hatte ich auf beiden seiten. aber nur so lange, als ich voll bei ihnen aufgehoben war. die jugendbewegung war eine soziale
kultur, die durch freundschaft bestimmt war. es gab
zwar organisierte verbände, aber stark waren jene
gruppen, die sich auf freundschaften stützten. einer
organisation schloß ich mich nicht an, hatte aber
verbindungen zu mitgliedern autonomer gruppen.
jene freunde, die anfingen, dem druck der nazis
nachzugeben, gingen verloren. schon ein falsches
wort, nicht erst die zugehörigkeit zu einer naziorganisation, konnte genügen, den freund fallenzulassen.

dafür gewann ich die, die stark geblieben waren. dazu gehörten die geschwister von werner. vielen, die meine zuneigung suchten, habe ich weh getan, sie von mir gestoßen. ich war hart, unnachgiebig und stellte die sache über die person. ich konnte grausam sein. es hätte mir weh tun müssen, wenn ich nicht von prinzipien getrieben worden wäre und von einem bild der freundschaft, das weit über dem der liebe stand.

alle meine freunde hatten unter mir zu leiden, unter meinen sporadischen intellektuellen attacken. ich wollte nichts halbes gelten lassen und war oft daran zu fliehen, um mit den nötigungen aufhören zu können. ich wollte niemand zwingen und zwang doch.

wie hältst du es zum beispiel mit der gnade und dem gesetz? haben luther und paulus recht, daß wir allein von der gnade gottes abhängen?

ich war immer ein protestant, nur nicht in diesem punkt. ich machte mir die mühe, alle bücher, die ich über die scholastik erhalten konnte, durchzuwälzen, weil thomas von aquin die these formuliert hatte: die gnade setzt die natur voraus. wie kann jemand gegen die nazis sein, wenn er auf eine oppositionelle gnade von oben wartet? das subjekt mit seiner anstrengung, seiner vernunft, seinem willen, seiner lernfähigkeit, seinem zorn ist das maß, wie sich gnade verwirklichen kann. die pietistische übereignung der eigenen person an gottes gnade ist eine politische kaltstellung. der verzicht auf teilnahme am geschehen, die folge ist die übereignung der evangelischen offiziellen kirche an die nazis mit einem eigenen braunen reichsbischof müller.

und wie der glaube – im gegensatz zu luther – die natur voraussetzt, die entfaltete subjektivität und individualität des einzelnen, so setzt der glaube auch wissen voraus. die vernunft ist die annahmestelle des glaubens. nicht nur ist nichts glaubwürdig, was der vernunft widerspricht, das denken erst schafft die plattform für glauben.

wenn man schon protestant und katholik ist, wie steht man dann dazu? lebt man damit so vor sich hin oder hat man sich darüber den kopf zerbrochen und sich so mobilisiert, daß man auch nazis anders als nur emotional begegnen kann?

wir alle standen vor dem fuße einer großen wand, vor großen herausforderungen. entweder, man wird opportunist, und dann gibt es diese wand nicht mehr, oder man trainiert sein denken zu einer überhellen wachheit, die die chance bietet, in jeder situation reagieren zu können.

wie andere von willy forst, stefan george und zarah leander sprachen, sprachen wir von dun scotus, thomas von aquin und wilhelm von ockham.

es ging nicht an, bei einer theorie der theologischen passivität stehen zu bleiben, auch wenn der terminus »gnade gottes« hieß, wo es darauf ankam, sinne, kopf und willen zu trainieren, gegen die überflutung des neuen staates bestehen zu können. dieser staat wollte vielleicht polen einverleiben, halb rußland. er wollte vor allem mich. er ließ keinen aus.

ich trieb meine freunde in den rigorismus logischer konsequenzen, in eine intellektuelle selbstbezichtigung, um jede denkgewohnheit in frage zu stellen.

dazu gehört auch der ästhetizismus unserer bürgerlichen kultur. bei rilke fand ich die übersetzung von einigen sonetten michelangelos, und ich gab keine ruhe, bis ich sie alle hatte. vielleicht war es paul IV und die proklamierte gegenreformation, vielleicht war es die liebe zu vittoria colonna, er empfand, daß er sein eigentliches in eine unnütze ästhetik des äußerlichen vertan, daß er sein leben vergeudet hatte. ich wollte diese vergeudung sehen, ehe ich mein eigenes begann. sophie war in ihrer klasse die beste zeichnerin, ich in der meinen. wir waren beide leute, die die aussagen der welt zuerst in ihrer erscheinung wahrnahmen. ich überlegte, ob ich bildhauer werden sollte, ließ mich aber abstoßen von der zumeist dumpfen geistigkeit, die ich bei denen fand, die nur mit händen arbeiten konnten. nun trieb mich einer, der es wissen mußte, michelangelo, mit seinen skrupeln in eine andere richtung. überhaupt wurde in einer welt, die von nazis umstellt war, der genuß, den die bürgerlichkeit an der kultur hervorhob, allmählich suspekt. die unverbindlichkeit gegenüber allem, sofern es nur schön war, die mich an goethe störte, führte zu zähen diskussionen mit hans und carl muth. ich hegte sogar zweifel, ob nicht thomas von aquin statt zu sagen, gnade setze die natur voraus, besser gesagt hätte, sie setze die kultur voraus. wenn man es genau nimmt, ist die kultur die natur des menschen.

aber was ist das für eine kultur, die den menschen zum menschen macht? ist es die bürgerliche?

die bürgerliche hielt ich für etwas historisch begrenztes, so wie die mittelalterliche, das belegten auch die ersten bilder eines franz marc, eines braque und picasso, die wir damals sahen, nicht ohne ein zittern im fundament zu spüren. im bürgertum entlud sich meine ganze auflehnung, die ich gegen meine eltern, kleinere geschäftsleute, mobilisieren konnte, und seine genußfähigkeit stand für mich in deutlicher beziehung zu der unfähigkeit, gegen hitler etwas auszusagen, gar etwas zu unternehmen. ich begann einen zusammenhang zu konstatieren zwischen der deutschen innerlichkeit, die man in bürgerlichen sinfoniekonzerten wahrnehmen konnte, und der tatsache, daß der nationalsozialismus entstehen konnte. die unverbindlichkeit des genusses macht zahnlos gegenüber der teutonischen art, durch machen die welt zu verändern. der eine flüchtete in die innerlichkeit der religion, der andere in die innerlichkeit der musik oder der klassischen literatur.

wir wühlten uns gegenseitig auf, und worte nahmen wir an wie eine nagelprobe. trotzdem konnte ich nicht gefühllos bleiben, wenn inge und sophie bach spielten, was auf ihre art ein beitrag zu der frage war, was ist kunst. und also lasen wir wieder ein sonett von michelangelo, um wenigstens die situation offen zu halten.

liebe konnte in dieser sokratischen luft nur in einer bestimmten form aufkommen. sie kulminierte in der angst, einen menschen dadurch einzuengen, daß er zum besitz werden könnte. liebe war eine kultur, sich nicht zu nahe zu kommen, den andern nicht zu vereinnahmen, was in der regel ja auch zu einer isolierung von dritten führt. unsere freundschaften waren eine art verklammerung, um durch die üble flut der zeit zu kommen. wie konnte man sich zu zweit aus dieser mannschaft entfernen? ein leben zu zweit mußte einen bei dieser strömung fortreißen.

auf der andern seite wurden unsere versuche, positionsbestimmungen zu gewinnen, aufwühlender, wenn man ein herz bis auf seinen grund befragen konnte. ich hatte keinen grund, der weiberfeindlichkeit schopenhauers zu trauen, die sich auch nietzsche zu eigen gemacht hatte, war auch nicht bereit, einem bürgerlichen kulturklischee zu folgen, das die frau zur hausfrau deklarierte. da verstand ich auch die antike nicht mehr. höchstens in dem sinn, daß ein eroberungsstaat zwangsläufig dem mann eine dominierende stellung einräumen mußte. für mich blieb die pallas athene die einzige gestalt der mythologie, die ich bereit war, mir anzueignen, von orpheus abgesehen. und auch paulus stand für mich viel zu sehr unter der antiken diktion, als daß ich ihm in seinen aussagen zur stellung der frau hätte etwas abgewinnen können. in inges zimmer, das ein treffpunkt bald aller interessanten jungen leute der stadt war, standen bücher über die suttner und malwida von meysenbug.

wer die liebe so versteht, als eine verweigerung aus respekt, schlägt wunden. nicht weniger übermütig als andere, bewegten wir uns doch immer wieder durch weite zonen einer großen traurigkeit.

die nazis verhalfen uns dazu, uns nicht als biologische wesen zu verstehen. sie sprachen dauernd von rasse, artgenossen, von der reinheit des blutes, von der fortpflanzung, züchtung, vererbung und vom kampf ums dasein.

wir mußten unsern widerspruch artikulieren. die reduktion des menschen auf das biologische war zwar von der anschauung her nicht sonderlich überzeugend, man konnte in goebbels, göring und hitler nur mit mühe vertreter der nordischen rasse, der herrenrasse der geschichte, erkennen, aber methodisch, wie wir waren, konnten wir die mendelschen gesetze kaum in frage stellen, und auch uns selbst verstanden wir als menschen aus fleisch und blut. wir waren natur.

wenn man sich trotzdem nicht als ein biologisches wesen versteht, hat das auch zur folge, daß die sexualität einen anderen stellenwert bekommt. es regte uns nicht besonders auf, wenn die generation der zwanziger jahre mit dem bruch der viktorianischen sexualmoral sich geschlechtlich in den hühnerstall begab, wobei man die peinlichkeit des beliebigen tausches mit einem warenfetischismus verkleidete, der aus teuren kleidern, großen autos, kosmetik, harten drinks und dicken zigarren bestand. wir genossen zwar die waffen, mit denen die prüderie erledigt wurde und zwitscherten schon als halbwüchsige die neuen schlager vom badewasser und der chaiselongue.

wir hielten es eher mit nietzsche. allerdings hatte auch der ein arsenal biologischer anleihen und war nicht spärlich im umgang mit »rasse«, »art«, »herrschaft« und »adligem blut«. »der mensch muß überwunden werden«, sagt aber zarathustra, er muß seine natur überwinden. er muß sich zum einzelnen erheben, über sich selbst herrschen, sich absetzen, asket werden. er ist nicht mehr zuerst mann und frau, gehört nicht mehr einem volk, einer rasse an. er findet sich unter freunden. »noch sind frauen nicht der freundschaft fähig«. nietzsche suchte den bund der einzelnen, wo er im freund noch den gegner fand und im gegner den freund. er haßte die herde, weil er die biologie haßte, die auf erhaltung der art aus ist, statt auf veränderung. wohl suchte er den menschen, der ein ja zum leben wagte, statt seine natur in einer sklaven- und demutsmoral zu vergewaltigen. die philoso- phieprofessoren ordneten ihn dann auch ein unter »lebensphilosoph«, die armen. nietzsche wollte das leben, aber ohne sich ihm auszuliefern. er wollte es beherrschen.

bei zarathustra gibt es keine sexualität mehr. es gibt freundschaft. die philosophie-professoren der lebens- philosophie verstanden nicht, daß sie hier ein modell vor sich hatten, in welchem die natur des menschen kompensiert wurde durch den begriff der kultur, was bei nietzsche soviel bedeutete wie moral. nietzsche war ein moralist. und man hätte ihn auch einordnen können unter die philosophen der gegen-natur.

wirklich, nietzsche war ein moralist. das »sein-sol- len« brachte ihn um den verstand, nicht das »sein«. der mensch steigt über die natur hinaus, indem er sich selbst in die hand nimmt, und seine kreativität ist die überwindung seines naturzustandes. die heftigkeit seiner philosophie entstand, weil er allerdings nicht wollte, daß andere bestimmen sollten, was moral ist. das sollten die freunde unter sich ausmachen.

ich mußte so gut wie den ganzen nietzsche lesen, um in den diskussionen mit meinen nazi-lehrern eine letzte karte in der hand zu haben. die nazis sahen in nietzsche lediglich den philosophen des »willens zur macht«. es war eine sache des überlebens. wenn man den gegner mit den eigenen waffen schlägt, bleibt man akzeptiert. allerdings auch nur bis zu dem moment, da die politische bürokratie entscheidet, der ideologische apparat. aber der staat war noch jung, die neuen lehrer waren jung, und wir diskutierten bis in die nächte, ungeschützt.

›gott ist tot‹, verstanden wir bei nietzsche nicht als gründung einer gegenreligion, sondern als enthüllung, in welcher weise das amtschristentum die religion verbürokratisiert hatte. dieses christentum teilte jedem schuld und gnade zu wie jetzt die lebensmittel- karten, es entmündigte die christen und machte die tugend der demut zur unterwürfigkeit. autorisiert wurde sie durch einen gott der strafe. und dieser gott ist tot, weil er die entsprechung der unfreiheit ist, die legitimation der moralischen sklaverei.

auch die reaktion der kirche auf nietzsche war eine bürokratische, man verbot seine schriften. das war eine enthüllende reaktion, geholfen hat es ihr nichts. im gegenteil. es war überraschend zu sehen, wie nahe

44

nietzsche mit seiner ablösung des menschen von der natur, von der klassifizierung als biologisches wesen, sogar an das christentum von galiläa herankam, wo nicht leibfeindlichkeit, sondern ein höherer wille die dinge der natur in uns regelte, nicht ein zwang, sondern eine andere orientierung. die menschen um jesus waren freunde. es gab keine priester, keine kirchliche hierarchie, und er selbst nannte sich freund. sexualität war kein thema, im gegensatz zu einem späteren christentum, das unter die einflüsse eines leibfeindlichen platonismus geriet.

wir selbst waren auf freundschaft angewiesen. für uns gab es keinen staat mehr, keine gesellschaft, keine gemeinschaft, weder eine politische noch eine kulturelle, noch eine religiöse. nur in der freundschaft gab es den rationalen rückhalt des dialogs und den sozialen rückhalt der verläßlichkeit. kein elternhaus, keine schule, keine kirche, kein bund war mehr fähig, uns zu halten und mitzutragen, uns rückhalt zu geben.

freundschaften, wir glaubten es nietzsche, waren wichtiger als die liebe. aber die harten umstände, unter denen unsere freundschaften wuchsen, ließen außer frage, daß auch die frauen ihrer fähig sind. nietzsches leben begleitete am ende nicht mal mehr ein freund, geschweige eine frau. rohde, sein bester jugendfreund, schrieb ihm: »ich bin familienpapa geworden, ich verstehe dich nicht mehr«. das war ein satz, groß wie die parole eines jahrhunderts: »ich bin familienpapa geworden, ich verstehe dich nicht mehr«.

auch in unserer umwelt beobachteten wir eine andere dimension des denkens, wenn man familienpapa geworden war. die ehe zwingt zu anderen verhaltensformen, und der weg dorthin kann den blick verstellen. in meiner familie bekam ich noch mit siebzehn ohrfeigen. meine bücher, die mich offenbar verdorben hatten, wurden in kisten verpackt und verschlossen. ich durfte nicht mehr aus dem haus. aber nachts, wenn das haus schlief, stahl ich mich zum fenster hinaus, um mich mit freunden zu treffen. die nacht gehörte uns. nicht aber, um zu schlafen. zu den freunden gehörten jungen und gehörten mädchen. und wir standen in der pubertät wie jeder andere auch. aber wenn die pubertät eine list der natur ist, leben zu reproduzieren, so kehrte sich bei uns der sachverhalt um. wir hatten nicht etwas weiterzugeben, sondern etwas zu erhalten, vor dem umfallen zu schützen, uns selber. um uns nicht aufzugeben, um bestehen zu können, dazu brauchten wir freunde und freundinnen. auch freundinnen, denn nur in der biologie ist der mann stärker als die frau. wir erfuhren die kraft der erotik als reale kraft, wie jeder andere auch, aber ihre richtung war eine andere, sie mündete in eine intellektuelle anstrengung und in ein moralisches training, es mit dem ganzen staat aufzunehmen. und dazu war ein gedicht manchmal wichtiger als eine berührung.

über freundschaften hinaus

ich gehöre nicht mehr der offiziellen welt an. der samstag ist als staatsjugendtag ganz dem dienst in der hitlerjugend reserviert. ich selbst muß mit ein paar gebrechlichen, die nicht marschieren können, die untauglich sind für vormilitärische geländespiele, einen weltanschauungsunterricht in der schule über mich ergehen lassen. ich bin ausgesondert. das versperrt mir die möglichkeiten des offiziellen, die möglichkeiten von beruf, karriere, erfolg. ich bin freiwild, aber freiwild ist frei.

das offizielle ist die gesellschaft in tuchfühlung, in enger, das leben begleitender tuchfühlung. da ich diese tuchfühlung nicht mehr habe, bin ich eine schwalbe in der nacht.

ich bin zwar ein vorortskind, wohne in der provinz der kleinbürgerlichkeit. da ich aber mit lehrern nicht mehr reden kann, kann ich gespräche mit denen anfangen, die mir etwas bedeuten. ich fahre nach münchen, allein, und diskutiere mit theodor haecker und mit carl muth. ich habe einen briefwechsel angefangen und breche die enge auf, die einen sonst in den lauf der dinge führt.

das führt zu einem anderen netz der navigation. die geografie der eigenen einsichten erweitert sich um ferne markierungen. ich bin ausgelaufen wie ein schiff. das ist nicht mehr die navigation der authentischen bücher, es ist ein netz authentischer personen. ich steuere inseln in der ferne an. ich schicke zeichen in die nacht. und bekomme antwort.

ein klassenkamerad

einige häuser weiter wohnte ein schulkamerad der gemeinsamen grundschuljahre. er war aber zu still und korrekt, um mich anzuziehen, so integer war er. ich fand auch, daß er gut aussah. heute höre ich, daß er erschossen wurde. er hat sich geweigert, als soldat den

46

eid auf den führer abzulegen. er gehörte offenbar einer religiösen gruppe an, die das evangelium wörtlich leben wollte und jede form des eids ablehnte.

ich schäme mich, daß ich mich seiner nicht mehr angenommen habe.

männerorden

die stube, die uns zugeteilt wurde, steht voll mit pappkartons und koffern. von der kammer wird die neue montur besorgt. an den ösen und haken meiner uniform merke ich, daß schon ein andrer drin gesteckt haben muß. vielleicht ist er gestorben.

ordinäre flüche fliegen hin und her. einige irritieren mich: zieh doch deinen schwanz ein, sonst komm ich nicht vorbei!

wenn der unteroffizier reinschaut, muß der rekrut, der ihm am nächsten steht, laut »achtung« brüllen, in strammer haltung die meldung machen: »stube 1 beim einkleiden«. alles hat die hacken zusammengeschlagen und wartet auf das »rührt euch«. statt dessen kommt der erste anschiß: »wird's bald, die schönen tage sind vorbei, die weiber sind zuhause, jetzt ist's aus mit dem bumsen...«

die grenze der bauarbeitersprache, die mir geläufig ist und die mir mehr direkt als anstößig vorkommt, wird bald übersprungen. in einer stunde haben drei, vier leute, die sich wohl auch schon vorher gekannt haben, das heft in die hand genommen und mit dem medium sprache eine art großmaulherrschaft errichtet zu dem zweck, die kleinen zu verängstigen und ihre eigene dominanz zu markieren.

»die hose bring ich zurück, die ist zu groß, man kann ja nicht seinen sack zur schau stellen.« die spindausstattung, auch mit bildern, beginnt. mädchen in allen lagen, farben und größen.

verdun und der chemin des dames kommen mir in den sinn. dort lag mein vater. mit seinem bruder, der in derselben einheit war, hat er uns stundenlang davon erzählt. wir mit offenen mäulern waren an der somme dabei, bei cambrais.

es war hart, erzählt mein vater, wir sind herausgekommen, aber es hat sich gezeigt, was kameradschaft ist. das gibt es im leben kaum wieder. weißt du noch...

egal, ob arm oder reich, alle liegen im selben dreck, sagte er, und gerade die bürgersöhnchen haben zuerst zu wimmern angefangen. die haben nach der mutter geschrien. wer da durchkam, war ein andrer kerl.

47

das war mein bild vom soldaten. so habe ich es als kind schon mitgekriegt. der krieg ist ein großes sieb. wer zu klein ist, fällt durch, stahlbad, feuertaufe.

jetzt, wo ich in der stube stehe, meinen stahlhelm anprobiere, bin ich froh, daß er nicht zu groß ausgefallen ist. es kann auf millimeter ankommen, wenn die luft geschwängert ist von umherfliegenden kugeln, splittern, fetzen aus stahl. geschwängert. warum eigentlich geschwängert? der krieg schwängert. die männer schwängern...

man zeigt sich die bilder. man läßt sie umgehen. manche sind harmlos, recht für den spind, andere sind heiß, meist nicht von mädchen, sondern von stellungen. auch ich habe bald welche in der hand und laufe heiß auf. ich bin verwirrt und ziehe mich ins schweigen und eine blinde aktivität zurück, mit vibrierenden adern.

wieder kommt ein unteroffizier und genießt seine gönnerhafte brüllerei: »jetzt ist die heimatfickerei vorbei, wir werden euch lernen, im laufschritt zu wichsen«.

die ersten haben ihren spind vollgepackt, brüsten sich »hast du deine auch mal übern arsch genommen, der paule von hinten, ich von vorne? da hat sie einen krampf bekommen, wir kamen nicht mehr raus, bis der arzt da war und ihr eine spritze reingejagt hat. am andern tag wollte sie's nochmal. sache. wie oft kannst du deine? und du? hast du überhaupt einen pimmel? weißt du, was das ist? heute nacht gucken wir mal nach, ob da was dran ist.«

die rekorde wurden ausgetauscht. maulheldenrekorde. ebenso die kaliber: 5 mal 18, fünf mal zwanzig. was?! ich zeig euch mal, was 7 mal 23 ist.

glücklicherweise war ich körperlich zwar nicht der größte, aber stark genug, es mit jedem aufnehmen zu können. daß ich das maul hielt, gefiel ihnen nicht. wer weiß: erstens mal ist er so was wie ein abiturient. statt fäuste haben die ne schlaue rede. und zweitens schweigt er. jetzt schweigt er und redet, wahrscheinlich, wenn er schweigen sollte. das ist verdächtig. so machten sie sich anders an mich ran: »wäre die nicht gut für deinen spind, nur so groß wie eine postkarte. kannst jeden abend drauf schauen. oder schau die. hier hast du sogar alle stellungen im streichholzformat...«

ich war sehr bedrängt, unfähig für eine reaktion des rollenspiels und sagte nur, laßt mich in ruhe.

zuerst war ich verwirrt und konnte mich selbst nicht mehr kühl bekommen. aber allmählich gewöhnte ich mich an die sprache und ließ sie an mir ablaufen. ich igelte mich in schweigen ein und baute zugleich eine mauer der arroganz um mich herum auf, um nicht als zu schwach zu gelten und ganz unter die räder zu kommen.

die trillerpfeife trieb uns auf den kasernenhof hinaus. antreten! vier, fünf unteroffiziere standen zum teil breitbeinig um uns herum. da das ganze viel zu langsam ging, wurde es bis zum schweißausbruch trainiert. wegtreten. antreten. wegtreten. antreten.

dann kam, was den menschen zum menschen macht, seine aufrechte haltung, dran. zugegeben, in unserer kultur lernt man nicht, sich eine haltung anzugewöhnen. manche standen wirklich bucklig oder knieweich herum.

»sie, sie da, haben sie schon mal gebumst, dann strecken sie doch ihren schwanz vor, vorstrecken...«

mit der zeit tropft das ab, man hört es nicht mehr. aber solche töne werde ich nun laufend um mich haben, solange ich soldat sein werde, nicht immer als befehlssprache, sondern als selbstverständliche landersprache. zuerst denke ich, unsere feine welt hat das natürlichste so aus der sprache vertrieben, daß sich nur die gossensprache und die herrenwitze ihrer annehmen können. so reagiert eine gesellschaft, der verboten wurde, darüber zu sprechen.

da mag was dran sein. das eigentliche ist aber etwas anderes. der krieg ist für den landser im grund die besitzergreifung einer fremden frau. nicht irgendeiner frau, sondern einer sich wehrenden frau, einer, die keß genug ist, sich zu wehren. krieg ist sex in stiefeln und gewehren. die gesetze sind endlich aufgehoben. es gibt keine moral, kein sollen, dürfen und müssen. der vater staat erlaubt es, die mutter natur an sich zu reißen, sie zu vergewaltigen. krieg ist die sozialenthemmung ganzer völker.

vermehret eure samen wie den sand der wüste, heißt es schon bei moses. die natur ist schlau, wenn sie ihre samen verstreuen will. sie überläßt sie dem wind oder belohnt vögel und insekten mit nektar, wenn sie sie weitertragen. der mensch hat dazu den krieg erfunden. in diesem männerorden der nation gibt es nichts höheres als die geile verfügung über eine fremde frau. da zuhause manches unschicklich ist, da es normen und gepflogenheiten gibt, benötigt der mann feindesland. eine frau wie eine sabinerin, und sei es zu dritt, an sich reißen zu können, ist der wahre, tieferliegende antrieb des krieges.

49

natürlich läuft das nicht ab wie im gatter eines heißen
hengstes nach dem kalender des gestüts. obwohl da
schon von einigem geredet wurde. in alle kommandos,
in alle gespräche, beim essen, beim kartenspiel
mischen sich die anspielungen, die keine anspielungen, sondern enthemmungen sind. frauen wurden
grundsätzlich nur »aufgerissen«, »genagelt« und
»behämmert«. der krieg schuf die möglichkeit, sie als
frei verfügbares diebesgut zu verwenden, schutzlos am
boden liegend wie ein wurm.

man hat dem essen jene zusätze beigegeben, die
sexuelle erregbarkeit dämpfen sollten, aber das diente
der aufrechterhaltung der eigenen disziplin. krieg ist
freibeuterische, soziale enthemmung zur verschwen-
dung des samens derer, die stärker sind. körperlich
stärker.

napoleon und alexander der große bekamen jede
nacht von speziellem personal ihre damen vorgeführt.
das ist dem gemeinen soldaten noch vorenthalten. er
wird den hemmungsmitteln unterworfen, kann sich
auf kein zeremoniell berufen, und die menschheit duldet, daß in diesem falle, in diesem einen falle auch der
tritt des stiefels erlaubt sein darf, wenn nicht das bad
im warmen blut einer durchschnittenen kehle.

bumsen kommt von bumm-bumm, wurde ich am
ersten tag meines soldatendaseins belehrt. ich bin zu
einer artillerieeinheit eingezogen worden. die kanone
ist der penis der nation – wir werden die löcher auf-
reißen, in die unsere landser vorwärtsstürmen.

es gab in diesem krieg auch andere frauen, so die
mütter, die päckchen schickten, die frauen, die die
kinder der soldaten in sorgen und mühen großzogen.
nur, ich hörte nie über sie reden. es ging immer um die
da oder jene.

der eid
natürlich werde ich keinen eid auf den »führer«
leisten. natürlich werde ich es nicht dem staat überlassen zu sagen, was ich im krieg zu tun habe. wenn ich
schon beim jüngsten gericht selbst verantwortlich bin
für das, was ich getan habe, und wohl keine institution, weder der vater staat noch die mutter kirche,
mich verteidigen dürfte, will ich auch selbst verantwortlich sein für das, was ich im krieg zu tun habe. das
sind mir schöne philosophen und theologen, die mich
allein ins jenseits lassen mit einem bündel von sünden, also selbst zu verantwortenden handlungen, mir

aber im diesseits meine kompetenzen beschneiden wollen. ich soll schwören, daß eine andere instanz als ich selbst über mich bestimmt.

aber das ist nicht das problem. mein persönliches problem ist, ob ich, obwohl ich nicht bereit bin, einen solchen schwur zu leisten, vor mir akzeptieren kann, daß ich doch die hand erhebe und die worte spreche, ich schwöre... das problem ist nicht, wie ich mich zu diesem staat verhalte, das ist klar, sondern wie ich mich zu mir verhalte, ob ich bereit bin, einen widerspruch zwischen gesinnung und handlung zu dulden. vom standpunkt des überlebens wäre es gerechtfertigt, eine lebenslüge zu akzeptieren, aber was ist das dann für ein kerl, der überlebt? ist der überlebende dann nicht ein abgestorbener?

verschiedene male müssen wir das öffentliche gelöbnis vorexerzieren. wir marschieren im karree auf, kommandos werden gebrüllt. wir brüllen das »ja« auf den schwur über den kasernenhof.

nun ist ein kollektiver schwur ein widerspruch in sich, und ich habe keine mühe, mein gewissen zu entlasten, wenn nicht ich gefragt werde, sondern ein bataillon, ein regiment. ein schwur ist – wenn er schon sein muß – die bekräftigung einer aussage, und zwar nur einer ganz persönlichen.

wie eng die gedankengänge staatlicher einrichtungen sein müssen, wird deutlich an dem umstand, daß man einen kollektiven schwur ausführen läßt. der einzelne, der eigentlich gefragt werden soll, steht im glied einer kompanie, und aus seiner stimme wird bestenfalls eine gebrüllte, kommandierte sprache.

ist eine kompanie eine rechtsperson? gibt es die unterschrift einer kompanie? es wäre kein problem für mich, darüber zur tagesordnung überzugehen.

aber was wird aus meiner sprache? entfernt sie sich nicht von mir, wenn ich etwas brülle, was ich verleugne? wird sie nicht zu einem selbständigen medium der opportunität, wird sie nicht fremdbestimmt, dirigiert von umständen, wenn ich etwas ausspreche, das ich verweigere auszusprechen?

man kann mit den nazis bequem leben, gute geschäfte mit handel, wirtschaft und staat machen, wenn man die antworten bereit hat, die sie hören wollen. aber mich widert die gesellschaft der sprachlosen sprache an. jeder sagt etwas anderes, als er sagen will. die zeitungen reden vom frieden und meinen den krieg, die propaganda spricht vom vaterland und meint die macht. und der handwerker sagt »heil hitler« und

51

bekommt einen auftrag. der lehrer spricht vom
»führer« und darf weiter unterrichten.
ein volk wirft sich weg, wenn die sprache zur anpassung wird.
will ich, kann ich zu diesem volk gehören? das ist
auch eine frage der sprache. kann ich unbeschädigt
aus dieser zeit hervortreten, kann ich noch an meine
sprache glauben, wenn ich ihr die prostitution zugestanden habe? wenn sie nicht mehr mir gehört, sondern den vorteilhafteren umständen.
lüge ist etwas anderes. ich könnte lügen, um einen
entflohenen gefangenen zu schützen. aber mich
einzureihen in das volk der besitzerhaltenden oppor-
tunisten, der bürgerlichen lebensanpasser, der kröten-
schluckenden staatsanpasser, das bei gott möchte ich
umgehen können. ich will und kann ja nicht diesen
staat stürzen, ich will nicht opposition demonstrieren,
dazu bin ich zu klein, aber ich möchte mich vor mir
selber schützen. mich bewahren davor, daß meine
person zu mir selbst in widerspruch gerät.
ich lasse den lügner, den heuchler, den täuscher
gelten, aber nicht den mitläufer. mir wäre wohler, ich
würde in einem volk der schweiger leben als in einem
solchen von jasagern, kopfnickern und heilrufern, die
nur noch versuchen, ihre haut zu retten, was soviel
bedeutet, ihre felle nicht davonschwimmen zu lassen.
ich habe beste freunde verloren, nur weil sie an der
falschen stelle das falsche wort gesagt haben. ich fühle,
daß ein wesentlicher teil von mir selbst die sprache ist,
daß die eigene person in der sprache steckt, die man
spricht, und daß eine person geteilt wird, wenn sie ihre
sprache der verfügbarkeit anderer überläßt. sie trennt
sich ab.
ich erinnere mich noch an den unscheinbaren
jungen meiner klasse, der sich geweigert hatte, den eid
auf den führer zu schwören. mich verfolgt sein bild.
ich könnte sein gesicht nachzeichnen, so deutlich ist
es geworden.
würde ich so weit gehen?
ich glaube nicht. ich würde entweder fliehen oder,
wenn ich mit dem rücken an der wand stünde, ein MG
nehmen und ein magazin leer schießen. oder hat er
doch den richtigen weg gewählt?
ich belasse es bei einer nicht-beteiligung. irgendwie
betrachte ich meine existenz für wichtiger als die des
staates. keine religion lehrt, daß der staat eine unsterb-
liche seele hat. nationen haben gerade noch vor der
geschichte bestand und auch das nur dank entspre-

chenden chronisten. nur die geschichte der sieger wird aufgeschrieben.

wie sieht aber eine nicht-beteiligung aus? fliehen, verschwinden kann ich nicht.

ich werde mich ins letzte glied stellen, keine hand zum schwur erheben, keine silbe hervorbringen. mehr schaffe ich nicht.

wir marschierten im großen viereck auf. ich schaute, daß ich ins hinterste glied kam, mußte dazu beim aufmarsch mit einem verdutzten anderen die reihe wechseln.

die offiziere trugen stahlhelm und ehrenzeichen. der regimentskommandeur sprach zwischen fahnen. er sprach vom »führer« in einer gebrüllten kommandosprache. auf den »führer« mußten wir ja schwören. er sei der retter des vaterlandes. er habe die nation von der schmach des diktats von versailles befreit. er habe uns wieder arbeit und brot gegeben. er habe die schule des krieges durchgemacht, das stählerne feuer der männerehre. er habe das volk geeinigt, es gesäubert vom zugriff des bolschewismus. er gebe der jugend zukunft und hoffnung. er sei der garant des sieges. er werde alle, die uns angreifen, unsere ehre beschmutzen und unsern lebensraum antasten, zurückwerfen. es lebe der führer...

das war insofern kein höhepunkt, als es jeden tag in der zeitung zu lesen war.

die unvermeidliche marschmusik entknotet ein wenig die bündel meiner gefühle. aber es gelingt mir auch schnell, sie wieder einzusammeln und zusammenzubinden. beim großen augenblick, über den kasernenhof gebrüllt, stand ich stumm und still wie ein stein.

ich schämte mich trotzdem. es war keine befriedigende lösung.

wildschweinbraten

ich stellte mir etwas schönes vor. einige aus unserer batterie waren für sonntag früh sechs uhr zu einer jagd abkommandiert worden. wir bestiegen bei klirrender februarkälte mit dem aufkommenden morgen, makelloser himmel, einen LKW und fuhren in kolonne den vogesen zu. die sonne kam hoch, ließ den schnee glitzern. mitten im wald hielten wir an. die von unserem wagen mußten absitzen, die andern fuhren weiter.

nach wochenlangem kasernendrill ein tag der freiheit.

53

lagebesprechung: die gruppe roeder durchkämmt den wald zwischen hedaincourt und loville von südosten nach nordwesten. das durchkämmen erfolgte etwas unsoldatisch: man schlug irgendein holz an die baumstämme. es war ein lockerer hochgewachsener buchenwald, und die sonne kam genügend durch, uns allmählich zu wärmen. der schnee machte das stapfen schwer, aber niemand gab ein tempo an. der eine schlug hier, der andere dort, der andere weiter hinten.

von jägern war nichts zu sehen, es gab kein fangfeld für tiere. wir hatten nur stapfend an die bäume zu klopfen. wir sahen auch kein reh, keinen hasen. in frankreich schießt jeder auf alles, und es schien, als hätten die franzosen abgeräumt.

gegen mittag gab es kalte verpflegung. die schuhe wurden allmählich naß, aber es wurde wärmer. die klopferei an die baumstämme, der schlendrian der treiber ging dann weiter und wurde matter. in den oberschenkeln meldete sich ein muskelkater.

dann hieß es am spätnachmittag, die sache sei aus. so plötzlich, unerwartet, unmotiviert wie alles beim kommis. nicht einmal ein jagdhorn war zu hören.

am mittwoch darauf verkündete der oberleutnant beim morgenappell, der general habe am sonntag bei der jagd unserer kantine ein wildschwein vermacht.

von einem wildschwein war nicht viel zu sehen. es gab eintopf. und ich erlaubte mir die bemerkung: die fressen das fleisch, und wir fischen die borsten in der suppe. so schmeckte das auch. das muß ein unteroffizier gehört haben.

beim appell nach dem essen die mitteilung des hauptfeldwebels: »kanonier aicher nach dienst um 18 uhr feldmarschmäßig vor der schreibstube antreten«.

nach dem dienst verblieben mir nur minuten. ich polierte noch rasch meine schuhe, wichste meine koppel, zog die patronentaschen darüber, blies durch den lauf des gewehrs, polierte lauf und schloß noch mit dem ellbogen, warf den tornister übers kreuz, hängte die gasmaske um und wetzte durch gang und tür zum platz vor der schreibstube.

mein ansprechpartner war der hauptfeldwebel. links hinter ihm standen zwei unteroffiziere und ein flotter leutnant in äußerst laxer haltung, fast uninteressiert. der leutnant betrachtete seinen schönen dünnen reitstiefel und spielte mit der fußspitze am bordstein.

ich meldete mich in der überlauten kommandosprache des militärs zur stelle und nahm eine haltung an, die sonst kein lebewesen anzunehmen fähig ist, die

54

hand flach an der hosennaht, hacken zusammengeschlagen, durchgedrückte knie, brustkorb erhoben,
kinn angezogen, steife symmetrieachse wie ein denkmal. lebende wesen brauchen spielende muskeln. wie
mein leutnant.»vortreten zur gewehrkontrolle!« ich
machte drei schritte, stand wieder stramm, nahm mein
gewehr von der schulter und hielt es in augenhöhe.

einer der beiden unteroffiziere wurde vom hauptfeldwebel beauftragt, mein gewehr zu begutachten,
nicht auf funktionsfähigkeit, sondern auf sauberkeit.
ich nahm das schloß heraus und drehte den lauf vor
das auge des unteroffiziers, damit er ihn prüfen könne.

er schrie mich an, ich sei wohl wahnsinnig geworden. er hatte einen flauschrest vom reiniger entdeckt,
vielleicht noch ein staubkorn, aber im gegenlicht des
gedrehten, geölten laufs entgeht einem ja nicht einmal
die hinterlassenschaft einer fliege.

aber offensichtlich hatte ich mutwillig hochwertiges
volksgut veruntreut, so überschlug sich seine stimme.
mit dem schloß war es nicht anders, und am scharnier
des trageriemens entdeckte er einen rest fett, der nur
mit einem zahnstocher hätte herausgefischt werden
können.

dann hatte ich meine schuhe zu heben wie das pferd
seine hufe. daß da zumindest vom nachmittagsdienst
noch dreck dran war, war offensichtlich eine provokation.

ich hatte staatsgut veruntreut, ich hatte staatliche
autorität brüskiert, der zweite unteroffizier wurde
beauftragt, das kommando zu übernehmen.

ich hatte rechtsum zu machen, zwischen den barak-
ken der grinsenden dienstfreien soldaten ein paarmal
durchzumarschieren, damit der einzelne soldat mit
stahlhelm, gewehr und tornister bewundert werden
konnte. und dann ging es zu einem verlassenen, ver-
wahrlosten gleisdreieck am rande der kaserne. die
französischen gleisbauer hatten die angewohnheit, die
telegrafenmasten mit der unzahl von drähten in den
kurven schräg im neigungswinkel der geleise einzu-
bauen. die geleise führten auf einer hohen böschung
an der kaserne vorbei.

erst wechselten die kommandos für hinlegen,
aufstehen, laufschritt, hinlegen, sprung auf marsch
marsch, gewehr in augenhöhe, rechts um, kehrt,
hinlegen, bis ich bei einer ansehnlichen pfütze ange-
langt war.

hinlegen, robben, gewehr über ellenbogen. so arbei-
tete ich mich durch den kohlehaltigen morast des

nahen bahnhofs. am ende der pfütze angekommen,
das kommando: auf dem koppel kehrt. es ging wieder
zurück, flach auf dem boden kriechend, nur das
gewehr erhoben, damit es vom dreck und schlamm
verschont bliebe. ich war zwar durch und durch naß
und verdreckt bis auf die unterhose, aber dazu hatte
ich auch noch aufzustehen, das gewehr über dem kopf
waagrecht zu halten und auf der stelle mich im laufschritt zu bewegen, mitten in der pfütze. die vier standen im weiten umkreis.

nun kam der erste unteroffizier wieder dran. der
führte mich im laufschritt vor, laufschritt zurück an die
aschebeschüttete böschung heran und ließ mich
wieder auf dem bauch robbend die böschung hinauf
schuften, oben kehrt machen und nach unten robben,
das gewehr waagrecht auf den ellenbogen.

beim dritten mal machte ich einen fehler. ich tor-
kelte beim abwärtsrobben, rollte seitlich herunter und
stieß auch noch den lauf des gewehres in den kohlen-
dreck. das war des guten zuviel. nun trafen mich die
kommandos des feldwebels wie einen wurm, den er
zertreten wollte. er hetzte mich in ein brennesselfeld,
das ich zu durchkriechen hatte, jagte mich den bahn-
damm hoch, ließ mich im laufschritt in die pfütze
springen und mit plötzlichem »hinlegen« in die brühe
patschen.

ich weinte vor zorn. aber ohne jede träne. den aus-
getrockneten zorn einer ohnmacht.

die nacht erlöste mich. ich wußte nun, für welche
ehre der soldat sein blut hergibt, wie das vaterland aussieht, für das er sterben darf, wofür ein soldat seinen
eid schwört. was es heißt, einen befehl zu befolgen.

fast hätten sie mir das kreuz gebrochen. aber es war
klar, sie sollten es mit mir kein zweites mal versuchen.

sophie in münster
sophie kam mit der bahn. ich war einen tag mit dem
rad gefahren und erwartete sie am bahnhof, ein bißchen erregung in der freude. sie hatte eine stelle als
kindergärtnerin in der nähe von freiburg. ich kam über
den »col de la schlucht von épinal« ins rheintal herüber, der erste wochenendurlaub nach der rekrutenausbildung. ich war ganz überrascht, daß man ihn mir
überhaupt gewährt hatte, und das gefühl der selbstbestimmung nach monaten des herumkommandiert-
werdens machte allein schon diesen tag denkwürdig.

in vollen luftzügen, die das radfahren einem beschert,
hatte ich ihn ausgekostet durch die wälder und über
die berge der vogesen. der tag war im licht gestanden.
nun ging es auf den abend zu.

sophie hatte ein gesicht, wie ich gesichter mag. sie
hatte eine frisur, wie mir frisuren gefallen, sie hatte
einen körper, wie ich körper mag. den kopf neigte sie
ein wenig schräg nach hinten, blinzelte gegen die
sinkende sonne und hatte einen gang mit leicht vor-
geschobener hüfte, die füße etwas auseinander gestellt
(wie ich). die dunklen haare von ihrem bubikopf fielen
auf die geneigte seite.

sophie war stiller als ihre schwester inge und vielleicht ebenso schüchtern wie ich. ich hatte sie deshalb
auch nicht so verachtet und ignoriert wie ihre dominierende schwester, als sie die obskuren braunen
westen des bundes deutscher mädchen trugen. die
rolle der führerin gehörte inge. sophie war dagegen
eher selbstbewußt und genügte sich in einem fast
extremen rigorismus.

bei soviel ähnlichkeit gibt es kaum eine begrüßungs-
szene. die sprache der gesten benötigt keinen aufwand. wir benahmen uns außerhalb jeder literarischen
etikette, wir hatten nichts aus romanen gelernt.

es blieb uns der samstagabend, die nacht und der
nächste morgen. dann mußten wir wieder zurück. am
sonntagabend war der urlaub zu ende. so blieben wir
die ganze zeit in einem kleinen gasthof in der eckbank
am fenster und hatten kaum zeit, einmal über die
wiesen zu gehen. ein gast kam selten, und die wirtin
mochte denken, wir seien auf hochzeitsreise, so gut
kochte sie für uns.

es gab viel zu erzählen, von all den freunden, denen,
die als soldaten im feld waren, von hans, der in münchen studierte, und denen zuhause.

von einem freund, der in frankreich lag, hatte ich
ein bündel gedichte mitgebracht, freie verse. er bat
mich, sie durchzulesen, wie ich es immer für ihn getan
hatte. ich lud sophie ein, mitzumachen. auch unsern
eltern widmeten wir ein wort. der krieg half, klüfte zu
ihnen zu überbrücken. ich jedenfalls hatte es meinen
eltern schwer genug gemacht und war nun froh darüber, daß wir wieder mehr als nur höflichkeiten
miteinander austauschten, so bürgerlich ihre welt sein
mochte.

was ist das kriterium des bürgerlichen?

offenbar die anerkennung durch die gesellschaft.
der bürger orientiert sich weniger an sich selbst, auch

nicht an einer ideologie, er will besitz, er will familie, er will ruf und namen als ausweis seines ansehens. der bürger denkt nicht im rahmen der geschichte, er braucht keine religion, höchstens den auftritt in der kirche. seine vernunft ist eine praktische, sie soll beachtung bewirken. er schätzt die gesellschaftliche auszeichnung über alles und nimmt auch von fürsten und königen, die einmal verflucht sein sollten, ehrungen um so lieber an, je mehr sie in der öffentlichkeit bemerkt werden. sein gegner ist der konkurrent, seine waffe das geld. zeitungen gibt es seit den tagen, in denen das bürgertum seine revolutionen hinter sich gebracht hatte. da stand es schwarz auf weiß, wer es zu was gebracht hatte.

es ist etwas weit hergeholt, kam uns zu bewußtsein, wenn man im bürgertum den träger liberaler ideen sieht. keiner der bürgerlichen revolutionen ist es gelungen, dem vierten stand, den arbeitern, den bauern, das wahlrecht zu verschaffen. es galt nur für bürger, und auch hegel, der über den bürgerlichen staat philosophierte, hat es als gerechtfertigt angesehen, daß die höhe des einkommens über den zugang zu wahlen entscheidet.

sokrates hätte sich im alten athen danach nicht als bürger ausweisen können, so sehr er sich als mitglied seiner polis empfand. er war zu arm dazu.

sophie und ich machten uns einen spaß daraus, uns auszumalen, was unsere kultur nicht hervorgebracht hätte, wenn das bild des bürgertums von der menschheit immer gegolten hätte. so aber hat es doch einen sokrates gegeben, der sich nicht vor der öffentlichkeit auszuweisen hatte, sondern vor seinen göttern. auch ein christ steht zuerst seinem gott gegenüber. im dialog mit ihm gewinnt er seinen maßstab.

nietzsche war gesellschaftliche anerkennung sogar verdächtig. umgekehrt war es nur konsequent, wenn das bürgertum das jenseits auflöste und gott in die natur hereinholte, schließlich sogar in den menschen und in den staat. ein jenseitiger gott ist lästig, er rechtet mit einem und zwingt einen dazu, dem leben sinn zu geben statt anerkennung. der pantheismus goethes bleibt da unverbindlicher und würdigt besser die bürgerliche tugend der tüchtigkeit.

man stelle sich diese ungeheuerlichkeit vor:

nach hegel ist die dreieinigkeit gottes so zu verstehen – das kann man sich nicht genug vor augen halten –, daß gott sich in dreifacher weise in der geschichte offenbart. zuerst als jenseitiger gott. dann wird gott mensch in der person jesus christus. und nun wird jeder mensch gott. der mensch wird zu gott. in seinem bewußtsein, der instanz des geistes, entfaltet sich das absolute. gott bringt sich zur darstellung. und die höchste form dieser darstellung ist der staat, der bürgerliche staat, dessen handlungen als das werden des göttlichen zu verstehen sind, als selbstentfaltung des absoluten.

schon fichte hat die göttlichkeit in den menschen verlegt, in die hervorbringungen des bewußtseins. wir tragen gott in uns, werden selber göttlich. gott ist nicht mehr nur, wie es auf dem koppelschloß des soldaten heißt, mit uns, er ist in uns. der absolute grund der welt und das absolute ich fallen zusammen.

und nun haben wir die bescherung. der staat, der deutsche staat, ist das werden gottes in der geschichte.

aber sophie und ich hatten uns nicht in bestätigungen zu üben. sie machte aufmerksam auf eine verinnerlichung gottes auch im christentum. gott blieb ja nicht der außerweltliche objektivistische erste beweger der antike, der ursprung des seins, den man konstatierte wie einen trockenen naturwissenschaftlichen prozeß.

schon augustinus hat gott in den staat und in das subjekt hereingeholt. er wurde zum objekt einer civitas dei und zum gegenstand der seele. »gott ist das leben der seele« zitierte sophie. gott sei weder mit der seele zu vermischen noch von ihr zu trennen, sagt augustinus. augustinus war uns ziemlich vertraut geworden, vor allem inge, sophie und mir. ihn lesen, hieß nicht, zuerst erkenntnisse vermittelt bekommen, etwas über etwas erfahren. ihn lesen, hieß, unsere eigenen gedanken an den seinen festmachen. er gab nicht einsichten preis, er dachte wie in einem dialog. da werden nicht zuerst ergebnisse vermittelt, vielmehr wird gesprochen, um zu ergebnissen zu kommen. da augustinus sprach und artikulierte, konnte sich unser eigenes denken als sprechen anhängen. aber sophie hielt doch an einem einspruch fest, wenn sie einräumte, daß ein dialog der seele mit ihrem gott immer noch zwei personen voraussetzte, zwei subjekte, und daß gott nicht mit dem denken identisch wird wie im deutschen idealismus.

sie führte etwas im schilde. wie verhält es sich mit einer philosophie wie der griechischen, vor allem der des aristoteles, aber auch der des thomas von aquin, wo gott ganz draußen ist, das ganz andere, unerklärbare und undefinierbare?

ich bestand für mich darauf, daß ein gott, der draußen ist, auch ein subjekt zur folge hat, das ganz autonom, voll verantwortlich sei. nur diejenige vernunft ist frei, die in der lage ist, einem gott gegenüberzustehen.

dann gibt es keine seele, die sich in ihrer traurigkeit an gott anlehnt, die in ihrer unruhe die gegenwart gottes sucht? fragte sie. augustinus hat gott an der seele beteiligt, hielt ich entgegen. das ist ebenso verhängnisvoll wie sein versuch, in der civitas dei gott am staat, an der gesellschaft zu beteiligen. das ganze mittelalter hat sich dieser idee verschrieben und ist an ihr gescheitert. es gibt keine göttliche welt und kein in gott verwobenes subjekt. es gibt keine christliche vernunft, nur eine vernünftige, auch wenn sie sich christliche gedanken zu eigen macht. die verwirklichung gottes in der gesellschaft ist eine ebenso große lähmung gesellschaftlicher prozesse, weil sie nicht mehr als solche verstanden werden, sondern theologisiert sind, wie auch ein mensch, der in gott steht, statt ihm gegenüber, seine autonomen antriebe preisgibt. mit gott zu sprechen, setzt autonomie voraus.

es war mühsam genug, wie sich der mensch in der neuzeit vom mittelalter und abendland gelöst hatte und seine eigenen zuständigkeiten wieder lernen mußte.

sophie hatte einen geradlinigen intellekt und konnte schnell nachfassen. es ging ihr nicht darum, eine konturlose mütterlichkeit zu retten. sie baute den vorbehalt aus, daß in der antike der mensch nicht in den kosmos einbezogen ist. das sein ist ein neutrum, es kennt kein geschehen, keine entwicklung und damit auch nicht agierende, menschliche wesen als faktoren der geschichte. der gott der griechischen vernunft, der gott der philosophen kennt kein leiden, sagte sie.

wenn das richtig ist, und vieles ist dran wahr, erwiderte ich ihr, so habe ich etwas dagegen einzuwenden, daß augustinus den geist als sitz gottes bezeichnet und staat und gesellschaft als göttliche territorien ansieht. die säkularisierte seele und der säkularisierte staat sind voraussetzungen dafür, daß das absolute wieder so angesprochen werden kann, daß mehr menschlichkeit entsteht. zugegeben, bei aristoteles ist die welt ein ruhendes ganzes, und der mensch ist ein objekt darin wie auch die sterne, und zugegeben, auch bei thomas von aquin ist die wahrheit etwas außerhalb von mensch und geschichte, nämlich objektives seinsverhalten. mir war es trotzdem eine heilsame genugtuung, über die neuscholastik wieder realitäten zu erfahren, dinge greifen zu können, statt nur innerlichkeiten zu pflegen.

es war, als hätte jemand die fenster geöffnet, licht hereingelassen, statt im uferlosen dunkel des in sich verschlungenen bewußtseins herumzutasten. meine sinne, meine erfahrungen, die welt, die geschöpfe waren wieder da und nicht nur dasein und nichts. ontologie, auch wenn sie sehr statisch wirkte, war sichtbarkeit und greifbarkeit der welt.

ich hatte immer eine unterentwickelte glaubensfähigkeit, aber ein hohes vertrauen in das, was ich sah, anfassen konnte. ich korrespondierte mit der welt über eine art visueller sprache und eine art begreifenden denkens. ich neigte zu einem bewußtsein, das aus der anschauung kam, aus dem anschauen, und ich verließ mich auf das, was zu halten war, auf das greifbare.

ich suchte nicht erkenntnis als erkenntnis, sondern gewißheit. insofern waren wahrnehmung und erfahrung nicht vorstufen des denkens, sondern das medium, in dem es zustande kam. und auch das, was aus meinem eigenen denken kam, was in meinem eigenen kopf gewachsen war, war für mich nur soviel wert, wie es in der realität, in einer erfahrung als prüfung haltbar war.

aber ist denn das eigene ich, ist denn ein wunsch, ein schmerz, nicht wirklich, nur weil sie immer persönlich sind? einen objektiven schmerz gibt es nicht.

einverstanden, sagte ich, mißtrauen wir jedem system, das subjekt und objekt trennt. aber sollen wir sie ineinander fallen lassen?

mir gefiel die art, wie handwerker denken.

man sagt, es seien unzählige kirchen eingestürzt, gewölbe gebrochen, ehe man lernte, eine kathedrale zu bauen. aber es hätte auch nie eine kathedrale gegeben, noch immer das kühnste, was die architektur hervorgebracht hat, wenn das bauen nicht das einer erfahrung gewesen wäre, in der entwurf und ausführung identisch wurden.

ich wollte immer einmal hitler mit eigenen augen sehen. es ist mir nie gelungen. einmal war der saal, in dem er sprach, überfüllt. ich hörte nur seine sich überschlagende stimme. das habe ich als manko empfunden. in diesem punkt der erfahrung beneide ich inge. sie war noch als mitglied der hitlerjugend führerin einer »jungmädelgruppe« »auf fahrt« und konnte ihn, als er auf der straße mit dem auto vorüberkam, mit ihren mädchen zum anhalten zwingen. ich bin sicher, ich hätte über hitler noch mehr gewußt, hätte mehr gewißheit gehabt, wenn ich ihn gesehen hätte. ich brauche objektivität.

sophie hatte nicht unrecht, wenn sie darauf hinwies, daß heute die philosophie geneigt ist, kierkegaard mit seiner inneren erfahrung mehr recht zu geben als einer systemphilosophie der »äußeren« seinskategorien, einer philosophie als wissenschaft.

ermutigt durch die hinweise haeckers, hatten wir begonnen, kierkegaard zu lesen und zu begreifen, was man neuerdings mit existenz meinte.

in einer diktatur tritt in der tat die frage nach der wahrheit, die eigentliche frage der philosophie in den hintergrund. es geht nicht mehr um die erkenntnis als erkenntnis, sondern um das jetzt richtige, um das für mich richtige.

das subjekt kommt ins spiel. es geht nicht mehr um das sein als seiendes, sondern als konstellation, um zustände, um situationen, um sachverhalte.

eine konstellation ist eine seinslage, in der ich beteiligt bin. die wahrheit zu suchen, wäre zu akademisch, ginge von einer trennung von subjekt und objekt aus, bei der das subjekt sich in die rolle des unbeteiligten, des fernrohrs begeben kann. in der diktatur wird das sein offen, wird zum ereignis, aus dem ich mich nicht ausschließen kann.

wo die wahrheit aber zum ereignis wird, wo sie in konstellationen auftritt, wo ihr kriterium die richtigkeit ist, wird philosophie zum handeln. zu einem handeln, das erkenntnisse freigibt.

warum hat frankreich, dieses land der philosophie, sein handeln preisgegeben? sophie insistierte, daß paris gegen die nazis hätte verteidigt werden müssen. es hat sein gesicht verloren. man kann nicht unter dem vorwand, kulturgüter retten zu wollen, sich aus der vollendung der philosophie davonstehlen, nämlich erkenntnis wahr zu machen im handeln. der verlust von dingen läßt sich verschmerzen, nicht aber der verlust von sein, nicht der verlust seines wesens, nicht der verlust seines angesichts.

die wirtsleute zeigten vorsichtige ungeduld, und wir wollten ihre höflichkeit nicht enttäuschen. wir nahmen unser gepäck, waren auch nicht betrübt, daß man uns keine einzelzimmer offerieren konnte, und setzten uns, schon spät in der nacht, in das doppelbett, nahmen die gedichte vor, um sie laut zu lesen, unsere meinungen auszutauschen und sie hockend einzutragen.

wir alle schrieben damals, irgend etwas, und es war selbstverständlich, uns darüber zu verständigen, auch ohne je an eine publikation zu denken. im gegenteil, eine veröffentlichung wäre bereits eine allianz mit dem system gewesen.

das licht war kümmerlich, die stube kalt, wir drückten uns unter die decken. es mochte drei uhr morgens sein, als wir die stifte weglegten und uns in die betten kuschelten. fetzen der gespräche und die wärme eines nahen körpers strömten durch die träume bis in einen lichthellen morgen. berührungen brauchten nicht stattzufinden. sexualität kann menschen auf einer ebene binden, die ihre volle freiheit beeinträchtigt. der respekt vor der freizügigkeit und unbelasteten selbstverfügung eines jeden über sich selbst ließ uns so verfahren. mit unserm spitzen verstand, mit der freude, in den kalten wassern der logik zu baden, mißtrauten wir der list der natur.

wer ist gott?
die welt ist für uns menschen nicht, wie sie ist. sie ist, wie sie sein soll.

es wäre schrecklich, die wirkliche welt als die wahre ansehen zu müssen. zugegeben, viele müssen das. viele leben in einem labyrinth des elends, aus dem sie nicht herauskönnen. sie sind nicht einmal zur selbstaufgabe fähig. ob aber der mensch je so weit sinken kann, daß er unfähig wird, sich eine andere vorzustellen? wie aber soll die welt sein, wenn man in dieser zeit lebt?

das mag sich noch beantworten lassen. aus dem widerspruch zum bestehenden läßt sich eine antiwelt konstruieren, die deutlich genug ist, einem halt und ziel zu sein. sie läuft hinaus auf eine definition des menschlichen.

aber es geht gar nicht so sehr um die formulierung eines objektiv möglichen sachverhalts. es geht um die frage, wie sollte ich selbst, ich als person aus dieser jetzt gegebenen welt herausfinden in eine, an die ich selbst, ich als subjekt glauben kann?

ich bin neunzehn jahre. sophie ist ein jahr älter. in diesem alter beginnt man, sein leben als eigene möglichkeit zu entwerfen. das maß der selbständigkeit entwickelt sich analog zum modell einer akzeptablen zukunft. aber man ahnt die wunden des kommenden, die winkel des unbekannten. unsere biologische existenz treibt zu einem arrangement. und statt zu wissen, wird man getrieben.

ob ich auch selbstmordgedanken hätte, fragt mich sophie. viele, sage ich.

ohne daß ich den anlaß kenne, ohne daß eine veranlassung in sicht käme, nimmt das auf-sich-selbst-gestellt-sein formen der bodenlosigkeit an, unter die man einen schlußstrich ziehen möchte.

das leben verwickelt einen in eine totale konfusion, wenn es mit aller macht dazu treibt, aus dem haus der erziehung zu fliehen, einen dazu treibt, eine eigene position aufzubauen, und einen gleichzeitig dazu treibt, den partner zu finden, der das leben als biologische realität weiterträgt.

sophie hatte nicht die schwierigkeiten mit elternhaus, schule und jugendbewegung wie ich. mit ihren geschwistern lisl, hans und werner war sie wie in einem boot, und sie zusammen hatten im elternhaus soviel selbständigkeit, daß sie sich nie abzusetzen hatten wie ich.

trotzdem ergriff auch sie die mutlosigkeit, einem lebensprinzip folgen zu müssen, das man nicht sich selbst gegeben hatte und das einen anonym überfiel.

ich schilderte meine auseinandersetzungen. die weigerung, mir das antun zu lassen, mir das gefallen zu lassen. intellektuelle redlichkeit und der versuch, zu mir selbst zu kommen, ließen es nicht zu, dem leben seinen lauf zu lassen. so erhob ich die liebe zu einem konflikt. ich könnte nur den lieben, der beginnt, sich in frage zu stellen und sich auf einen konflikt einzulassen, den konflikt der selbstbestimmung. daß das weh tut, wurde mir bewußt. ebenso, daß es zunächst die konfusion erhöht. man muß seine eigene unsicherheit in vollem maß austragen, ehe man boden gewinnt. der andere ist für mich vor sich selbst ein problem, und liebe bedeutet, ihm behilflich zu sein, wie heute romantische liebe verstanden wird. sie ist eine intellektuelle waffe, freunde zu gewinnen. der antrieb aus dem blut ist zu bedenklich, und das gefühl ist ein kultureller sonderfall, je nach zeitgeist und gesellschaftlichen umständen.

sophie findet auch, daß im allgemeinen romane mit ihrer art, liebe darzustellen, immer weniger begleithilfen sind, die eigene unkenntnis und die eigene unsicherheit zu überwinden. die literatur hat die rolle eingebüßt, anhand von leitlinien verhaltenshilfen zu geben. und der film degradiert in der regel die liebe zum heldenstück. die phantasie des glücks, die auch noch im unglück eröffnet wird, ist für den kopf ebenso wenig präzise, wie das billige lied, das der film über treue und dienen singt.

aber wenn nicht mehr elternhaus, nicht literatur, nicht mehr das eigene gefühl einem behilflich sein können, und wenn in der liebe sich zuerst der konflikt offenbart und man sich in seinen eigenen konflikten begegnet, wenn man einander weh tut, wer ist dann noch da zu helfen, einem halt zu geben? schließlich kann man nicht allein in sich selbst zu tode kochen. der austritt aus dem leben liegt zu nahe.

der wahnsinn eines hölderlin und eines nietzsche war kein unglücksfall. auch wenn ich ihn nicht kenne, sage ich sophie, führe ich einen dialog mit gott. ich nehme ihn ins gebet. er ist die einzige persönliche instanz, die ein fragen und antworten gestattet, dort wo man nur man selber ist. ich tue das meist schreibenderweise, um die gedanken anzubinden und genauer zu machen.

aber gott ist so fern, sagt sophie, und er ist ungerecht. ich werfe mich auch vor ihm nieder. aber ich ertrage seine ungerechtigkeit nicht. wenn er den menschen liebt, kann er ihn nicht in die ewige verdammnis werfen. wenn er gott ist, kann er nicht zulassen, daß die menschen sich an der natur ein beispiel nehmen, wo das eine das andere auffrißt, mordet und ausrottet. ich fühle die macht gottes, sagt sophie, aber ich weiß nicht, wer er ist.

wir wissen es alle nicht, sage ich. seit jahren, seit dem eigenen denken, sage ich, gott, wenn du bist, gib ein zeichen. ich habe ihm sogar vorgeschrieben, welches zeichen er mir geben sollte. es war ein geheimes zeichen, das nur er und ich verstehen konnten. ich meine, er hat es mir gegeben. und trotzdem hat er sich zurückgezogen. ich lese bücher über bücher, um zu erfahren, wer er ist.

ich kann nicht einmal vater zu ihm sagen, sagt sophie. mein stolz und meine ärmlichkeit lassen das nicht zu. ich bin zu klein, zu schwach, zu schuldig, um gunst erbetteln zu können, und ich bin in meiner niedergeschlagenheit noch zu stolz, seine hand anzunehmen.

der vater gott ist sicher eine metapher, eine analogie. der allwissende ist eine analogie. der schöpfer ist eine analogie. insofern hilft mir die philosophie zwischen aristoteles und thomas von aquin viel beim ablösen der immer wieder vorgenommenen übermalungen. ich brauche das wissen, so kümmerlich es

65

ist. ich freue mich am gottesbeweis des anselm von canterbury, auch wenn er eine logische kette bleibt, ohne evidenz zu stiften. ich gebe sogar zu, daß die übermalungen ein ausmaß angenommen haben, daß jemand sagen könnte, gott ist tot.

er ist nicht tot, sagt sophie, aber er macht mich zum schuldigen, wenn ich nicht bereit bin, mich der demut zu unterwerfen. das resultat ist der stolz. ich weiß, daß ich schwach bin, elend schwach. aber ich möchte meine schwachheit ausheilen, statt sie dem großen gott zu überlassen.

kennst du den kleinen gott, frage ich? den gott, der nicht die geschichte lenkt, der nicht zu gericht sitzt, der nicht seinen fuß auf seine feinde setzt? es gibt ihn. er kümmert sich nicht um die könige und mächtigen der erde, nicht um kaiser und päpste, nicht um die siege der nationen, sondern um arme, hungrige, verlassene, einsame und leidende, all die kleinen, die von der geschichtsschreibung auf den kompost geworfen werden.»der ganze erdball kann nicht in einer größeren not sein als eine seele. und dieser gott ist bei den leidenden seelen am abgrund des nichts.«

was ich durchmache, kann ich nicht einmal mitteilen, es ist so inwendig und geheim, daß nur ein gott es verstehen kann, der sich klein genug machen kann, in meinem inwendigsten platz zu finden. das ist nicht der gott der hohenpriester. du lernst ihn kennen, wenn du den evangelisten markus in einem zug durchliest.

in hiobs seele war kein gott gegenwärtig. sein dialog mit gott war nicht ein dialog nach innen. er rechtete mit einem gott, der außerhalb, über ihm stand, dem großen gott. dem gott des gerichts, der strafe und des segens.

wenn du mit gott rechtest wie hiob, frage ich, ob das ein gott ist, mit dem sich sprechen läßt. ich weiß, der christliche gott ist ein zwitter aus dem des alten testaments und dem des neuen. vergiß einmal das alte testament, vergiß eine gnadenlehre der hoheitlichen barmherzigkeit. wenn liebe bedeutet, sich in konflikten zu helfen, auch bedeutet, konflikte zu schaffen, ehe zu früh friede und gewöhnung einkehrt, so könnte ein liebender gott verstanden werden als einer, der mit dir in konflikten zusammen ist, und der konflikte, statt sie zuzuschütten, austragen hilft.

ich kann mir nicht vorstellen, daß ein vater seinen sohn wirklich verstehen kann, weder den sohn, der in die fremde zieht, noch den, der zuhause am hof bleibt. selbst die vorstellung von gott als vater greift daneben, wenn ich einen gott ansprechen will, der meine wunden kennt. ich fühle mich schwach, sagt sophie, wenn ich groß bin, wenn ich etwas vorzuzeigen habe, vielleicht aus berechtigter freude auftrumpfen kann. und ich fühle mich stark, wenn ich am boden liege, mich selbst im stich gelassen habe. nur ein freund könnte mich verstehen und mir die kraft verschaffen, wieder aufzustehen.

wir haben die antithese des galiläischen gottes nicht verstanden. das bild, das wir uns von gott machen, ist wesentlich stärker bestimmt durch die gottesvorstellung der juden des alten testaments, der ein rechtender und rächender gott war, und auch durch das gottesbild des römischen staates, als durch das bild, das aus den worten jesu abzuleiten ist. konstantin hat das christentum zur staatsreligion erhoben, zahllose kirchen gebaut, die priester besoldet und zu beamten gemacht, und damit die neue lehre in das funktionssystem des staates integriert, wie ehedem die religion der römer bestandteil des staates war. der gott der römer ist der der herrschaft, deshalb wie im orient ein gott der herrlichkeit. zu diesem gott paßte nicht mehr der gott aus galiläa, der ein gott der einzelnen war, der kleinen, verstoßenen, verlassenen, ein gott der güte, freundschaft und hilfe. das christentum hat sich einen staatsgott aufdrängen lassen, denn wo herrlichkeit ist, ist auch demut, und wo demut ist, ist auch der von oben herab regierbare untertan.

dann ist der gott der christen von heute keineswegs ein hindernis für die bischöfe, gemeinsamkeiten zwischen faschismus und kirche zu bedenken.

so ist es. wir glauben an einen staatsgott, an einen obrigkeitsgott, an einen herrschaftsgott, weil wir noch mitten im erbe des römischen reiches stehen. der gott der einzelnen person, der gott des menschen, ist lediglich schriftgut.

carl muth hat mir neulich geschrieben:

»das problem ›christlicher staat‹ ist nur einigermaßen lösbar, wenn ich es so fasse, daß ich mir christlich inspirierte männer an der leitung des staates denke. aber auch sie werden auf schritt und tritt in die fürchterlichsten konflikte kommen mit dem christlichen gewissen. dreihundert jahre bestand die kirche nicht nur ohne jede verbindung mit dem staat, sondern sie lehnte ihn – als kirche – ab. ›mein reich ist nicht von dieser welt‹. – ehemals heidnische kaiser haben das katholische christentum zur staatsreligion gemacht, eine contradictio in adjecto! es geschah ganz aus der paganen auffassung heraus, daß die religion grundlage und prinzip des staates sein müßte und daß der staat zugleich pontifikale rechte und pflichten habe. in diesem irrtum haben dann die menschen bis heute gelebt, wo es uns vordemonstriert wird, daß es ein ungeheurer irrtum war. denn was der staat heute tut, ist letzter ausdruck seines – wesens. die scholastik konnte die staatlichen befugnisse noch so nachdrücklich auf die wahrung des friedens und der gerechtigkeit beschränken, sie konnte noch so entschieden die utopie bekämpfen, der staat habe für das individuelle glück und für das seelische wohl der gemeinschaft zu wirken – der leviathan staat folgte seinem immanenten gesetz und usurpierte – als totaler staat – alles bis zur vernichtung der freiheit, auch der individuellen. . . . wenn der romantiker adam müller sagt, christus sei auch für die staaten gestorben, so ist das für mich eine inhaltsleere phrase.«

so gesehen ist der faschismus keineswegs ein unglücksfall, wie man ihn gerne sehen möchte. er offenbart nicht, daß es eine hölle gibt, sondern die eigentliche natur des staates, seine sucht, das glück aller von oben herab zu erzwingen.

die krise, in der wir stecken, ist also auch die krise der religion. die krise des staates ist auch die krise desjenigen gottes, der herhalten mußte, zwang und fremdbestimmung zu heiligen. es ist eine krise des heiligen.

es gibt eine ergriffenheit, eine ergriffenheit vor dem großen, starken, vor dem einmaligen. die griechen hatten an orte, an denen sie denken konnten, hier wohnt ein gott, tempel gebaut. meistens in einer unberührten landschaft. die römer haben von diesem tempel nur die hülle, nur das äußere symbol, übernommen und dieses symbol in die mitte der stadt, ins zentrum der macht gestellt. und das heilige dieses römischen tempels hatte mit dem heiligen, das wir bei den griechen kennen, nichts mehr gemein, es war die gloriole der macht, der glanz des alles beherrschenden, das pathos des allmächtigen.

hitler war auch in diesem punkt nicht inkonsequent. er rief die vorsehung an, nicht mehr einen gott, der vater ist.

die pervertierung des heiligen zur überhöhung des staates, seine verfälschung zu pomp mit gold, musik, glanz und schein wird man bei dem nazarener schwerlich finden. um so mehr ist es bestandteil des späteren christentums geworden, als es seinen frieden mit dem

staat gemacht hatte und sich in die rolle der staats-
tragenden und staatserhaltenden religion zwängen
ließ. das heilige wurde umso höher, ehrfurchtsvoller
und feierlicher, je mehr seine gegenbewegung, die
ehrfurcht und untertänigkeit, die schwachheit und ge-
ringfügigkeit des untertans gemeint war.

der große gott, der gott der trompeten und heer-
scharen, der gott der völker und kollektive kam in galiläa nicht vor. der gott jesu war ein gott, mit dem man
spricht.

die christen hatten ursprünglich nicht einmal got-
teshäuser, sie trafen sich nicht am feiertag, sondern
am ersten wochentag, sie hatten keine priester, keinen
gesangsgottesdienst mit ritualen, das alles ging in das
christentum ein bei der liaison mit dem staat –, mit
seinem orientalisch gefärbten hoheitskult. die christen
trafen sich im haus ihrer mitbrüder. sie brachen das
brot am abend des ersten wochentages nach dem sab-
bat. ihre treffpunkte wechselten. als ihre zahl zunahm,
trafen sie sich abends in der markthalle, wenn der
markt vorbei, das haus ausgekehrt war.

mit der erhebung zur staatsreligion vollzog sich
auch die verlagerung der sabbatfeierlichkeit auf den
sonntag, der ursprünglich ein arbeitstag war. die
hierarchie des staates entfaltete sich entsprechend in
der kirche, und die religion fiel der kontrolle von staatlich bezahlten beamten zu. diese griffen zu ornat und
weihrauch. ich zweifle nicht, daß es sinnvoll ist, wenn
die kirche ihre funktionäre und ihr oberhaupt hat,
auch sie braucht eine verwaltung, warum nicht. nur
sollte sie aufgebaut sein nach den inhalten ihrer religion und nicht nach dem modell eines theokratischen
staates. nimmt die kirche aber selbst die form eines
staates an und läßt sich vom staat aushalten, muß sie
ihre ursprüngliche religion verändern und ihre inhalte
und aussagen vergessen machen.

das hat sie getan, indem sie die bibel zum schweigen
brachte. sie wurde aufgelöst in einzelne sinnsprüche,
über die man beliebig verfügen kann. sie tun keiner
interpretation weh und eignen sich in besonderem
maße, wenn es darum geht, den denkenden christen
zu ersetzen durch einen solchen der devoten frömmig-
keit. zudem überließ man das sprechen über religion
denen, die latein beherrschten. der informationsent-
zug durch eine art geheimsprache und die reduktion
der göttlichen dinge auf die kaste derer, die sie beherrschten, ist weithin eine wirksame technik, hoheit-
liche kompetenz zu erzeugen.

das christentum ist heute kompromittiert durch seine preisgabe an die interessen des staates. und wenn der staat seine wahre natur zeigt, nämlich macht zu erlangen und macht zu erhalten, heute deutlicher denn je über das schicksal jedes einzelnen hinweg, über das recht hinweg, über sitte und kultur hinweg, hinweg über würde und gewicht der person, dann bricht das auch die schalen der kirche auf. ihre autorität, die ihr gestattete, den inhalt zu verfälschen, war eine geschichtliche, aber eine endliche.

uns bleibt, nachdem wir allein gelassen worden sind, nur, zu lesen, zu lesen, zu den quellen vorzudringen.

modelle und große worte

ein sonniger morgen. eine helle wirtsstube. ein langes frühstück. wir waren ebenso aufgeräumt wie aufgewühlt. außer uns beiden, die man auf hochzeitsreise wähnte, war niemand in der wirtsstube, und wir saßen wieder in der schönen ecke, hungrig und offen für alles, was der andere in worten heranschaffte. die landschaften des denkens waren aufregender als arkadien. schließlich sprachen wir um unser leben.

wenn wir fragten, was wird aus diesem land, dann war das die frage, was wird aus uns. und wenn zwei junge leute, die am anfang ihres lebens stehen, so fragen, spürt man die vibration, die aus der gegenwart von geschichte entsteht.

wir wird das enden?

das krachen im gebälk der geschichte war so laut, daß wir wußten, nachher würde alles anders sein als zuvor.

die deutschen truppen haben leningrad eingeschlossen und stoßen richtung moskau vor. die USA stehen vor dem kriegseintritt. japan besetzt indochina. die ganze welt steht im krieg. der erste weltkrieg war dagegen noch ein europäischer krieg.

wird hitler siegen? die geschichte liefert keinen beweis, daß machtstaaten zwangsläufig untergehen müssen. das gegenteil ist richtiger. ich muß mich damit abfinden, daß ich als deportierter in den pripjetsümpfen kolonialarbeit zu leisten habe. aber es standen schon andere vor moskau. und auch die sache der gerechtigkeit hat ein recht, auf sieg zu setzen.

einen bürgerlichen liberalistischen staat wird es dann nicht mehr geben. geld und besitz sind keine mittel, die gesellschaft zu organisieren. die würde des

70

menschen wird man nicht mehr in der besitzdemonstration wahrnehmen. das kapital, frei verfügbar, mündet in den erpresserischen wettbewerb. es wird auch keinen ideologiestaat mehr geben können, weder einen christlichen wie im mittelalter, noch einen roten wie in rußland, noch einen faschistischen. von jaques maritain übernahmen wir den begriff der pluralistischen demokratie. atheisten werden neben christen leben, sozialisten neben liberalen, und keine utopische ideologie, sei es die der rasse oder die der klasse, kann herrschaft über andere legitimieren.

politische literatur gab es für uns nicht. alles, was dem staat nicht paßte, wurde weggeräumt, zum teil öffentlich verbrannt. aber gelegentlich geht auch der zensur etwas durch die lappen. ein buch mit dem titel: ›die zukunft der christenheit‹ mußte offensichtlich ein religiöses buch sein, auch wenn darin die demokratisierung der wirtschaft durch mitbestimmung und mitverwaltung gefordert wird, um die macht des kapitals einzudämmen. maritain war ein französischer philosoph. ich kam auf ihn über meine thomas-studien.

ansonsten blieb uns an politischer literatur nicht viel, wenn man davon absieht, daß wir in platons ›staat‹ und ›gesetze‹ im sandkasten ermitteln durften, was davon in die nähe des faschismus kam.

oder wird es wieder eine neuauflage des alten geben? wird man das abendland restaurieren, die alten besitzzustände wiederherstellen wie nach den napoleonischen kriegen und dem wiener kongreß? auch hier liefert die geschichte keinen beweis, daß der fortschritt zwangsläufig ist. aber wenn eine zeit so im blut watet wie diese, muß da nicht ein neuer humanismus entstehen? maritain gibt weder proudhon noch marx eine chance, mit der bändigung des kapitals fertig zu werden und den ausgleich der interessen an die stelle der machtergreifung und machtausübung zu setzen.

franzosen haben es leichter. ihre geschichte steht nicht unter dem diktat einer reichsidee, eines dem menschen im wesen übergeordneten staates. franzosen haben gelernt und praktiziert, den staat als einen vertrag der bürger zu verstehen, als einen von unten delegierten verwaltungsauftrag. das kennen wir nicht. wir denken in den dimensionen des weltgeistes. das läuft hinaus auf erlösung durch beherrschung. wir sehen im staat das zentrum eines übergeordneten, geistigen auftrags, wenigstens die letzte instanz der sittlichkeit. marx hat sich offenbar damit am deutlichsten aus der deutschen tradition hinauskatapultiert,

daß er zu denken wagte, der staat ließe sich sogar
überflüssig machen, eintrocknen, abschaffen.

hitler hat das wettgemacht. es ist aber nicht zu übersehen, daß auch katholische publizisten in deutschland bis ins blut infiziert sind von einer reichsidee. sie
kommen nicht los vom reich gottes auf erden, das, wie
sophie einwarf, untestamentarisch ist, im neuen
testament abgelehnt wird. trotzdem spukt in ihren
köpfen die idee einer regelnden instanz der erhabenen
einsicht und des übergreifenden willens. anders hätte
es auch nicht einen teil der zentrumspartei gegeben,
der die machtergreifung hitlers vorbereitet hat.

ist aber nicht maritains personalismus eine utopische fiktion? der einzelne mensch, getragen von
einem umfassenden humanismus, solle der zweck des
staates sein, und um seinetwillen wäre neben den
privatbesitz ein gemeinbesitz an öffentlichen produk-
tions- und kommunikationsmitteln zu setzen, damit
niemand über ihn verfügen könne. das bürgertum
sprach vom gesunden eigennutz als antrieb aller sozialen prozesse. es ist nicht zu übersehen, daß es diesen
egoismus als faktum gibt und keineswegs nur in seiner
gesunden form, selbst dann nicht, wenn er eingehüllt
wird in den schöneren begriff wettbewerb. was ist das,
personalismus? ist der begriff person nicht zu hoch,
wenn man ausdrücken will, daß der schutz und die
entfaltungsmöglichkeit des einzelnen die eigentliche
aufgabe des staates ist?

die deutschen reden nicht von gesellschaft, sondern
von volksgemeinschaft. sie benützen gerne große
worte. gemeinschaft ist etwas größeres, beseelteres.
gesellschaft ist ein neutraler funktionsbegriff. so
fragten wir uns, sophie und ich, könnte beim personalismus mit dem begriff person etwas in die politik
eingeführt werden, was sie nicht leisten kann. ist es
nicht ausreichend, wenn die politik den einzelnen als
neutrales wesen schützt und ihm allein die auslegung
und ausformung dessen überläßt, was er unter person
versteht? soll der staat dazu da sein, einen besseren
menschen ins auge zu fassen oder geht es nicht auch
hier darum, die politik zu säkularisieren, wertfrei zu
machen?

könnte man nicht das weltverbessern sein lassen,
das weltverbessern mit einem mittel, das dafür relativ
ungeeignet ist, nämlich mit dem staat? vielleicht sollte
der staat mehr funktionieren als erheben wollen. er
hat keine sendung. vergesellschaftung von großorganisation, gleichzeitige stärkung kleinerer überschauba-

rer produktionseinheiten ist auch dann einleuchtend, wenn man damit nicht einen christlichen personalismus im auge hat. demokratisierung der wirtschaft ist auch dann einleuchtend, wenn man in der person nicht einen christlichen wertträger sieht.

entideologisierung der politik kann man nicht nur nach rechts betreiben. man muß es auch nach links, nach oben und unten tun. ich sehe darin eine »griechische« form des denkens, die auch eingegangen ist in die scholastische philosophie.

eine welt ohne werte?

im gegenteil, wenn man die dinge von den ihnen offenbar innewohnenden höheren werten befreit, wenn man die freiheit nicht als etwas hohes, sondern als etwas gegenwärtiges, überprüfbares ansieht, können werte als zielprojektionen zur erlangung von noch mehr freiheit wieder unbehindert, ohne transzendentale hindernisse, wachsen. das trockene denken hat nicht weniger phantasie, projektionskraft und leidenschaft. es besteht nur darauf, daß das, was gedacht werden kann, auch bedacht wird. entwürfe sind nicht weniger mutig, weil sie realistische und rationale konzepte sind. oft setzen sie mehr glauben und hingabe voraus als das geheimnis.

ob ich einmal heiraten würde, fragte mich sophie.

das weiß ich nicht, eigentlich möchte ich nicht. ich möchte so viel freiheit haben, daß ich andern nie die freiheit einschränke. und ich möchte menschen um mich haben, die so frei sind, daß sie meine freiheit nie einschränken.

ich halte viel von bindungen. das mag paradox klingen. allein leben könnte ich nicht. aber ich brauche eine form, die niemanden an mich bindet. man artikuliert sich selbst nur im sprechen und im tun, nicht im denken. deshalb ist allein zu leben eine austrocknende isolation. zum sprechen muß man mindestens zu zweit sein. aber man sollte wieder auseinandergehen können, das nötigt mir der respekt vor dem ab, der mit mir redet. auch er lebt nur so, wie er seine freiheit ausfüllt. auch er braucht freiheit.

wir waren am aufbrechen. es wurde uns plötzlich klar, daß uns die zeit davongelaufen war.

mit meinem rad an der hand begleitete ich sophie zum bahnhof. der zug ließ noch auf sich warten. da ich die pausen nicht mag, die beim abschied auf bahnsteigen entstehen, verabschiedete ich mich und schwang mich auf mein rad. ich würde eine lange fahrt zeit haben, weiterzureden und weiterzureden. an der letz-

73

ten kurve drehte ich mich um, und wir winkten uns
noch einmal zu.

nachspiel
man schiebt sein rad hoch hinauf auf den vogesenpaß,
kehre für kehre, und sieht weit hinaus in die rheinebene, bis man in die wälder der höhenrücken eintritt.
das gespräch setzt sich zwangsläufig fort, fast noch
intensiver, motorischer und weiter ausgreifend. gehen
befördert ohnehin die aktivitäten des kopfes.
ich bleibe bei thomas morus hängen und spiele den
gedanken durch, was geschehen wäre, wenn seine
»utopia«, ein großer erfolg bei den humanisten, nicht
von der christlichen welt totgeschwiegen worden wäre.
aber die gegenreformation hat sie verschlungen. die
kirche konnte sich keinen staat nach seinen vorstellungen leisten, jetzt, wo sie den arm der fürsten
brauchte. und auch luther legte alle gewalt in die
hände der landesfürsten, die sich in den mantel des
gottesgnadentums hüllten, um ihren absolutismus
theologisch zu verbrämen.
die arbeitszeit eines jeden staatsbürgers legte
thomas morus auf zwei mal drei stunden fest, sechs
stunden am tag. er kannte den schlendrian und die
zeitverschwendung, die ablenkungen und die vor-
geschützten nebenbetätigungen der oberen stände,
des adels und des oberen klerus. als staatsdiener wußte
er bescheid über den leerlauf der kanzleien, der behörden und verwaltungen, so daß er sich sagen konnte, es
genüge vollauf, wenn alle menschen fortan nur noch
sechs stunden arbeiteten, sofern sie arbeiten.
in seinem staat hätte jeder der religion anhängen
können, die er für richtig befunden hätte. so etwas
durfte nicht unter die leute kommen. dafür nahm jeder
christliche fürst für sich in anspruch, bestimmen zu
können, welche religion seine untertanen anzunehmen hätten, und sie zerfleischten sich gegenseitig bei
dieser frage fast bis zur ausrottung ihrer bevölkerung.
von da ab blieb dem deutschen untertan kaum etwas
anderes übrig, als sich seine gesinnung vorschreiben
zu lassen.
thomas morus entwarf den ersten pluralistischen
staat.
ist man oben auf der höhe der vogesen, kreuzt
man die höhenstraße, an der noch einige stellungen
aus dem ersten weltkrieg liegen, jahrelang meter um
meter umkämpfte »köpfe«, deren feindliche linien

nur wenige schritte voneinander entfernt waren. die
erde ist aufgewühlt, unterwühlt, von stollen und grä-
ben durchsetzt und vermengt mit dem fleisch und blut
sinnlos hingemordeter menschen. tagelang lag das
trommelfeuer auf dichtem raum, kein baumstumpf,
der nicht zersplittert und zerfetzt war, und zur befohle-
nen minute sprangen soldaten mit flammenwerfern,
sprengladungen aus ihren löchern hoch, um meistens
im maschinengewehrfeuer der andern seite liegen zu
bleiben.

thomas morus war der erste nach campanella, der
einen nichtchristlichen staat zu denken wagte. ohne
einfluß der kurie, der prälaten und des oberen klerus
und ohne demuts- und unterwerfungspredigten für
das volk. das christentum war eingeladen, in ihm zu
wirken wie andere religionen, verbände und institutionen, je nach bedeutung und funktion. aber der einzelne sollte frei sein auch in der wahl seiner gesinnung
– was wiederum ein überflüssiges heer von schnüffeln-
den staatsdienern freigesetzt hätte. bei thomas morus
war der staat ein dieb. bei luther und den kardinälen
war er der schutzarm vor der jeweils anderen religion
des teufels. und bei machiavelli gilt der krieg des
fürsten als höchste tugend des mannes: die neuzeit
kündigt sich an.

darf man den gedanken denken, ein solches buch
hätte erfolg gehabt und man hätte es sich angeeignet?
was wäre uns erspart geblieben?

viele tannen, nicht nur fichten, mächtige bäume
umstehen die kurven. ein vergnügen, sich schwingend
mal so, mal so in die kehren zu legen, den frischen
wind hier oben im gesicht. die reifen der räder singen.
gegen das im wald aufgelöste licht kneift man die
augen zu, schließt sie für einen moment, um zu genießen, wie sich alles nach allen dimensionen hin bewegt.
das geht so kilometer über kilometer weit, bis man aus
dem wald hinaustritt und die straße weniger steil
gegen remiremont zu fällt.

kautsky rief: morus ist ein sozialist. war er das? er
hat nur mit seinen humanistenfreunden, darunter
erasmus, über den idealen staat philosophiert und entdeckt, daß es keine stände mehr in ihm geben dürfe.

von den zeiten der ersten arbeiteraufstände bis zu
den jahren, als die vielen monarchien sich auflösten,
hat die kirche immer partei genommen für die obrigkeit, für die von gott eingesetzte obrigkeit. die arbeiter
sind ihr weggelaufen. die arbeiterfrage wurde, alles in
allem, draußen diskutiert.

75

die schnellen veränderungen meiner fahrt stimulieren
offenbar das spiel, sich geschichte als anders möglichen verlauf vorzustellen, so zum beispiel als eine geschichte ohne die aufstände, revolutionen und kriege,
die die soziale frage ausgelöst hat, als geschichte einer
nicht eruptiven sozialistischen entwicklung. sofern
man thomas morus gefolgt wäre.

wenn am anfang der neuzeit der sozialismus wenigstens als problem akzeptiert worden wäre, vielleicht
ohne aussicht schon auf lösungen, einfach als berech-
tigte frage, wenn man ein buch wie das von thomas
morus nicht von sich gestoßen, sondern aufgenom-
men hätte, wäre mit sicherheit die geschichte europas
anders verlaufen. und wenn man sich überlegt, was in
diesem zusammenhang im 19. jahrhundert geschehen
ist bis zur spaltung der welt in unserem jahrhundert,
dann wird man verwirrt von der vorstellung, man hätte
es leichter haben können.

thomas morus hat seine utopia zur selben zeit geschrieben wie machiavelli seinen fürsten. diesem, dem
ideologen des machtstaates, hat man geglaubt. die
fürstenverehrung verkehrte sich unter seinen händen
zur umkehrung der moral und zu ihrer bereitstellung
für obrigkeitsstaatliche zwecke. die neue definition der
politik endete schließlich im heutigen ruin jeder politischen kultur. im fürsten, dem machiavelli immer den
willen zum guten unterstellt, sind bereits die führer
aus rom und berlin vorweggenommen, die ja ebenfalls
das beste im auge haben.

ich durchfahre remiremont, einen ort mit geduck-
ten steinbauten. es gibt keine häuser mehr mit holz-
fachwerk. man spürt deutlich die grenze der völker-
wanderung. die germanen, die in holz zu bauen
gewohnt waren, kamen nicht über die vogesen herüber.

es ist richtig, man kann geschichte nicht gegen ihre
tatsächlichkeit interpretieren. geschichte ist immer das
faktische.

aber das faktische ist nicht unbedingt das zwangs-
läufige. geschichte erweist sich nicht als gradlinige
progressive entwicklung. sie macht umwege, sie steht
auf der stelle, sie hat rückfälle, und oft gelingt ihr erst
im zweiten anlauf, was im ersten nicht gelungen ist. es
gibt fehlentscheidungen in der geschichte. so ist es
zulässig, geschichte nicht nur als verwirklichte sachverhalte zu interpretieren, sondern auch als ideale
möglichkeit. anders erhält sie auch keine impulse für
die zukunft. man kann sie vollends als ideale möglich-

keit interpretieren, wenn am anfang ihres umwegs ein gegenprogramm formuliert wird.

ich bin im tal der mosel. sie ist noch ein kleiner fluß. das wasser fließt flach über fleckige kiesel. das abendlicht hängt in den uferbäumen. es ist ein fluß mit viel geschichte, auch der geschichte, die mit der sozialen frage zusammenhängt. hier oben, noch in den bergen, treibt die mosel bereits die ersten kleineren fabriken an.

hegel hat gesagt, das wirkliche ist das vernünftige. er meinte damit, das, was passiert, ist auch richtig, ist auch logisch. das möchte man aber doch bezweifeln, wenn man einen autor findet, der vor über vierhundert jahren das bereits niedergeschrieben hat, was an staatstheorie heute allmählich akzeptabel wird. danach wäre das jetzige die folge eines irrweges. und nicht nur das. es wäre – nimmt man den dreißigjährigen krieg als folge dieses irrweges und nimmt man viele auseinandersetzungen aus einer ignoranz gegenüber der sozialen frage dazu – es wäre nicht nur ein irrweg, sondern eine fehlentscheidung von katastrophalen, nicht zu überbietenden ausmaßen. schließlich können wir auch diesen krieg jetzt nicht herausnehmen aus der fehlentwicklung, die bereits mitte des 16. jahrhunderts zur entscheidung stand.

wenn thomas morus statt machiavelli der große autor geworden wäre...

mein dienstplan
der dienst begann am morgen mit dem appell. die kompanie stand in dreierreihe, nahm haltung an, sobald der hauptfeldwebel oder der leutnant kamen. es wurde abgezählt, wobei man mit dem herumreißen des kopfes die nächste zahl brüllte.

es gab post, der dienstplan wurde mitgeteilt und allgemeines verkündet. dann wurden die abkommandierten herausgerufen und neben die kompanie gestellt. das waren solche, die sonderaufgaben hatten, etwa in der geräte- oder wäschekammer, oder ins revier zum arzt mußten.

die ersten monate als soldat machte ich regelrecht dienst, sofern man eine schikanöse rekrutenausbildung dienst nennen kann. es ging darum, jedem den eigenen willen zu brechen und einen gefügigen haufen zu erhalten, der ohne gemütsregung jeden befehl ausführt. das ist in wahrheit, wenn man alle verbrämungen beiseite läßt, die erziehung des soldaten. das ist so offensichtlich, aber nicht so durchsichtig, daß nicht neunzig prozent aller soldaten, der russisch-kommunistischen, der deutsch-faschistischen, der demokratisch-amerikanischen glaubten, das müsse so sein. sie glaubten es.

als wir zum geschützexerzieren kamen, einer verrichtung für bärenstarke kerle, machte ich darauf aufmerksam, daß ich eine verwundete linke hand habe und nicht als volltauglich anerkannt sei. man schickte mich zum arzt, und der empfahl nach gründlicher untersuchung meiner steifen finger, alle zwei tage heißluftmassagen zu nehmen.

auf diese weise stand ich jeden tag bei der kleinen herausgezogenen gruppe der abkommandierten, denn der hauptfeldwebel konnte ja nicht wissen, daß ich nur alle zwei tage zu kommen brauchte. jetzt begannen für mich schwierige zeiten. wenn ich beim arzt fertig war, wollte ich mich ja nicht mehr dem dienst der anderen soldaten anschließen. ich mußte sehen, wie ich den tag totschlage, erst jeden zweiten, dann jeden tag, den mir gott in der kaserne geschenkt hatte. erst trieb ich mich verstohlen auf dem kasernengelände herum, dann fand ich ein loch im zaun und lag manchen tag im hohen gras des waldes, gequält von tödlicher lange-weile, sofern ich kein buch dabeihatte.

so erfand ich eigene militärische aufgaben, solche, die mich nicht ganz in verlegenheit bringen sollten, falls ich erwischt würde. ich begann, die umliegenden forts der alten festung épinal zu inspizieren, die alle in schönen wäldern versteckt waren. einen befehl hatte ich zwar nicht, aber ich konnte mir ja einen eigenen befehl geben, um wenigstens eine meldung vor einer höhergestellten militärperson machen zu können, wenn sie des weges gekommen wäre und mich gefragt hätte.

so etwas ist natürlich nur dem einzelgänger mög-lich, wenn ich mich auch gelegentlich, weil das allein-sein mitunter lästig werden kann, einer gruppe von abkommandierten anschloß, die etwa gartenarbeiten zu machen hatte.

voraussetzung war nur, man erschien jeden morgen wieder zum dienst.

unsere einheit wurde bald für den kommenden ein-satz in rußland nach mariental im elsaß verlegt. dort entwickelte ich mein system so weit, daß ich nicht ein-mal mehr nachts in der kaserne war. ohne urlaub, ohne dienstausweis lernte ich, mein eigener vorgesetz-

ter zu werden. und das ohne komplizen. komplizen
wären mir zu riskant gewesen. ich erfand eigene
dienstaufgaben. schriftenmaler werden überall gebraucht, und so bewaffnete ich mich mit pinsel und
farbe, malte auch mal hie und da ein schild, aber meist
war ich unterwegs, farbe zu kaufen oder lag an einer
versteckten ecke im gras und träumte meine zukunft
vorweg. das schriftenmalen gestattete auch in aus-
reichendem maß, briefe zu schreiben oder sich mit
theoretischen problemen zu beschäftigen. einen raum
in einer kaserne findet man immer, wo man einen
tisch und einen stuhl hinstellen kann, und ein einziges
schild genügt für wochen als legitimation für segens-
reiches wirken.

mein vater, meine mutter, inge kamen ein paar
tage auf besuch. wenn ein sohn zur front muß, treten
die komplikationen der erziehung im elternhaus
plötzlich weit zurück. ich hatte es meinen eltern nicht
leicht gemacht, anständigen handwerksleuten, aber
zu eng, um die vorstellungen einer ganz anderen generation verstehen zu können. mein vater hat hitler
nie seine stimme gegeben, aber warum ich mich mit
nietzsche und thomas von aquin beschäftigte, verstand
er nicht.

nun aber waren wir uns in der bewertung des
krieges so einig, daß wir uns in großer freiheit bereits
gedanken machten, was danach kommen werde, ob
ein modernes staatswesen ständisch, parlamentarisch
oder rätisch-republikanisch aufgebaut sein müsse, ob
das prinzip der subsidiarität oder der zentralverwal-
tung zu gelten hätte. mein vater war ein vehementer
anhänger der geldtheorie von silvio gesell gewesen,
dem finanzminister der räterepublik in bayern. heute
dachte er wie ein kleiner unternehmer, monetaristisch.

und wenn ein spaziergang mit inge in der nacht zu
lang wurde, war mein dienstplan so beschaffen, daß
ich mich in eine waldwiese hinter der kaserne zwischen
salomonssiegel und farn fallen ließ, um gründlich
auszuschlafen.

als ich schließlich in taganrog am asowschen meer
bei meiner fronteinheit ankam, fragte man sich, was
ich für ein merkwürdiger soldat sei. ich war ungeeignet,
geschütze installieren zu helfen, ich war ungeeignet
als funker, ich kannte kein morsealphabet. was ich
konnte, war, einen streckenzug berechnen, auf einer
karte unsere genaue stellung eintragen. als ich aber
dazu meßlatten und meßstäbe tragen sollte, mußte ich
auf die steifen finger meiner linken hand verweisen.

ende einer kindheit

inge war damals fast schon eine frau, älter als ich. ich fing an, sie zu schätzen, und interessierte mich für ihren freund, einen groß aufgeschossenen, hageren intellektuellen aus der bündischen jugend, der in der stadt seinen soldatendienst absolvierte. ich war ihm etwas auf den fersen geblieben, weil mich das »bündische« zum widerspruch reizte.

auch inge empfand ich einen kopf größer (obwohl wir auf den zentimeter gleich groß sind). aber sie war die erste, und sie führte das haus. ihr zimmer, halboffen zur großen diele, war der treffpunkt aller, und oft saßen wir über gebühr herum, auf dem sprung zu einem der langen spaziergänge aus der stadt heraus, nur weil sie noch nicht fertig war, die wohnung auf sonntagsglanz zu bringen. sophie half mit, sah aber dann doch nicht mehr die feinheiten einer besonderen pflege und war immer etwas früher fertig.

inge war auch eine frau, weil sie meinen gruß über die straße gelegentlich übersah. ich wußte nicht, daß sie kurzsichtig war und nahm es hin als verkapselung einer introvertierten donna. man sah es ihr an, daß die garbo ihre lieblingsschauspielerin war.

auch jetzt, wo sie zu meinem abschied in den krieg nach rußland gekommen war, zusammen mit meinen eltern, hatte sie noch etwas von der souveränität einer frau, obwohl wir zuvor öfter zusammen in den bergen gewesen waren und es uns gereizt hatte, gelegentlich nackt in den stürzenden bächen zu baden. da sie stärker war als ich, und ich wiederum stärker war als sie, gab es eine etwas indifferente, aber ausbalancierte egalität zwischen uns. emanzipation war nicht nötig.

inge hatte ein sicheres urteil über sprache und musik, das sie aus dem machen und nicht nur der beurteilung bezog. ihr lag das theater, und als sie noch in der hitlerjugend war, inszenierte sie eigene spiele, die man als zu pessimistisch und melancholisch abtat. wie die erfahrungen eines erwachsenen lag ein schatten über ihr, und ich fühlte ihr schutzbedürfnis.

ich brachte françoise von chantal ins haus, die doña proëza, und ich hatte schon mal eine träne zu unterdrücken, wenn sie aus der ›verkündigung‹ vorlas.

als der krieg mit rußland ausgebrochen war, wir hatten zusammen sophie in ihrem arbeitsdienstlager besucht, war auch das ein abend voller traurigkeit. wir waren beide in familien aufgewachsen, die gezwungen waren, die welt von unten zu sehen, und hatten keinen einstieg, kriege aus der ahnenreihe von rittmeistern zu bewerten. wir sahen, daß zuerst das zertreten wurde, was menschen menschlich macht, ihre bindungen, ihre beziehungen zueinander.

fäden, verknüpfungen (auch unsere?) werden zerschnitten, personen, die einem lieb waren, zertrampelt, liebe wird in granaten zerfetzt, die mutter in ihrem haus verbrannt. der freund wird verstümmelt, der vater meuchlings umgebracht, brüder und schwestern werden ausgelöscht. und das in einem ausmaß, daß kaum eine familie davon verschont bleibt. nicht hier, nicht dort.

wir begannen zu ahnen, daß auch in unseren familien schnitte bevorstanden. sicher, in rußland einzufallen, war der anfang vom ende, das wußte unser kopf wie unser zorn, aber wie ist eine einsicht der hoffnung wert, wenn sie auf dem friedhof von millionen gedeiht?

inge war zwischen meinen eltern nicht mehr irgend jemand aus der schar der vielen, mit denen ich gelegentlich ihr haus füllte. und was noch von gewicht war, meine eltern behandelten mich nun wie ihren sohn, nicht mehr wie ihr kind. ich hätte es ihnen nachgesehen, wenn sie nicht zu einem solchen abschiedsbesuch gekommen wären. ich hatte es ihnen reichlich schwer gemacht. als fünfzehnjähriger hatte mich die polizei zu hause abgeliefert, als ich – ohne ihr wissen – nach schweden entfliehen wollte. die gestapo war zu hausdurchsuchungen gekommen. ich hatte die eltern spüren lassen, daß sie nicht zu meiner welt gehörten, hatte sie aus meinen interessen ausgesperrt. ich war ein zweites mal entflohen, wieder hatte mich die polizei heimgebracht. ich hatte meinen eltern nichts erspart, was einen kultur- und generationenkonflikt zur hölle machen kann.

zum wochenende nahm ich meinen schlafsack, um im wald zu schlafen, statt in einem haus mit sofa, wandbildern und tapeten.

wir vertrugen uns jetzt, als hätte es das alles nie gegeben.

ich begann, meinem vater zuzuhören. in seiner theorie steckte meine eigene kindheit, denn die familie hatte jahrelang nicht genügend geld gehabt, um den kindern schuhe zu kaufen. wir liefen barfuß herum außer an sonn- und feiertagen, wo auch arbeiterkinder adrett zu sein hatten wie die des bürgertums.

und inge hörte gern meiner mutter zu, mochte ihren witz und den realismus ihrer schilderung.

zukunft als existenz war uns gleichgültig, aber nicht die zukunft als autonomie, als verfügung über unsere welt. die nazis lehrten uns, uns an den rand der geschichte zu stellen, uns nicht von ihr mitnehmen zu lassen. warum sollten wir uns nicht auch an den rand der gesellschaft treiben lassen, warum nicht an den rand der welt, wie sie die vernunft zufällig bis heute entdeckt hatte? warum sollten wir ernst nehmen, was morgen falsch sein könnte? warum sollten wir uns nicht allein uns als unserer zukunft anvertrauen?

abaelard, der schärfste kopf seiner zeit, und heloïse waren in ihre klöster verbannt worden. warum sollten wir sie uns nicht selbst suchen, nicht die klöster der kurie, sondern unsere eigenen?

dieser staat ist unser nicht wert, wird die gesellschaft unser wert sein? werden wir uns in sie integrieren? integrieren nach ihren gesetzen und regeln?

da ich meinen eigenen dienstplan hatte und den ganzen tag frei war, konnten inge und ich ausgedehnte spaziergänge in den forsten des oberrheins machen, ohne daß meine eltern das gefühl haben mußten, rücksichtsvoll zurücktreten zu müssen. mit ihnen gingen wir abends essen. und die nacht gehörte uns.

inges vernunft war ganz andersartig als die meine. mit sophie konnte ich mich stundenlang über ein problem unterhalten. zu ihrem denken paßten dieselben schlüssel wie zu meinem. inge war keineswegs sprachlos. ähnlich wie hans war sie immer ein wort früher da. mit ihm aber zusammen war sie auch die unternehmende, jemand, der ohne zwang bestimmt. aber ihre argumente waren oft so, als hätte sie schon einmal gelebt. das leben dachte in ihr, nicht die vernunft.

merkwürdig, wie jeder von uns eine ganz eigene denkform besaß. man hätte sagen können, jeder war so, wie er dachte.

was meine art zu denken betraf, so war sie nicht eigentlich analytisch, so überkonsequent ich sie auch manchmal empfand. sophie und ich waren oft ähnlich unberührt über schlußfolgerungen, vor denen man erschrecken konnte. wir fanden beide, daß man heute, wenn man für sein land kämpfen wollte, auf der seite der feinde kämpfen müsse. nicht nur kämpfen solle, sondern kämpfen müsse.

trotz solcher schärfe empfand ich mein denken nicht als abstrakt, sondern merkwürdig an meine sinne, meine nase, meine augen, ja an meine hände, speziell an meine hände gebunden. wenn ich denke, entwerfe ich. ich schleudere meine seile weit von mir, um mich, von einem widerhaken gehalten, weiterzuziehen. entwerfen kommt von werfen.

ich war immer gespannt, was inge zu einer sache sagen würde, ich wußte es nie genau vorher. an ihr wurde ich zum ersten mal gewahr, was gemeint ist, wenn die neuere philosophie einen unterschied machte zwischen erkennen und verstehen. es bestärkte auch den eindruck eines altersvorteils, wenn sie offenbar eine sache aus dem verständnis heraus beurteilte, wo wir uns um eine erkenntnis bemühten. eine sache verstehen, wirkt reifer, klüger, als sie erkennen. aber sicherlich ist das mehr eine frage der methode als des alters.

hans dachte im sprechen. er war eine rhetorische existenz, eine dialogische und eine dialektische. einsichten gewann er wie ein sich drehender scheinwerfer auf einem leuchtturm. in der unstetigkeit und dem widerschein gewann er seine einsichten. diese einsichten waren eindeutig, aber nicht prinzipiell. er war ein homme de lettres. und wenn er nicht schrieb, las er, auch das als dialog, und wenn er nicht las, war er in gespräche verwickelt. immer ausstrahlend, immer aufnehmend. bei dieser technik war er immer mittelpunkt, auch wenn er nicht wollte. so wie er ausgab, sammelte er ein. ich projizierte züge von goethe auf ihn. auch wenn ich die unverbindliche klugheit goethes nicht mochte.

wirklich, wenn ich auf diese weise meine freunde durchnehme, jeder war anders durch die art seines denkens, und eigentlich hätte es widersprüche und konflikte geben müssen. gab es auch. aber zu entdecken, was in menschen steckt, war ein solches abenteuer, daß einem oft der atem stockte. die leidenschaften der jagd hatten sich bei uns auf die mühe verlegt, den kern von menschen zu erspähen.

wir gingen aufeinander ein, als wäre das das einzige, was wir auf der welt finden könnten.

am anfang stand haß. alle meine freunde trugen einmal die braune uniform. es war zugleich haßliebe. hans und inge waren nicht nur dem rang nach führer, sie hatten ein anderes auftreten. und beide waren sie groß und ragten auch so über die anderen hinaus. dieser eindruck ist bis heute geblieben.

inge vertraute mir an, daß sie viel angst habe. schon als kind sei sie nachts ans fenster gegangen, um zu sehen, ob es nicht brenne. aber vielleicht war das mehr ein zeichen ihrer fürsorge. sie dachte immer für andere, fühlte sich andern verpflichtet. vielleicht würde sie nach dem krieg eine teestube für studenten aufmachen, sagte sie.

alle fühlten sich in ihrer nähe aufgehoben, das gab ihr eine bevorzugte stellung. diese verpflichtung für andere war aber vielleicht auch eine art gebrechlichkeit. ihr porzellan war dünner als das anderer. und das war vielleicht der grund für angst. es war nicht die angst davor, daß krieg war, die angst vor unglück und tod, die angst vor dem ungewissen, das gerade bei einem abschied auf einen zukommt. obwohl es auch das war. es war die angst vor dem leben. man wunderte sich, daß man lebte. nicht so sehr die umstände bedrückten. nicht von außen kam die angst. sie entstand aus dem blick nach innen. man war sich selber unbekannt, vielleicht unheimlich. unsere verfügungsgewalt reichte nicht aus, uns zu bestimmen.

ich gab zu, ich fühlte mich immer wieder vom tod umgeben. nicht dem tod als dieb, sondern dem tod als erlösung, als befreiung. er jagte mir keine angst ein, bruder tod heißt es bei franziskus. ich wollte weg sein, mir entgehen. nicht einem leiden, nicht einer gefahr wollte ich entgehen, sondern mir. wenn ich keine angst vor diesem tod hatte, hieß das nicht, daß ich den tod hätte negieren können, daß ich todesmutig gewesen wäre. ich akzeptierte den tod.

allerdings war uns deutlich, daß man nie weiß, was der tod ist, ehe man ihm wirklich gegenübersteht. wir scheuten uns, uns etwas einzureden.

ob ich dann angst vor dem krieg hätte? ich glaube nicht, nein. aber ich wußte nicht, was krieg ist. ich hätte es als unredlich empfunden, inge einen beruhigenden optimismus vorzuspielen. so waren wir nicht. wenn wir in uns hineinblickten, durfte es keine verstellungen geben.

im mittelalter betete man, von krankheit, krieg, pestilenz, siechtum und leiden verschont zu werden, von hagelschlag, feuer und krieg. den krieg hatten wir, leiden hatten wir. noch mehr aber beteten wir darum, wenn die umstände es erlaubten, einen tiefen blick in uns selbst tun zu können. wir sind in einem hohen maße unfertig, fragwürdig. aber wir spüren wenigstens den mangel, wenn uns nicht sogar bewußt ist, daß wir auf uns selbst zuwachsen müssen, als auf etwas anderes als wir sind. ist das der grund der angst?

haecker hatte angst bis zur schwermut. kein wunder, daß er kierkegaard übersetzt hatte. er hatte auch angst vor einer übertechnisierten welt, vor der welt der automaten. dies in einem maße, daß wir ihm nicht folgen wollten.

dabei freuten wir uns alle an jedem gras, das auf der erde wuchs, an den farnen hier, am moos und an den flechten der bäume.

das haus am münsterplatz würde nun leer sein, inge würde allein zurückbleiben. hans studierte in münchen, sophie würde bald nachkommen, lisl betreute kinder in einem fremden haus, werner war in rußland, grogo in frankreich, frido ebenfalls in frankreich, fritz in rußland...

gefallen für führer, volk und vaterland. so lautete die formel der todesanzeigen in den tageszeitungen.

ganze seiten füllten sich damit. die russen hatten sich erholt und erteilten diesen winter die ersten gegenschläge.

ich würde nicht sterben für diesen führer, nicht für dieses vaterland, nicht für dieses volk. ich würde sterben für einen machtstaat, der sich herausnimmt, die umwertung aller werte zu einer politischen industrie zu machen. in diesem staat wird nicht für etwas gestorben. der tod ist mittel zum zweck. wen es erwischt, der hat pech gehabt. schlimmer: wer anders ist, wird abgeholt.

eine massentodmaschine erfinden, wem ist das schon eingefallen? wem kam es in den sinn, seit es menschen gibt, menschen in tonnen zu verbrennen, gruppenweise zu vergasen?

das war mein vaterland, für das ich sterben sollte.

paulus

die versuchungen des heiligen antonius kannten wir nicht. auch nicht den pfahl im fleisch, von dem paulus berichtet, von dem er meinte, daß ihn gott dreimal in ihm belassen habe, um ihm die größe seiner gnade zu zeigen.

sexualität brachte heillose verwirrungen, aber als versuchungen von teufeln haben sie sich nicht erwiesen. das ist kein verdienst. in der entwicklung des menschen zu einer autonomen persönlichkeit der selbststeuerung, als wesen der selbstbestimmung und selbstorientierung dürfte er, gerade was die sexualität betrifft, noch ein weites stück weg vor sich haben. hier hat ihn die natur noch nicht entlassen. im bereich der sexualität pfuschen subjektive selbstbestimmung und zwangsläufigkeit der natur so ineinander, daß gerade

85

bedeutende menschen mit diesem stachel im fleische nicht fertig werden, und daß für viele von hier aus interpretierbar wird, was für sie religion bedeutet. sie suchen nicht nur den sternenhimmel der navigation, um ihr boot zu steuern, sondern rufen um hilfe, der sturm möge nachlassen.

das war bei tolstoi so, bei kierkegaard, bei luther, aber auch bei paulus, dessen hinweise deutlich sind.

es darf bezweifelt werden, ob die psychischen probleme des paulus, statt ein persönlicher fall zu bleiben, von ihm nicht so generalisiert wurden, daß das christentum des jesus von nazareth in den schatten geriet. paulus litt unter der doppelten last der steinigung eines menschen, die er als eiferer und religiös voll besetzter mann nur wieder löschen konnte, indem er sich zu ihm konvertierte, und er litt offensichtlich unter extremen spannungen. die sünde war für paulus notwendige präsenz, um gott so zu erfahren, wie er ihn brauchte, nicht als einen vater, sondern als einen verzeihenden. paulus wuchs in der diaspora auf als sohn eines rabbis. und jüdische diaspora im hellenismus war nicht frei von eigenwilliger absonderung gegenüber der offiziellen religion, obgleich sich der hellenistische weltstaat auch pluralität leisten konnte, da er feinde nur außen, aber nicht innen hatte. aber man erinnert sich, wie die makkabäer zur wahrung der eigenen orthodoxie gegen den hellenismus angingen. es wurde knaben verboten, nackt am sport der gymnasien teilzunehmen. schon das ist ein psychischer druck, der übereifer und fanatismus begünstigt und eine legitimation sucht in der steinigung des andersdenkenden, eines verräters am judentum.

zum persönlichen konflikt einer sexualmoral, die sich an die norm und nicht an den einzelfall hielt, kommt der kulturkonflikt.

auch bei luther kommt zu einem kulturkonflikt einer der persönlichen peinigung. und es verwundert nicht, daß sich beide in dem verstehen, was sie der gnade gottes verdanken.

wenn man die welt als geschehen versteht und nicht als sein, dann sind solche ereignisse im leben eines einzelnen – die ja nicht singulär sind – auch einer weiterführung anvertraut, sei es durch das regulativ der arbeit, etwa eines gärtners, oder in der erziehung von kindern. anders aber kommt, wie übrigens auch bei freud, der ebenfalls zu dieser art von religionsstiftern zählt, der zwang zur öffentlichkeit, zum bekenntnis, zur warnung und heilung hinzu. den zwang des triebes, den pfahl im fleische, die erbsünde in die welt hinauszurufen, ist die letzte rechtfertigung der eigenen leiden. wenn es mir so erging, sollt auch ihr darunter stöhnen. erst dann findet meine seele ihre ruhe, wenn sie auch den weg meiner erlösung gezeigt hat. eine grausame herrschaft.

gemeinsame schuldgefühle schaffen die solidarität der scheiternden und fordern den großmut der vergebung als letzten lohn einer ramponierten seele heraus. was ist im namen des christentums nicht gemartert und gelitten worden. askese und selbstkontrolle schlugen um in peinigung und selbstfolterung.

die befreiung von der sündenlast, auch der betrüger, nutten, kleinen und großen gauner, die befreiung von den vielen vergehen gegen die gebote des judentums, die verkündigung einer frohen botschaft, ist bis heute dem christentum schlecht gelungen, noch schlechter die befreiung von einer theologie des psychischen zwangs durch den gerechten, den jesus von nazareth im pharisäer wie einen gegner verurteilt hat.

was der neuplatonismus mit seiner leibfeindlichkeit hier noch zusätzlich verunstaltet hat, ist ein anderes thema. bei plato selbst, bei sokrates, der angeklagt wurde, die jugend zu verderben, ist so wenig manichäismus zu finden wie im urchristlichen galiläa. gut und böse halten sich hier nicht zwanghaft die waage, als deren träger der mensch nie wird entfliehen können. nie.

die unsterblichkeit der seele war den juden fremd und drang erst mit der philosophie platos als gemeingut des hellenismus in das judentum ein. die sadduzäer als vertreter der orthodoxie lehnten sie noch zu zeiten jesu ab, und jesus von nazareth stand auch deshalb außerhalb der rechtgläubigkeit, weil er einer neuen religiösen richtung anhing, die im übrigen auch die partei der pharisäer teilte. man muß sich das vorstellen, das alte testament kennt keine unsterblichkeit der seele, nur den diesseitigen lohn gottes für ein rechtmäßiges leben! deshalb auch eine strenge sexualmoral, deren stöhnen noch im römerbrief zu vernehmen ist. die erhöhung des menschen in seine unsterblichkeit wird bei paulus zu einer schmähung des körpers. erst aus der sünde im jüdischen sinn wird ihm ein jenseits zur erlösung, und das sterben jesu wird ein opfertod, der den eingang in diese form der ewigkeit aufreißt.

napoleon

wenn napoleon schach spielte und zu verlieren drohte,
warf er das spiel durcheinander, erhob sich und ging
weg. solcherart sind die männer, die geschichte
machen.

darüber hatte ich einen artikel geschrieben für
einen rundbrief, den ich angeregt hatte, damit die zum
teil in alle welt zerstreuten freunde über briefe hinaus
in kontakt blieben und sich artikulierten. eine ideale
zeitschrift ist in meinen augen die, bei der autoren und
abonnenten identisch sind. die leser stellen sie selber
her für sich selbst. man beginnt aufeinander zuzu-
schreiben, denkt nicht mehr allgemein, in einem wohl-
temperierten und unverbindlichen idealismus. man
hat sich im auge. hans war dabei, inge, sophie, grogo,
carl muth, und der kreis begann sich zu erweitern um
die freunde, die sophie und hans bei ihrem studium in
münchen gefunden hatten. inge besorgte die schreib-
arbeiten.

wer mit napoleon gemeint war, war klar.

als inge mit einem fertig gewordenen heft von
münchen nach ulm heimkehrte, wurde sie vom bahnhof weg von der gestapo zu einem verhör abgeholt.
in inges koffer fand man das heft mit dem napoleon-
artikel. wer napoleon war, mußte auch die gestapo
merken. inge war in der schlinge. unter dem personal
bei der gestapo war eine ehemalige mitschülerin als
sekretärin. als die beiden für augenblicke allein im
zimmer waren, bat inge, aus dem heft etwas herausrei-
ßen zu dürfen. sie könne das nicht erlauben, sagte das
mädchen, ging aber ostentativ zum telefon, sprach
dort von inge abgewendet und verschaffte ihr so die
möglichkeit, die napoleonseiten herauszureißen.

hans hatte über das grabtuch von turin geschrieben,
carl muth über die armut, man fand also nichts
anfechtbares. trotzdem versuchte man, uns wegen
fortsetzung »bündischer umtriebe« zu belangen.
einem guten bekannten der familie in stuttgart gelang
es, die sache, auf der bis zu sechzehn jahre gefängnis
standen, niederzuschlagen. die scholls seien mit der
verurteilung des vaters zu einer gefängnisstrafe genug
getroffen. der vater war von einer büroangestellten
wegen des ausspruchs denunziert worden, hitler sei
eine gottesgeißel.

unsere sprache

ich werde zu einer sächsischen einheit versetzt, die mich zu ihrer kampftruppe in rußland weiterschickt. ich bin zu jung und zu sehr außerhalb des betriebs, als daß mich interessieren würde, wo und an welcher stelle ich eingesetzt werde. ich nehme alles hin.

ich habe andere probleme. zum beispiel das der sprache.

in der schule bin ich gelehrt worden, hochdeutsch zu sprechen, die hochsprache zu benützen. daß es eine hochsprache gibt und also auch eine niedersprache, ist mir nicht bewußt geworden. mir war nicht klar, daß ich durch dressur aus meiner eigenen sprache, der sprache meiner gassenfreunde, meiner eltern, der bäcker, metzger und gärtner des ortes herauszutreten hatte, um die sprache des reiches zu erlernen. hochdeutsch war die sprache der feinen leute, der kultur, der karriere, der wissenschaft und literatur, und also bemühte ich mich, hochdeutsch zu lernen. so etwas dauert jahre. und ich habe es gelernt und lebte nun als junger mann mit hochdeutsch.

kommt man dann zu einer sächsischen einheit, schlägt überall der dortige dialekt so durch, daß man es lernt, an dem bisherigen system zu zweifeln. wozu sollte ich mein schwäbisch verleugnen und den dialekt meiner herkunft unterbuttern, um mich ins hochdeutsche einzugliedern, wenn hier in chemnitz selbst militärische befehle auf dem kasernenhof im dialekt gebrüllt wurden. ich beschloß, fortan nur noch schwäbisch zu reden.

das wurde akzeptiert, mehr als wenn ich das bemühte hochdeutsch der geschichts-deutschen gesprochen hätte. jeder dialekt kommt aus quellen. die hochsprache ist ein angelernter stil. wer aus seiner herkunft redet, und sei es schwäbisch, wird unter soldaten akzeptiert, im gegensatz zu dem, der seine bildungssprache benützt. das demonstriert zugehörigkeit zu einer besseren klasse. zu der aber wollte ich nicht gehören.

schwäbisch und sächsisch sind im deutschen sicherlich die heterogensten dialekte, möglicherweise weil sie phonetisch so verwandt sind. aber es ging. die verständigung war, das merkte ich bald, gar nicht das erste problem der sprache, sondern die glaubwürdigkeit. und glaubwürdig ist man nur, wenn man seine eigene sprache spricht und nicht die eines reichsdeutschen kulturministeriums.

89

das vierte rom

tagelang fahren wir durch das weite russische land.
in viehwaggons, auf strohunterlagen, mit offenem
verschlag. der zug hält oft stundenlang an ausweich-
stellen, weil der komplizierte eisenbahnverkehr des
krieges auf meist eingleisigen strecken nichts anderes erlaubt. oft ist ein bahnhof für zwei orte gebaut,
auf halbem weg, und es stehen ein paar schuppen
und gebäude im offenen weiten land, die dörfer
sieht man nicht. die lokomotive nimmt wasser und
kohlen auf, pustet und zischt gelegentlich und schlägt
konstant im takt eines überdruckventils. bis es weiter-
geht.

rußland ist für mich kein geografischer oder strate-
gischer begriff. ich fahre in ein land meiner eigenen
projektionen. und ich bin maßlos neugierig, wie
perspektiven und wirklichkeiten übereinstimmen.

ein jahr bevor der krieg begann, kam ich zum ersten
mal in die wohnung der scholls, im vierten stock eines
jugendstil-geschäftshauses am münsterplatz. es war
ein verregneter sonntagnachmittag, und man las ein
theaterstück von henry von heiseler in verteilten
rollen, hans, inge, lisl, sophie, werner und ich.

boris godunow.

ich hatte die rolle des mönchs zu übernehmen. das
berührte mich. warum gerade den mönch? damals las
ich solowjev und berdjajew. mein zugang zu rußland
war nicht die musik, nicht die literatur. dostojewski,
puschkin, gogol habe ich nie gelesen. ich hielt mich an
die philosophie. und die philosophie, die immer in
rußland geschichtsphilosophie ist – was sollen die
abstrakten systeme – widmet sich mehr dem mönch als
dem zaren. der mönch ist eine schlüsselfigur der russischen kultur, mehr als der pope oder der patriarch.
vom mönch her, vom wandernden einsiedler, ist das
selbstverständnis rußlands leichter zu finden als vom
bojaren und kosaken.

es gibt ein bündnis zwischen mönch und bauer.
auch der ärmste bauer spendet dem mönch ein stück
brot und gibt ihm eine bleibe. dafür gibt ihm der
mönch seine einsichten, seine lieder und seine hoffnung. und nicht selten zieht der bauer mit ihm. ein,
zwei jahre, zum nachweis der wanderschaft ins heilige
jerusalem, als pilger und wanderer zum tor des
himmels.

so ist das russische volk, so sind die russischen
bauern, nicht ein stummes volk. es ist ein volk mit
einer seele geworden.

hitler schickt uns nun nach rußland, um ein untermenschentum zu besiegen. wir sollten einer halb-
asiatischen horde entgegentreten, in welcher der einzelne zum kollektiv degradiert ist, dumpf die befehle
des kommissars befolgt – den nichts bewegt als die
macht und die gewalt zur erlangung der weltherr-
schaft.

und das ist nicht nur hitlers interpretation, er will es
alle wissen lassen. so steht es jeden tag in den zeitungen, tönt es aus den radios und kommt es gelegentlich
auch von katheder und kanzel herunter.

nun sehe ich rußland, wie es ist. die endlose weite.
leicht angehobene hügel. gelegentlich ein dorf mit
immer denselben eingeschossigen bauernkaten, dazwischen als einziges bauwerk aus stein eine kirche
mit abseits stehendem klassizistischem turm. das land
der bauern. das land der mönche.

rom hat das christentum an die politik, an den staat,
an den kaiser verraten. aus dem evangelium an die
kleinen und erniedrigten wurde die verkündigung von
einem abendland der kreuzzüge. der papst war herrscher, subjekt und objekt der politik. er residierte in
palästen und zelebrierte in domen. die friedfertigen
wurden vergessen. das christentum europas hat nicht
den frieden gepredigt. es hat waffen gesegnet und
könige neben den thron gottes gestellt. es hat kasui-
stische systeme ersonnen, auch im christentum kriege
zu legalisieren, bis ein christliches land gegen das
andere christliche land die waffen segnete. jede seite
rief die hilfe gottes an und sandte seine gebete zum
himmel. man kämpfte gegeneinander im namen ein
und desselben gottes.

ein solches zwiespältiges verhalten war nur möglich
geworden, indem man die öffentlichen angelegen-
heiten, die öffentliche moral aus dem christentum eli-
minierte, aus der staatskunst und aus der wirtschaft.
diejenige wirtschaft ist gut – hat gottes segen – die
erfolg hat, und derjenige krieg ist gerecht, der den
lohnherren des klerus zugute kommt. die moral des
christentums wurde auf das private eingeschränkt und
entsprechend dramatisiert, vor allem im sechsten
gebot, dem der sexualität. hier läßt sich jeder zum
sünder machen, auch der, der im krieg den andern zu
töten hat, zur ehre gottes.

das zweite rom, byzanz, erstickte das evangelium im
pomp und in der machtentfaltung einer höfischen
kirche, im gold und weihrauch der autokratie. aus der
verkündigung wurde die theatralische vorwegnahme

91

des himmels mit all den würdenträgern und höflingen eines brokatbestickten patriarchats.

moskau wird das dritte rom sein, es wird das christentum wieder entdecken als das evangelium der armen und leidenden, die erlösung der trauernden und weinenden.

so dachten russen über rußland. die geschichte des abendlandes, die geschichte europas ist die der pervertierung des christentums, seine auflösung im gestrüpp der macht und im konflikt politischer interessen. die geschichte des morgenlandes ist die der auflösung des christentums im feudalen schein, in der verselbständigten zeremonie.

in rußland wird das christentum wieder zu sich selber zurückfinden. der mönch wird den bauern trösten, wird ihm helfen, seine leiden zu tragen. das land ist zu groß, die leute sind zu arm, die dörfer sind zu verstreut, der winter ist zu kalt, als daß die last des lebens anders als leidend ertragen werden könnte.

das leiden des russischen volkes war das leiden einer sozietät, eines gemeinwesens, unter schicksal und despotie. die russischen dörfer hatten eine basisdemokratie und empfanden ihre armut als die armut der gemeinde. es gab kein privates christentum, und die erlösung war die eines standes, des untersten, arbeitsamsten standes der herrschaftspyramide.

das heil wird von moskau kommen, dem dritten rom, dem neuen zentrum der welt, weil es die verkündigung des evangeliums wahr macht, die elenden und bedrückten zu trösten und zu erlösen. von rußland wird das neue heil ausgehen.

wo hätte der marxismus einen besser vorbereiteten boden finden können als in rußland? mit dem bolschewismus wurde moskau zum vierten rom. von hier ging die verkündigung der selbstbefreiung der untersten stände aus, der bauern und der arbeiter, die umwandlung einer ertragenen knechtschaft in eine weltumspannende erlösende herrschaft. der kommunismus und sein erfolg in der welt ist nicht denkbar ohne die heilserwartung, die die substanz der russischen geschichte ist. der mönch hat die leibeigenschaft des bauern tragen helfen und das unrecht durch hoffnung erträglich gemacht. die »wanderer« im 19. jahrhundert, die das soziale elend auch in der intelligenz vermittelt hatten, und die »volkstümler« waren bereits revolutionäre zellen, die das land gegen die stadt und den reichen bürger wendeten, gegen hof und zaren.

aber der kommunismus will nicht mehr dulden. er will aufruhr bis zur herrschaft der unterdrückten, die umkehr der weltverhältnisse, er will die flucht und den tod der fürsten und patriarchen.

wo sind die zeichen der herrschaft des bolschewismus? wo sind die symbole der oktoberrevolution und einer zwanzigjährigen roten herrschaft? ich nehme wenig wahr. lenin und stalin liegen in den von der partei angelegten umzäunten volksparks, die auch auf dem dorf zu finden sind, als demolierte zementstatuen herum, das rostige moniereisen ragt aus dem sockel.

ich habe noch etwas wind der zwanziger jahre um die nase bekommen. moskau war mit berlin und new york eine der neuen weltstädte. paris und london trugen den teint der vergangenheit, hatten zuviel klassizistischen puder aufgelegt und rauschten in den reichen stoffen ihrer kolonialreiche. von moskau kam eine neue agitationssprache im film und im plakat. der hut wich der mütze des arbeiters, der in lederuniformen die kampfgruppen seiner partei anführte. zusammen mit den wolkenkratzern von manhattan, der lichtreklame von timessquare und dem mackie messer aus berlin erschien eine erste silhouette des zwanzigsten jahrhunderts, in dem flugzeuge begannen, die ozeane zu überfliegen. die architektur hatte zum ersten mal keine griechischen kapitelle, keine profilgesimse, keine fenstereinfassungen. fenster standen als klare schnitte in weißen wänden, gegliedert mit einfachen sprossen.

ich kannte noch keinen tatlin, keinen malewitsch oder lissitzky, spürte aber das morgenhaft ansteckend neue des aufkommenden industriezeitalters. technik offenbarte eine ästhetische faszination. welt war nicht mehr nur geschichte, sondern entwurf.

jetzt in rußland empfinde ich weite, unendliche weite, den verlust des zeitgefühls. in der unendlichkeit des landes wird der sommer schwermütig. die leute kleiden sich, wie sie sich immer gekleidet haben. offensichtlich bleibt die wahrnehmung des bolschewismus den städten vorbehalten. das offene land scheint, als warte es immer noch auf durchziehende mönche.

moses und lenin

preobrashenski hat für die sozialistische soldaten- und bauernrevolution ein programm der industrialisierung entworfen mit einer ökonomischen priorität gegen-

93

über der entwicklung der agrarwirtschaft. stalin be-
kämpfte ihn zugunsten der kollektivierung der land-
wirtschaft. als er ihn ausgeschaltet hatte, übernahm er
dessen programm. und der russische bauer mußte lernen, auf die uhr genau durch das fabriktor zu gehen.
wer eine viertelstunde zu spät kam, wurde in den ural,
nach sibirien deportiert, wo neue industrien entstanden. (diejenigen, die später monatlich die kriegsent-
scheidenden 1800 panzer produzierten, als es speer
nur auf 580 gebracht hatte.)

so war die stereotype antwort auf die frage nach den
segnungen der revolution, auch der bauernfrau unter
ihren ikonen: lenin gut, stalin nix gut. die bärtigen
männer sahen es so und die babuschka. wo ich konnte,
ging ich dieser frage nach.

in einem bauernhaus fand ich sogar ein aus der
zeitung ausgeschnittenes bild von lenin in der ikonen-
ecke.

mich wunderte die fast religiöse verehrung von
lenin. er war ihr moses, der sie aus der ägyptischen
fronarbeit befreite – bis stalin kam mit einer zaren-
tradition hemmungsloser masseneinsätze (peter der
große hatte mit masseneinsätzen die damals größte
stahlindustrie europas im ural aufgebaut und hatte auf
die sümpfe des finnischen meerbusens mit masseneinsätzen eine vollkommen neue hauptstadt gesetzt,
eine der schönsten städte europas, wie man sagt).

ich betrachtete es immer als hilfreich, gewisse
probleme nach schichten freizulegen und zu interpretieren, etwas zuerst biologisch, soziologisch, dann
vielleicht kulturanthropologisch zu betrachten. so
kann für mich auch in umgekehrter reihenfolge die
materie ein theologisches problem sein. sieht man
lenin und moses einmal nur unter dem gesichtspunkt
sozialer organisation, dann besteht zwischen beiden
eine große ähnlichkeit. beide haben parteien von fast
ähnlichem charakter gegründet, vorausgesetzt, man
eliminiert ihre spezifischen inhalte. es gilt als gesichert, daß viele juden unabhängig von moses aus
ägypten nach kanaan zurückgewandert sind, der zahl
nach mehr als moses zurückgeführt hatte. was moses
leistete, war ein organisierter, politischer auszug mit
hilfe einer richtigen parteigründung und ihren typi-
schen organisatorischen strukturen.

und diese strukturen haben – als organisationsform
– eine frappierende ähnlichkeit mit der bolschewistischen partei lenins. marx verspricht ebenso ein gelob-
tes land der klassenlosen gesellschaft wie jahwe das

land kanaan. beide parteien leben von einer ähnlichen verteufelung ihres feindes. hier werden alle völker, spricht der herr, vom nil bis zum euphrat in alle winde verteilt, dort wird der kapitalismus durch die diktatur des proletariats ausgelöscht.

und der verteufelte feind wird zum hauptfaktor für die indoktrination, die gleichrichtung und emotionalisierung der seelen. wer baal anbetet, begeht das größte denkbare vergehen. wer einen andern als den revolutionären weg zum sozialismus für möglich hält, wird eliminiert.

die priesterkasten der hebräer haben ihre entsprechung in den kommissaren der partei. was hier der generalsekretär ist, ist dort aaron, und der sowjet sind die siebzig männer. es werden zeichen und rituale, aufzüge und aufmärsche inszeniert zu festgelegten erinnerungsfesten, und die erzsünde ist der zweifel an der orthodoxie oder die revisionistische verweichlichung. der buchstabe der doktrin ist hier so streng wie dort das wort gottes. der weltrevolution entspricht die zusage des herrn, israel über alle völker der erde zu setzen und die enden der welt zu seinem eigentum zu machen. die politische radikalität von moses und seine überraschende parallele zu lenin wird noch deutlicher, wenn man moses mit abraham vergleicht.

abraham war ein nomadisierender semit, der am unterlauf des euphrat an die dortige zivilisation der seßhaften landbewohner stieß, als er land suchte. er zog mit seinen kamelen den euphrat aufwärts, dann herüber zum mittelmeer und entlang der kulturlandschaft der phönizier, bis die wüste ihm ein weiterziehen unmöglich machte. es wurde ihm weideland überlassen, er kaufte sogar land, nahm vieles von der sprache, der kultur und der religion der ansässigen bewohner an, die ein fruchtbares land bewirtschafteten. sogar der name israel ist phönizisch. el ist die oberste gottheit und namen auf -el beziehen sich auf sie. selbst jesus ruft am kreuz nicht nach jahwe, sondern nach eli.

abrahem war ein assimilationstyp, sein verhalten war eingebettet in eine kooperative kulturpraxis und tolerante pluralität. er ehrte seine gastgeber und wurde geehrt. er suchte nicht den konflikt, sondern den konsens, die kooperation. das stammesbewußtsein von nomaden ist langlebig, trotzdem waren die hebräer assimiliert in eine großkultur, ehe moses zur rechtfertigung eines politischen programms dieses stammesbewußtsein zur auserwähltheit uminterpretieren mußte. so war auch für marx der proletarier nicht nur mensch unter menschen, sondern die heilserfüllung der menschheit. diese heilserfüllung ist mit blut geschrieben, mit der vernichtung von ganzen völkern, bei moses wie bei den bolschewisten, und so gesehen sind die fünf bücher mose ein buch erschreckender blutrünstigkeit. es ist das buch, in dem ein politisches ziel, nämlich ein bestimmtes land zu erobern, transformiert wird, nicht nur zur religion, sondern zur ausschließlichen orthodoxie. es gibt keinen größeren gegensatz als den zwischen abraham und moses. sie verkörpern gegensätzliche religionen, die eine sucht den frieden, die andere die herrschaft.

der zentralismus einer solchen orthodoxie-partei entspricht nicht mehr einer funktionalen spitze, sondern ist transzendiert in ein über-ich, in eine überideologie, sei sie personifiziert oder nicht. sie ist unantastbar und spricht durch offenbarung und verkündigung. die heiligung des krieges, die ausrottung der besiegten, die eroberung von großreichen, die häufung der nachkommenschaft wie der sand am meer als lohn gottes, sollte uns allerdings auch in einem heiligen buch wie dem alten testament nicht erschrecken, denn dies alles war schließlich das politische evangelium aller nationalstaaten bis heute. dabei war die rechtfertigung im sinne der identifikation eines volkes eine augenwischerei.

abraham hat seine identität gegenüber den kanaanitern nicht aufgegeben. er hat rebekka, die frau seines sohnes, aus seiner heimat holen lassen, wochenreisen entfernt. aber identität ist kein widerspruch zu kooperation. das besondere wird auch wahrgenommen und dadurch vielleicht auch erst markant in der vielfalt.

hegel hatte das bewußtsein von »sich selbst« zum absoluten erhoben. die sozialität des menschen führte ihn dazu, den staat, die politik als das absolute sein zu betrachten, in dem sich der geist offenbart. demnach erfüllte sich bei marx in der entwicklung der gesellschaft, speziell in der entwicklung der untersten klasse, der sinn der geschichte.

von moses dürfen wir annehmen, daß er seinen monotheismus von dem ägyptischen pharao echnaton übernommen hatte, der wegen seines monotheismus gestürzt wurde.

marx hat zwar das »bewußtsein auf die beine gestellt«, er hat das ökonomische sein als antrieb der geschichte verstanden, was aber nicht heißt, daß der kampf des proletariats in ähnlicher weise zu theologisierter politik wurde wie bei hegel.

auch moses hat den monotheismus, diese große leistung ägyptens, politisiert, indem er ein politisches ziel theologisierte, nämlich die unterwerfung kanaans als das von gott versprochene land. dem sieg über die bewohner kanaans im alten testament entspricht der endgültige sieg des proletariats über den kapitalismus. und wie alle völker der erde die knie beugen sollten vor jahwe, sollte das ende der geschichte bei marx gekommen sein mit der diktatur des proletariats und der errichtung des kommunismus.

da ist keine geschichte, sondern landraub, da ist kein jahwe und da ist nicht einmal ein krieg, eine revolution, sondern die ausrottung. aus der theologisierung der politik wurde die technisierung der expansion, die auch – wenn nötig – gasöfen erbauen ließ zur verbrennung von menschen.

nun ist freilich das alte testament nicht nur ein buch über die identifikation von gott und staat, im gegenteil. es ist das buch der propheten, der großen einzelnen, die gott dem staat entrissen haben. von opponenten, die gott über den staat und seine priester stellten. das ist die bedeutung der juden, daß sie anders als die deutsche philosophie hegels gott dem staat gegenüberstellten, meistens als mahner und ankläger. zwar sind die hohenpriester geblieben, religion und staat blieben verklammert, aber ebenso ist die geschichte der juden die geschichte der zahllosen einzelgänger, prediger und büßer, die es wagten, gott gegen den staat und seine priester zu stellen und damit die politik in die schranken zu weisen. zur legitimation des einzelnen, als außenseiter, die diese geschichte belegt, kommt der versuch der propheten, dem staat die wertschaffende kompetenz zu entreißen und ihm die anmaßung, moral zu setzen, abzusprechen oder gar den sinn der geschichte zu bestimmen.

die propheten sind die söhne abrahams.

die fabriken im donezgebiet waren größtenteils in trümmern. die fabriktore hingen aus den angeln und waren aufgerissen. russische frauen in wackligen kleinen leiterwagen suchten das gelände ab, um noch ein paar schaufeln kohlenstaub zu ergattern, der zwischen dem unkraut herumlag.

entfernung von der truppe

solange man soldat ist, bleibt man im rahmen seiner
einheit oder macht bewegungen entlang der führungs-
schnur eines befehls.

da wir tagelang herumlagen – ich hatte unendlich
viel zeit zum lesen – riskierte ich einen ausflug. wir
lagen am rande eines dorfes, ringsherum der weite
horizont nicht bearbeiteter stoppelfelder. die fahrzeug-
und panzerspuren der schlacht um charkow waren wie
schwarze netze über die landschaft gespannt.

ich bin mit dem thema krieg erzogen worden. der
erste weltkrieg mit seinem frieden von versailles und
der revolution der heimkehrenden soldaten schufen
ein denk- und gesprächsklima, das niemanden freigab.
nie wieder krieg, sagten die einen, dolchstoß in den
rücken der armee nannten die andern die revolution.
auch in zivil trug man in den jahren meiner schulzeit
wickelgamaschen wie im feld, koppel und schulterrie-
men tauchten in allen uniformen der vielen parteien
und organisationen auf.

abends erzählten die männer einander vom krieg,
und wir kinder hörten gaffend zu. zu demonstrationen
und kundgebungen gehörten marschschritt, fahnen
und militärmusik. in der schule redete der französisch-
lehrer vom krieg, der biologielehrer vom krieg, auch
der religionslehrer mußte seine nationale reputation
deutlich machen, indem er vom pfarrer im krieg
erzählte. das gedichtbuch für den deutschunterricht
war voll von gedichten über krieg und heldentaten.

jetzt war ich selbst im krieg, ich lag auf dem boden
einer eben vergangenen schlacht. es war mir, als sei
das ein punkt, auf den mein bisheriges leben geradli-
nig zugelaufen sei. nachdem man ständig über den
krieg geredet hatte, konnte ich ihn zum ersten mal mit
händen fassen, er war greifbare realität.

ich machte mich davon, ohne mich bei irgend
jemandem abzumelden, ich wollte nach charkow
gehen, um den krieg wirklich zu sehen. hier draußen
gab es nur die ersten ahnungen. fast rannte ich, hügel
auf, hügel ab. ich hatte ein bild von einem schlachtfeld
aus den erzählungen meines vaters, aus den zeitungen
und büchern, aus den berichten der lehrer. ich wollte
es sehen. so lief ich stundenlang auf charkow zu.

einmal sah ich in der ferne einige haufen auf der
erde liegen, aber es waren keine gefallenen, es waren
strohballen. die netze der kreuz und quer verlaufenden
fahrzeugspuren waren an manchen stellen weiter, an
manchen enger.

98

ich kam auf einen geländeeinschnitt zu und roch zum
ersten mal den geruch des krieges.

es war nichts zu sehen, aber ein penetrant süßlicher
geruch zwang mich immer wieder, die nase zuzuhal-
ten. vergebliche mühe. dann lagen sie herum, pferde,
soldaten, fahrzeugteile, ein paar flecken frisch aus-
gehobene erde.

fast vorsichtig näherte ich mich dem ersten toten.
gelbgrünlich, gelbbräunlich aufgedunsenes gesicht,
gefletschte zähne. die aufgerissene wolljacke war in
geronnenem blut verkrustet. die schlacht mochte drei,
vier tage vorbei sein, die brennende sonne machte aus
dem tod verwesung. beim nächsten traf mich der blick-
lose blick. das auge schaute dahin, wo es nichts gibt,
aus der nase war blut geflossen. ich verstand jetzt,
warum man bei toten die augen zudrückt. aber ich
wagte es nicht zu tun. es war mir, als liefe ich zwischen
gift umher. ich atmete schwaden von gifthauch. ich
hätte es gern getan. der tod ist nur dann ruhe, wenn
das auge nichts mehr sucht.

einer hing halb in einem schützenloch, kopf nach
unten. seine wattekleidung war wie ein aufgeschnitte-
nes sofa.

einer lag mit dem rücken zum boden, die brust
aufgerissen, eine kinderbrust ohne haare. ich ging wie
auf zehen, wie ein totenengel, langsam von körper zu
körper, die kehle zugeschnürt, den rachen trocken und
doch voller neugierde, wie der krieg aussieht. ein toter
ist ein toter. das hier waren keine toten. sie hatten
keinen leib. sie waren ein gemisch aus kleiderfetzen,
erde, dreck, blut, fleisch und geschwollener haut. sie
waren nicht entschlafen. sie waren krepiert.

einem fehlte ein bein. wo es war, war nicht auszumachen. der stummel war mit einem hemd zugebun-
den. das blut sah aus wie roter zement. manche hände
waren weich und friedlich, alle waren angeschwollen,
manche waren wie die von matthias grünewald, verkrallt. es muß plötzliche tode gegeben haben, auch
langsame, qualvolle. hier war nicht immer ein sensenmann am werk, ein unaufhörlicher sensenmann, hier
gingen quäler, folterer umher, peiniger, schlächter. das
war alles andere als ein opfertod. held wird man nicht,
indem man sein leben hingibt. man blutet aus, man
siecht dahin, man sieht seinem eigenen tod zu bei
offenen eingeweiden, und selbst der, dem das weiße
gewundene hirn austritt, das einzige weiß in diesem
gewühl von blut und erde, liegt noch da und stammelt
seinen schmerz. bärte und fingernägel wachsen über

den tod hinaus, und die gesichter nehmen schnell das
bild von grimassen und visagen an. das sind gestalten
der unterwelt, des teufels. der krieg läßt nicht zu, daß
der mensch als mensch sein leben beendet.

das koppelschloß
der lederriemen des soldaten wurde mit einem ein-
hängeblech verschlossen. auf das blech war seit kaisers
zeiten in form einer plakette eingeprägt: gott mit uns!
der kaiser durfte der welt erklären, gott ist mit uns,
gott ist auf unserer seite. die teutonische hybris.

das gedachte auch hitler nicht zu ändern, nur daß in
der mitte der plakette der neue adler der nazipartei als
reichsadler auftauchte. das krallentier mit den segnungen des allerhöchsten: gott mit uns.

offizier
offizier wird man fast automatisch. alle abiturienten
oder absolventen von gymnasien und realschulen
wurden zu offizierslehrgängen eingeladen. ich habe
keinen gesehen, der abgelehnt hätte. fast alle meine
mitschüler sind offiziere geworden.

als ich das erste mal ablehnte, kam ich noch mit der
ausrede durch, ich fühle mich zu jung.

das zweite mal reichte noch der hinweis, daß ich
nicht voll einsatzfähig sei, was nicht zu stimmen
brauchte.

ich konnte doch nicht in der armee eines schergen
offizier werden. nun war die karriere eines offiziers,
wie ich ihn kannte, von der deutschen staatsideologie
und der deutschen geschichtsschreibung her so auf-
gewertet worden, daß niemand mehr sah, daß die
herren als erstes ihr denken abzugeben hatten, ehe sie
einen helm erhielten. der offizier hatte grundsätzlich
seinen eigenen standpunkt abzuliefern, ehe er fähig
sein konnte, befehle zu empfangen und befehle
weiterzugeben. kann man sich da ködern lassen?

das dritte mal abzulehnen – offenbar waren routine-
mäßig die listen nach angehenden akademikern
durchsucht worden – war schon fast auffällig. wer dreimal nein sagte, mußte dreck am stecken haben.

natürlich wäre es eine erleichterung gewesen, den
schikanen eines normalen soldatenlebens zu entgehen, ein weilchen die schulbank eines lehrgangs zu

drücken, viel sport zu treiben und die allüren des be-
fehlens zu üben: volle stimme aus der hinteren kehle,
kinn am hals, halboffene augen in die ferne gerichtet.
man bekäme reitstiefel und saloppere uniformen mit
mehr glitzerzeug und müßte sich grüßen lassen. ich
sah es doch bei unserem eigenen haufen: schmarotzer
der schikane waren sie allesamt: die kleinsten, die
dummen, die ahnungslosen zertreten und zertrampeln, bis sie im dreck liegen und ihre selbstachtung
erbrochen haben. dann den fuß auf sie setzen und
gönnerhaft signalisieren: alles hört auf meinen befehl.

ich hatte freunde, die offiziere waren, auch solche,
die noch zu zeiten der reichswehr eingetreten waren in
dem glauben, offiziersschule sei eine schule der ritter-
lichkeit. auch sie haben lernen müssen, daß der offizier der kommissar der preußischen staatsideologie
war. er war nicht nur militärische schaltstelle, sondern
mit seinem glauben und seiner eingedrillten treue zu
kaiser und vaterland, zu führer und reich die transmis-
sion der politischen manipulation. der offizier war
politkommissar unseres landhungrigen nationalstaats,
überdeckt von den geschichtlichen offiziersleistungen
der befreiungskriege.

wer das nicht sah und heute noch immer nicht
sehen will, ist ein lebendiger beweis für die indoktrina-
tionsfähigkeit des menschen, sobald ihm futter, stand
und karriere zugespielt werden und er einer besseren
klasse angehören darf.

dann wurde ich ein viertes mal aufgerufen, einen
offizierslehrgang mitzumachen. es blieb mir nichts
anderes übrig, als den hauptfeldwebel um ein gespräch
unter vier augen zu bitten. da es dafür keinen platz
in der schreibstube gab, ging er mit mir in den garten
hinter ein paar büsche. die tatsache, daß es hier
komisch gewirkt hätte, stramme haltung anzunehmen
und mich vor ihm aufrecht aufzubauen, ermutigte
mich, ihn von der menschlichen seite zu nehmen und
ihm zu gestehen, daß ich schon einmal aus politischen
gründen bei den nazis im gefängnis gesessen hätte.
plötzlich wurde sein auge ganz menschlich, verlor
allen kommishabitus und schaute mich suchend an. er
wollte nicht einmal wissen, warum, sagte nur: gut
dann.

von dem tag an hatte ich unter keiner schikane
mehr zu leiden. vielleicht nur, weil auch er als hauptfeldwebel, als nichtakademiker, ein mann zweiter
klasse war und nicht offizier werden konnte, damals
noch nicht. es war eine riskante sache, die auch hätte

schiefgehen können. ich hatte keinerlei andeutungen einer bestimmten gesinnung bei meinem vorgesetzten gemacht. ich überließ mich dem seltenen umstand, ein gespräch führen zu können, das nicht durch soldatisches zeremoniell von vornherein zurechtgeschnitten war.

deutsche offiziere sind tüchtige offiziere, sie nehmen ihren platz voll ein. sie beantworten das vertrauen, das man in sie setzt, mit korrekter pflichterfüllung. noch der gesangslehrer eines gymnasiums unternimmt als offizier, wenn er eingezogen wird, alles, um seine nachschubkolonnen auf vordermann zu halten. wie sieht es aber im kopf des deutschen offiziers aus? wo sonst die fähigkeit zur selbstbeobachtung, selbstkritik und eigenreflexion zu lokalisieren wäre, bleiben nur bildung und sachverstand. selbst die attentate deutscher offiziere auf hitler galten in den meisten fällen dem umstand, daß er kein wirklicher offizier gewesen ist, kein standesgemäßer vertreter der oberklasse der wehrmacht. politische widerstandsoffiziere, die einen moderneren staat hätten herbeiführen wollen, gab es meines wissens nicht. so infiziert ist dieser berufsstand von einer alten überflüssigen tradition. immerhin gab es eine menge leute im widerstand, die begonnen hatten, den oberbegriff der treue auf vernünftigkeit hin zu relativieren, die begonnen hatten, die militärischen fähigkeiten hitlers zu überprüfen und seine ziele in frage zu stellen. mit einem gegenentwurf zu den nazis, gar einem republikanischen, tat man sich schwer.

ich selbst hatte keinen lehrer, der mir mein verhältnis zum offizier beigebracht hätte. es gab keine partei, die mir das zugeschoben hätte. und geistliche zogen als feldpfarrer ebenfalls offiziersuniform an. offiziere von moltke über hindenburg bis richthofen waren in unseren schulen die edelsten vertreter des deutschtums. mir hatten meine augen genügt, meine beobachtungen, die das monokel und die reitpeitsche mit einschlossen, und das uniformkorsett. ich entdeckte, daß menschen käuflich sind, vor allem die, die in kategorien von stand und namen denken.

diese entdeckung betrachte ich noch heute als eine ureigene leistung. ich habe damals niemanden getroffen, der sie mit mir teilte, der mit mir die auffassung vertrat, daß es gerade der deutschen intelligenz, die das offizierscorps stellte, am politischen einmaleins fehlte.

dabei hatte hitler seine ziele ja nicht im geheimfach

deponiert. sie waren nachzulesen im damals meist-
verbreiteten buch. da stand schlichtweg drin, daß erstens die andersdenkenden auszumerzen waren, zweitens die menschen mit anderem blut, drittens der staat
polen, den wir als unseren lebensraum brauchten.

mochte jemand auch nie erlebt haben, wie andersdenkende zusammengeschlagen und geknebelt wurden, mochte einer auch nie von massenhinrichtungen
gehört haben, etwa nach dem röhm-putsch, mochte
einer auch nie von judendeportationen gehört haben,
von der vergasung behinderter kinder, mochte einer
nie etwas von gaskammern der konzentrationslager
gehört haben: nachzulesen war das allemal.

die erhebung in einen eliteclan muß solche mas-
senpsychologischen gehirnlähmungen hervorrufen,
daß nur noch ein denken stattfindet, das der erhaltung
dieses clans dient. diese aristokratie des ausgeschalte-
ten verstandes ist zudem international so renommiert,
daß sie auch in kriegsgefangenschaft eine behandlung
erster klasse erhält. welche verhöhnung des gemeinen
soldaten.

dabei hat es an der front ohnehin ganz anders
ausgesehen als im generalstab und auf dem kasernenhof. den krieg als krieg zu führen hatten ja die landser.
sie hatten mit ihren leibern die linie gebildet, über die
der feind nicht hinüber durfte. sie schossen und
wurden erschossen. hätten sie die linie ihrer leiber
geöffnet, hätten sie den gegner hereingelassen, kein
offizier hätte ihn aufhalten können. hier liefen die
befehlsstränge nicht mehr von oben nach unten wie in
der hierarchie des preußischen heeres. sie gingen von
rechts nach links, von links nach rechts. das nachrich-
tenfeld der front war die front selbst. die offiziere
waren eine passive instanz, die zur kenntnis nahm,
was sich an der front tat und zugleich was die oberen
an den kartentischen der generalstäbe von den ihren
verlangten.

partisanen haben kein offizierscorps. natürlich gibt
es entscheidungsebenen unterschiedlichster bedeutung, und am ende ist auch einer der chef. aber der
krieg ist nicht mehr die aktion, die ein alleswisser von
oben über eine geistig sterilisierte kommandeurselite
weiter nach unten gibt bis zum einfältigen kugelfang
an der front. eine partisanenarmee ist eine gruppe
gleichrangiger männer mit unterschiedlichsten funktionen, aber ohne standespyramide. hier ist der krieg
sache eines jeden, der an seiner seite steht.

schon militärisch ist eine armee, die sich auf ein

instrument wie das offizierscorps stützt, zum scheitern verurteilt. sie kann großaufmärsche inszenieren. sobald es ernst wird, bricht die künstlich gezüchtete klassenhierarchie zusammen. der leutnant spielt am anfang noch den forschen angreifer, der einige meter hinter seinen leuten mit nach vorne geht. am ende liegt er im selben dreck wie sie, und nichts mehr ist von seinem glanz zu erkennen. oder er hat sich nach rückwärts zum stabsbunker abgesetzt.

den kontakt mit offizieren habe ich bewußt gemieden, wo es ging. die forschheit, mit der sie gemeinhin auftraten, keß, frech, mit schnauze, entsprach ihrer intellektuellen kastration.

mit einem landser konnte man sich auch über den krieg unterhalten, den wehrmachtsbericht diskutieren, die eigene lage ermitteln. mit einem offizier nicht. der aufstieg zu der feineren klasse der herrenmenschen verpflichtete sie zum handeln nach befehl, nicht zur selbsteinschätzung. und befehle haben immer etwas überraschendes, das den empfänger zum schweigen bringt. würde er normal reden über das, was er hört, sieht und weiß, so würde er sich aus der geheimbündelei der armeespitze ausklinken. mein innigster kontakt zu deutschen offizieren blieb daher, ihnen die schuhe zu putzen, keine knobelbecher, wie wir sie hatten, sondern elegante weiche reitstiefel. noch am schuhwerk zeigt sich, was ein offizier ist.

kriegsbeute

kein auto war je so schön wie der schwimmfähige kübelwagen der volkswagenwerke, der für die wehrmacht entwickelt wurde. kein motorrad war so schön wie die geländegängige beiwagenmaschine mit boxermotor, die an die stelle der einstigen ulanenpferde trat. kriegsgerät hat eine eigene faszination, vor allem seit im krieg nicht mehr bunte uniformen getragen, keine fahnen mehr geschwenkt werden, seit ein harter zweckverstand zu einer nackten offenbarung des technischen geführt hatte. ich kannte kein schöneres behältnis als den blechernen benzinkanister, leicht gewölbt, abgerundete ecken, mit versteifungssiggen auf den breitflächen, einem hebelverschluß, der in den gesamtkörper eingezogen war und nicht hervorstand, mit einem dreistegegriff. so etwas kann nur entstehen, wenn ein ingenieur ein objekt entwickeln darf, nur auf zweckerfüllung angelegt, ohne rücksicht auf wohnzimmerkultur und ladengeschmack. man sah dem kanister sogar an, daß er in zwei teilen gepreßt wurde, die schweißnaht war elegant in eine rille vertieft. er wird ein jahrhundert alt werden und nicht zu verbessern sein.

selbst autoreifen, gab es schönere als die der unzähligen typen von geländefahrzeugen? unsere zugmaschine rollte statt auf stählernen geländeketten auf einem laufwerk aus rollgummikissen.

das war zuvor die ästhetik der burgen und festungen, der kraft, der macht, der gewalt. es war die ästhetik des teufels, aber es war eine genugtuung, einmal eine ästhetik zu erleben, die keine ästhetik sein wollte und weder nach dekor noch stil fragte.

es gab zwar zahlreiche objekte – bis zur hölzernen munitionskiste – die aus dem qualitätsbewußtsein des handwerks stammten. aber schon tauchten gewehre auf, an denen kein holz mehr war. stäbe und verformte blechscheiben, perforierte luftkühlrohre, geschmiedete massive verschlußteile, scharniere, hebel und knöpfe markierten den übergang vom zeug zum gerät. das gediegene lederzeug der pferdegeschirre verschwand zugunsten von fadengewirkten gürteln und riemen. der flugzeugpilot verschnallte sich in einem gurtensystem mit metallenen schnappschlössern, an uniformen der panzerleute tauchte der reißverschluß auf anstelle der knöpfe von einst. noch marschierte der infanterist in knobelbechern mit sohlen voller eisennägel, aber schon gab es profilsohlen aus synthetischem gummi. schnallen ersetzten den schnürsenkel.

hier nahm nicht nur ein vergangenes jahrhundert in seinen formen abschied, eine epoche ging zu ende, eine epoche kündigte sich an. die technik trat an die stelle des handwerks. das maschinenprodukt schuf sich eigene formen für den maschinenkrieg.

zuhause bewacht eine armee von kunsthistorikern den bildungsinhalt der klassik. man erzeugt legionen von geschmacksverwaltern, um die bestehende bildung zu schützen, was soviel heißt wie die bestehende ordnung. die kunstexperten zelebrieren das maß der antike und stellen die proportionen zur schau, die das gleichgewicht wahren. professoren vermarkten das ebenmaß, und galerien wie museen pflegen alte und neue stile.

da ist es kaum möglich, einem technischen gegenstand sein ihm eigenes gesicht zu geben. ein radio hat auszusehen wie das übrige stilmeublement eines wohnzimmers. nur hier im krieg wird ein funkgerät zu einem technischen gegenstand mit intelligenz in anordnung und fertigung und mit einer eigenen ästhetik der bedienungs- und anzeigeelemente. im krieg fragt niemand mehr nach schinkel und winckelmann, wie die reichsarchitekten zuhause. die schönheit eines panzers, nur schon des gegossenen mündungsstücks seines rohres, folgt einer gestaltdoktrin, die nichts kennt als optimale erfüllung eines zwecks. der ballast einer geheuchelten kunst und kultur war abgefallen, und nur intelligenz und abstrakte ästhetische formationen wie verhältnisse, ordnungen, bezugslinien blieben erhalten, die art der fertigung war abzulesen.

viele neue produkte entstanden, neue formangebote bestimmten das umfeld, und wer wollte, konnte in ihnen lesen, denn sie dienten nicht dem aufbau einer fassade, sondern machten deutlich, was mit ihnen beabsichtigt war. hier marschierte eine welt auf, die zuhause mir nicht sichtbar geworden war.

natürlich erliegt man leicht der faszination der kraft. es ist schön, wenn ein gefährt, ohne hindernisse zu kennen, frei durchs gelände fährt. und es geht unter die haut, wenn die sonoren dieselmotoren aufheulen, je nach schwierigkeit der gangart. kraft imponiert.

trotzdem hat im kriegsgerät die gestaltung eine freiheit gewonnen, ist zu neuen objekten gelangt, mit neuen materialien, nach neuen fertigungskriterien, die eine ästhetik der richtigkeit entstehen ließ anstelle eines erscheinungsbildes kunstgeschichtlicher bindung. diese freiheit war eine wohltat. während zuhause die neue zukunft geplant wurde in den offiziellen kulturkategorien des neoklassizismus, ganze städte, neue zentren, neue achsen, gab es hier draußen an der front eine enthemmte form der dinge, gemacht mit derselben zielstrebigkeit und unbekümmertheit, wie einst ein wagner seine karren gebaut hat, ohne schnörkel, ohne stil, ohne kunst.

und selbst die autos zuhause, die sich bereits vom kunsthistorischen diktat emanzipiert hatten, blieben mit zierleisten, chrom und holzimitation dem stil des salons verhaftet – verglichen mit der geometrisierten metallästhetik einer vierlingsflak.

diese neue art, dinge zu sehen, gab es bei uns, bei den russen, erst recht bei den amerikanern, die aus ihrem pragmatismus heraus besonders befähigt waren, dinge unvoreingenommen zu sehen, ganz zu schweigen von ihrem standard der industrialisierung und der fülle ihrer möglichkeiten. die russen waren die erfinder der wattierten kleidung. doppelwandige textilien wurden mit daunen oder reißwolle gefüttert und kreuzweise abgenäht, damit die füllung ihren halt hatte. ideal waren die lederbesetzten filzstiefel für den winter. filz hält warm und atmet. der schnitt der wintermützen hat sich inzwischen in der ganzen welt durchgesetzt.

der führer ließ die deutschen noch im soldatenrock angreifen, wie er im zuschnitt schon unter den preußenkönigen getragen wurde: auf taille geschnitten, mit steifem kragen, mit silbernen knöpfen, mit silbernen tressen und litzen. hitlers klassizistisch eingeengte ästhetik ließ es nicht zu, einen kampfanzug einzuführen, wie ihn russen und amerikaner trugen.

neben der traditionellen kleidung russischer frauen sah man viele in stiefeln, hosen und wattejacken, den kopf mit einem tuch eingebunden, noch ehe der westen die vorzüge der männlichen kleidung auch für frauen entdeckte. ein überzeugendes bild.

die einzige kriegsbeute, die ich machte: in einer verlassenen stellung fand ich ein paar kniehohe stiefel aus textil und gummi, made in USA. sie waren wasserfest und nicht mehr zum schnüren; sie wurden mit schnallenhebeln verschlossen.

ich kramte und sah mich im eigenen und fremden kriegsgerät um, als hätte ich die vorboten einer neuen zeit zu finden. und das mitten im krieg.

in der natur gibt es keine senkrechtstehende mauer, oben so breit wie unten. dies gelingt nur der geometrie des machens, den prinzipien einer ingeniösen vernunft. diese vernunft trat hier offen zutage, ohne verbrämung. kein gesims zierte diese mauer. kein versatzstück täuschte hier etwas vor. die kunstgeschichte war entlassen.

umkehr
heute habe ich meine selbstkontrolle verloren, meine sicherungen sind durchgebrannt.

eine makellose sonne wird hinter den jetzt noch schwarzen hügeln hochkommen und den himmel, in dem über uns noch die nacht steht, mit licht ausfüllen. die nächte in der steppe sind kalt, auch mitten im sommer. wir stehen herum, zum teil in mäntel gehüllt, warten, warten schon seit stunden. nach osten, der sonne zu, steigt ein breites band von fahrspuren über die nächsten erhebungen. wir sind im vorfeld des kaukasus. die eintönige ebene hat aufgehört.

die panzer sind vor zwei stunden losgefahren. ihre

spuren haben ein rollfeld ergeben, so breit wie ein
fußballfeld. die panzerluken waren geöffnet, die kom-
mandeure standen unrasiert in den türmen, die augen
mit staubbrillen geschützt. aber zwischen nacht und
morgen ist der staub noch tauschwer und erhebt sich
wenig über den boden.

die panzer waren kaum mehr als solche auszumachen. alles war draufgeladen, was mitzunehmen
war, packsäcke, treibstoffässer, balken zum überbrücken von schluchten, dazwischen halb unter planen verkrochen die aufgesessene infanterie.

entlang der rollbahn stehen fahrzeuge über fahrzeuge, unser ganzes regiment, lastwagen mit muni-
tion, funkfahrzeuge, mannschaftswagen, troßfahr-
zeuge, die küche und dann die zugmaschinen der
geschütze, für jeden einzelnen mörser drei. drauf und
drum herum die schlafenden und wartenden landser.
dazwischen die geländewagen der offiziere, der kommandeur in einem horch-kübelwagen.

um vier uhr sind die panzer aufgebrochen, baku zu,
zum öl.

mein geographielehrer, dr.scheuffele, hatte schon
darauf hingewiesen, daß wir deutschen an rohstoffe
herankommen müßten. eine neue wissenschaft eines
professor haushofer machte geographie zum faktor der
politik.»geopolitik« wurde zum modischen wissenschaftlichen fundament dieses krieges. wir kämpften
an diesem morgen nicht gegen die russen, nicht gegen
den bolschewismus, nicht gegen den weltfeind nr. 1,
wir waren dabei, die ölfelder nördlich und südlich des
kaukasus zu erobern. dr. scheuffele legte in unsern
köpfen eine strategische kette von den rumänischen
ölfeldern zum donezbecken, wo es kohle und stahl
gab, bis zu den ölfeldern von baku.

von meinen offizieren und unteroffizieren erfuhr
ich nie, was wir vorhatten und worum es ging. insofern
fing der morgen ziellos an wie auf dem kasernenhof.
alle gespräche in diesem krieg gingen ums essen, ums
heimkommen, um urlaub, um frauen. was heute
wieder passieren sollte, mußte ich mir aus den fingern
saugen oder aus den euphorischen belehrungen von
dr. scheuffele, kurz vor dem abitur.

es war auch nicht nötig, viel zu denken. das spek-
takel um mich herum nahm mich voll in anspruch.
röhrende dieselmotoren, schreie, kommandos, pfiffe,
und fürs auge eine armada von kriegsgerät.

aufbruch. eine armee jagt einen fliehenden feind.
ich wurde nervös wie ein pferd, das eingeschirrt

wurde und los will. aufbruch ist eine sache für den
mann. das neue tut sich auf. zukunft wird aufgerissen.
die ferne wird durchstoßen, herbeigeschafft. das
unbekannte muß sich offenbaren.

die kommandos mehrten sich, kurierfahrzeuge
flitzten hin und her. der lärm der dieselmotoren wurde
stärker, war schöner als der ton des altsaxophons.
dazwischen kläfften die heckmotoren des kübelvolks-
wagens. auch der krieg hat seine musik.

vorne lösten sich teile und rollten staub aufwirbelnd
auf die piste. die maschine des krieges begann zu
rotieren. ein triebwerk mit tausend rädern. das klap-
pern und quietschen der stahlketten mischte sich in
das geheul einer hochtourigen anfangsbewegung und
ging über in das getön der vollen fahrt.

all diese fahrzeuge waren dazu da, normen zu
verlassen, normen zu durchstoßen. wo sonst alles auf
straßen zu fahren hatte, sollten sie querfeldein fahren,
sie sollten hindernisse niederwalzen, jeden aus dem
weg räumen, der sich ihnen entgegenstellt. sie sollten
steinen, dem schlamm trotzen. für sie gab es nur ihr
eigenes geradeaus.

»der krieg ist der vater aller dinge«, heißt es bei
heraklit. vielleicht. zum mindesten ist die kriegstech-
nik die technik der technik, ihre von finanzen und
markterwägungen unabhängige spitze.

jeder liegt auf der lauer, irgendwann mit seiner
kraft, mit seinen muskeln etwas anzufangen. nicht nur
im fremdgesteuerten organisationsrahmen der beruf-
lichen arbeit, sondern als entfaltung seiner selbst. in
jedem steckt ein boxer, ein krieger.

es kam immer mehr bewegung in das heerlager.
auch wir bestiegen unsere zugmaschinen, die schwersten im rußlandkrieg, 16-t-kettenfahrzeuge zur beförderung des schwersten geschützes an der ostfront.
aber das war nicht nur reine kraft. diese artefakten des
mannes waren elemente eines ausgeklügelten
systems, einer großorganisation, die mehr war als die
summe ihrer teile. was im einzelnen geschah, war nur
dann erfolgreich, wenn es dem übergeordneten pla-
nungsschema diente.

ein mann ist nichts, tausend männer, wenn sie
sich in einer für sie verbindlichen norm bewegen,
sind mehr als die doppelte zahl von einzelnen. keine
großorganisation hebt den einzelnen so von der wirklichkeit in die potenz seiner möglichkeiten wie der
krieg. man schwimmt im strom organisierter männ-
lichkeit.

man erlebt macht. man triumphiert über den andern. die sonne kommt hoch, schickt erst einzelne scharfe strahlen über den hügelkamm, ehe sie alles in blendendes licht wirft. die staubwolke einer aufgebrochenen armee steht im gegenlicht.

aus dem klatschen unserer anfahrenden zugmaschine wird ein gleichbleibendes geräusch, je schneller wir fahren. ich sitze in den mantel gehüllt im frischen fahrtwind, zwischen den packsäcken der mannschaft, mag mit niemandem reden. mit geblähter nase und tiefem atem sauge ich alles in mich hinein. die suggestivität des krieges beginnt mich einzuholen.

wir rollen über zementtrockene weizenflächen in einer breiten spur, oft mehrere fahrzeuge nebeneinander, meist auf dem kamm von langgestreckten bergrücken, gelegentlich durch eine flache senke.

die straße des krieges. da und dort das ausgebrannte wrack eines russischen fahrzeuges. der süßlich scharfe geruch von kadavern, aufgedunsenen pferden, gefallenen russen. in der fahrbahn sind sie zu papierstärke plattgefahren.

wir fahren mitten in die sonne hinein. die zugmaschine fährt wegen ihrer kette so ruhig wie ein D-zug. jedes loch, jede unebenheit wird aufgeschluckt. die leute schlafen. sie waren mitten in der nacht aufgestanden. ich trinke meine augen voll.

ich kann nicht schlafen. es ist sechs uhr morgens. was wird um 10 uhr sein, um 2 uhr, am abend? welchen vorhang reißt der krieg vor uns auf, welche neue wirklichkeit wird erzwungen sein? die motorik der rollenden räder überträgt sich auf mein gemüt.

einen flußübergang mit dem sommerrest eines baches haben uns die panzer eingeebnet. herunterschalten, zwischengas, höhere tourenzahl mit hochspringendem motorenlärm: im kriechgang zieht man die geschütze durch den flußgrund. schräggeschnitten geht es das gegenüberliegende abbruchufer wieder hoch. unteroffiziere weisen die fahrzeuge ein, springen dann wieder auf, wenn es auf volle fahrt geht.

ich beginne zu ahnen, was der rausch des krieges ist, für sekunden kippe ich um und bade mich in der euphorie der verfolgung. die vorberge des kaukasus ziehen morgenblau neben mir her. die ersten nußbäume gleiten vorüber. der lärm der unüberwindlichkeit dröhnt durch mich hindurch. dazu der schauer einer heroischen landschaft.

aber schließlich gibt mir ein plattgefahrener russe in

unserer spur meine fassung wieder. ich hatte allen
gefallenen russen versucht, ins gesicht zu sehen, so
schrecklich das sein mochte. ich versuchte, mir ein bild
von ihnen zu machen, ihre entschwundene person
aufzuspüren. dazu brauchte ich ihr gesicht. irgendwie
fühlte ich mich gegenüber allen russen verantwortlich,
die es erwischt hatte. ich fühlte mich mitschuldig und
schenkte ihnen das interesse und mitgefühl eines
hingewendeten augenblicks.

dieser russe in der fahrbahn hatte nicht einmal
mehr ein gesicht. ich bekam das deutliche gefühl, eine
sünde, eine wirkliche sünde, begangen zu haben, und
ich begann, mich anzuwidern. aus selbstschutz überließ ich mich aber mehr und mehr den ereignissen des
tages. erst als es in die wälder des kaukasus hinein-
ging, die piste sich aufsplitterte in hunderte von spuren zwischen alten eichen, kastanien, akazien und
nußbäumen hindurch, spürte ich wieder scham hochkommen. die schönheit dieses parkartigen landes, die
majestät der bäume und das grün noch nicht vom
sommer ausgebrannter wiesen wurde mir zum spiegel.

gelegentlich ging es durch die furt eines kaum
wasser führenden flusses, der vormarsch wurde langsamer, meine gedanken hörten auf zu fliegen. ich
erinnerte mich sogar an die furt am kuban, als eine
unserer zugmaschinen über die böschung kippte und
neun soldaten unter sich begrub. vor drei tagen.
beschämendes und schönes, druck und erregung laste-
ten auf kopf und gemüt. es wird nacht. wir stehen.
plötzlich schlagen vereinzelt granatwerfer ein.

die kolonne bleibt liegen. wir graben uns ein. am
andern morgen werden wir wieder unter beschuß
genommen. wir werden eingedeckt, als hätte der russe
nur auf uns gewartet. das zeug krepiert in den bäumen, und der splitterregen kommt von oben. neben
mir reißt es einem die schädeldecke auf, daß ich das
gehirn sehe. wie ein wahnsinniger rennt er schreiend
durch den wald. auch ich habe eine kleinigkeit abbekommen, plötzlich gibt es keinen überblick mehr.
wir liegen fest. wir müssen raus aus dieser falle.

und wir kehren um. wir ziehen uns nicht nur
zurück, wir kehren um.

maskenball in grusinien
ich bin so unvorsichtig, bei unserem stabsarzt darauf
hinzuweisen, daß ich nicht voll verwendungsfähig
geschrieben sei wegen meiner steifen finger, ich könne

111

mich nicht eingraben wie andere und hätte deshalb auch eins abbekommen. die splitter im linken bein sind harmlos und bald verheilt, aber ich gehe bewußt noch am stock, um meiner aussage nachdruck zu verleihen. ein heimatschuß war es nicht.

nach einigen tagen werde ich feldmarschmäßig zum hauptfeldwebel bestellt. ich weiß nicht warum. aber die sache kommt mir komisch vor. ich stehe allein vor der schreibstube.

gefreiter aicher feldmarschmäßig angetreten!

der spieß kommt auf mich zu: warum haben Sie keinen pullover unterm rock! wegtreten! in zwei minuten stehen Sie feldmarschmäßig hier! ich wetze zu meinem fahrzeug, reiße den rock vom leib, wühle unter meiner wäsche nach dem pullover, ziehe ihn an, schlüpfe in den rock, nehme das gewehr, stülpe im laufen den stahlhelm über ...

gefreiter aicher feldmarschmäßig angetreten!

das nennen Sie zwei minuten?! und warum kommen Sie – er prüft gar nicht – mit einem so schmutzigen hemd! in zwei minuten stehen Sie feldmarschmäßig hier! wegtreten!

so wechsle ich mein hemd, dann mein unterhemd, dann meine unterhose, dann meine socken. schließlich wird mein gewehr geprüft.

was, das nennen Sie ein gewehr! eine dreckschleuder ist es! rechts um! im gleichschritt marsch! hinlegen! robben! auf dem koppelschloß kehrt! robben! gewehr in vorhaltung!

undsoweiter. eben so lange, bis ich mich von oben bis unten im schlamm gebadet hatte. das an einer straße mitten zwischen ein paar russischen häusern.

meine kameraden sprechen keine silbe mit mir. und ich sage mir: jetzt erst bist du ein richtiger deutscher soldat, jetzt liebst du deinen führer und kämpfst für dein vaterland. erst jetzt weiß ich, daß unsere ehre treue heißt, daß wir das abendland verteidigen gegen die mongolischen bestien aus dem osten. jetzt weiß ich, daß wir die beste führung haben, und ich weiß, auf wen ich zu schießen habe, jeder schuß ein russe. jetzt habe ich die weihe der feindlichen erde, einer erde, die einmal unser sein wird. erst jetzt, sagte ich mir, bist du ein vollwertiges mitglied unseres großen deutschen volkes. jetzt stehe ich in der blutsgemeinschaft des kampfes gegen das untermenschentum. jetzt werde ich einen deutschen mit zehn russen rächen, zehn russen, wo immer ich sie antreffe. jetzt bin ich getauft mit dem geist der rache, ich fühle, wie deutsches blut in mir

112

wallt, das reine blut der edelsten rasse der welt. ich
werde zeuge sein am aufbau eines tausendjährigen reiches, eines reiches großer gesunder menschen, die
alles kleine und ungesunde ausgemerzt haben.

ich ließ all die sprüche, die ich in den wochenend-
ausgaben der frankfurter zeitung zu lesen bekam, in
den kessel meiner ohnmächtigen wut fallen und verfiel
zurückgekehrt auf ebener erde einem erschöpfungs-
schlaf, mensch und gewehr nicht mehr zu unterscheiden vom dreck der umgebung.

ein paar tage später winkte mich eine alte frau, eine
mamuschka aus ihrem fenster zu sich. ich ging in das
haus. sie bedeutete mir, daß sie mir zugeschaut hätte,
und schenkte mir fünf in zeitungspapier gewickelte
gekochte rote rüben. sie wußte nicht, wie gern ich rote
rüben esse. verstohlen schlich ich mich mit dem paket
in mein quartier, begegnete noch einem unteroffizier,
der mit einem peitschenden kälberstrick eine frau zu
seinem vergnügen trieb.

wenn ich an der front hier gesagt hätte, die deutschen seien bestien, man hätte mich erschlagen. jeder
fühlt sich als anständiger mensch. und die reduktion
der moral auf das private, die im namen des christentums erfolgt ist, macht dies durchaus einleuchtend,
daß der deutsche eine weltsicht durch gewaschene
wohnzimmergardinen hat. sein hausstand ist geordnet. er ist keine bestie. was der deutsche staat tut, was
im namen der deutschen kultur geschieht, im namen
der deutschen geschichte, kann deshalb so anders
nicht sein.

wenn ich sage, die russen sind bestien, das ist glaubhaft. jede zeitung, jedes radio sagt es. indessen sind
wir sogar so bestialisch, daß wir zur vertuschung der
eigenen verbrechen, des eigenen überfalls, den ange-
griffenen als unmenschen bezeichnen. als bestie. wir
haben dieses land überfallen, verbrennen seine dörfer
und städte, vertreiben die bewohner, jagen sie in den
tod, die bestie aber ist der andere.

wir werden das glauben, bis man uns die augen
zudrückt. wir werden das glauben, weil wir zu hause
anständige leute sind. und wir werden die orden dieses
krieges zeitlebens als ehrenzeichen hochhalten. der
deutsche eine bestie?

undenkbar. un-denk-bar.

die barbaren sind die andern.

sterben

im dorf gibt es eine halbzerschossene kirche mit einem
aufgerissenen kuppelgewölbe. die italienische architektur des 18. jahrhunderts hatte hier dieselbe wirkung
wie in dem vormals barockfreien oberbayern. ganz
rußland bekam barockkirchen und zwiebeltürme. an
den stuckwänden hingen schräg und zerbrochen die
exponate einer propagandaausstellung für den atheis-
mus gegen die religion. der staat hatte die kirchen zu
museen umfunktioniert.

auf dem vorplatz zieht eine bäuerin mit ihrer tochter
einen kleinen leiterwagen vorbei. drauf liegt ein viel
zu großer, einfach zusammengenagelter sarg. man
geht bis zu einem steinigen acker am ende der straße.
der sarg wird abgeladen, man gräbt ein halbtiefes loch,
der sarg wird hineingelegt, erde wird aufgehäufelt.
dann kehrt man wortlos mit dem leiterwagen um und
geht wieder heim, die straße entlang.

gärten der patriarchen

alle kriegsfähigen männer waren abgezogen. frauen
zogen mit in die fabriken hinter dem ural. so blieben
nur alte zurück, greise männer und frauen, die dem
land den charakter eines patriarchalischen gartens
gaben.

aserbeidschaner, georgier und grusinen sind ein seit
jeher siedelndes volk, ein gartenvolk in einem paradies
aus aprikosen, nüssen und melonen. die männer mit
turban in langen weißen kleidern, bewegten sich
biblisch in ihren gärten, als würden sie beten in einem
land, das ein einziges kloster war. jeder hatte sein ein-
stöckiges häuschen von russischem zuschnitt, noch in
holz, noch nicht in lehm und stein erbaut. zur notdurft
im häuschen am ende des rückwärtigen gartens nahm
jeder eine silberne, verzierte kanne mit wasser mit.
unsere sitten mit zeitungspapier wären ihnen nicht
rein genug vorgekommen. die leute waren groß, hatten eine leicht gebogene große nase und große braune
augen. sie nahmen keine notiz von uns, nickten nur
wortlos, wenn ich sie um eine melone oder um pfir-
siche bat. es war ohnehin niemand mehr da, der die
ernte hätte einbringen können.

mosdok

wir wurden aus den bergen des kaukasus herausge-
zogen, sollten das erdölgebiet von mosdok, weiter im
osten, besetzen. gerade, als wir südlich der stadt
stellung einrichten sollten, kam ein schwarm einmoto-
riger moskitos, langsam im verband hin- und her
trudelnde jagdflugzeuge, und deckte uns gnadenlos
zu. wenn ich meine hand aus meinem halbfertigen
schützenloch herausgestreckt hätte, wäre sie von den
umherfetzenden splittern der bomben durchlöchert
worden, so dicht kam der segen. der stabsgefreite, der
mit mir im loch kauerte, heulte.

das aufräumen der toten geschah in einer merkwür-
digen ruhe und lautlosigkeit, nachdem die verwundeten ihre spritzen hatten und ihre schmerzen nur noch
herausröchelten.

die russen wehrten sich wieder, und da der winter
bevorstand, begannen wir, bunker zu bauen. mit
meiner tätigkeit als vermittler in einem sprechfunk-
wagen hatte man für mich eine noch entsprechende
tätigkeit gefunden. wenn ein artillerieaufklärungsflug-
zeug aufstieg und bei den russen ziele ausmachte, gab
es sie an unsere stelle weiter. ich meldete sie bei der
batterie, und die folgte dann seinen angaben. meine
gerätschaften waren ein kehlkopfmikrofon um den
hals, mit dem ich den sprechverkehr mit dem flieger
hatte, und ein telefon, mit dem ich mit der batteriestellung verbunden war. wir waren drei mann, hatten
einen kastenwagen und lagen in der regel einige
hundert meter von den geschützen entfernt. nun
wurde der bunker ausgehoben, in dem auch die gerätschaften verstaut werden sollten.

mein funkgerät gab mir die möglichkeit, einen
schwarm von sendern hereinzubekommen, und ich
kannte allmählich die zeit, um von beirut oder von
teheran englische nachrichten zu erhalten. die russischen propaganda-nachrichten in deutscher sprache
taugten nichts. so begann ich, erste überlegungen
anzustellen, wie ich mich zu den engländern in den
iran durchschlagen könnte. dabei war die entfernung
weniger das problem als die frage, wie ich durch russisches gebiet kommen sollte. und in russische gefangenschaft wollte ich nicht geraten. wir lagen nahe der
eisenbahnverbindung, die über baku in den iran führt.
sobald ich durch die russischen linien wäre, müßte ich
mich zu einem güterbahnhof durchschlagen, der noch
in betrieb ist. dort würde sicherlich amerikanisches
kriegsgerät verladen, das über das pacht-leih-abkom-

115

men durch den iran eingeführt wurde. ein leerer waggon sollte mich dorthin bringen. ich dachte mir, ich würde mir im gestänge der unterseite, zwischen den achsen, mit stricken ein netz machen, auf das ich mich, nicht zu erkennen, legen würde. vielleicht etwas ungemütlich, aber sicher.

ich wollte keine hand mehr rühren für diesen führer, für dieses volk und dieses vaterland. keine hand mehr.

da wurde ich mit dem ersten schnee gelb wie eine zitrone. gelbsucht. ich war überrascht, wie rasch man mich beim arzt zum transport nach hinten aufforderte. ich holte, innerlich jubelnd vor freude, meine beiden tragtaschen mit dem allernötigsten und war plötzlich ein neuer soldat, ein soldat ohne gewehr, ohne stahlhelm und gasmaske, nur bekleidet mit einer mütze und einem langen wintermantel.

am tag ging nur einmal ein zug, wann, wußte man nicht. die strecke war erst neu auf deutsche spur umgenagelt worden, und die fehlenden weichen und ausweichgleise ließen einen dichteren verkehr offenbar nicht zu. aber dann standen eine deutsche lokomotive und ein paar viehwagen mitten im ersten schneesturm, und der zischende dampf mischte sich in den aus der steppe herangepeitschten schnee. die lokomotive hatte schwierigkeit, genügend dampf zu bekommen. offenbar sprach sie auf kohlen besser an als auf das bereitliegende holz. aber die fähigkeit zu warten ist einer der wenigen erziehungsbeiträge des militärs.

es wurde nacht, bis der zug sich in bewegung setzen konnte, mit uns, eingewickelt ins stroh der leer zurückgehenden munitionswagen.

wie weit wird es zurückgehen? gelbsucht wird in rückwärtigen lazaretten an der front ausgeheilt. wie weit aber werden wir von dem haufen weg sein, welche psychische distanz wird es sein, um meine demolierte, verwundete, blessierte, zerschundene natur, mein bedrücktes, zerquetschtes gemüt, mein zermartertes, durchgedrehtes gehirn wieder zur ruhe kommen zu lassen?

der zug hielt alle paar kilometer. auf offener strecke. er hatte zu wenig dampf. erst als ein stoß am rande liegender schienenschwellen im feuerschein des kessels verschwand, bekamen wir mehr fahrt. schlafen konnte ich nicht, ich war an jeder haltestelle gespannt zu erfahren, wo wir waren. als es hieß, wir seien in armavir, fühlte ich mich in freiheit, so glücklich war ich. ich war der kriegsmaschinerie entronnen, fühlte mich frei davon, ein mörderhandwerk betreiben zu müssen, das nur unter verwendung der gewalt und der knute zu betreiben war. man ließ mich wieder mensch sein. vielleicht nur für ein weilchen, aber schon zu wissen, daß es diese befreiung noch gab, war ein segen.

und als die lokomotive wieder genug dampf hatte, ging es sogar weiter. mein herz jubilierte. ich sandte dankgebete zum himmel, zitterte, daß es wahrbleiben möge. mit meinem taschenmesser löste ich einen nadelstich am nazi-reichsadler, der vorne auf meine stoffmütze genäht war. vielleicht würde er beginnen, sich langsam zu lösen und eines tages zu boden fallen. das herz braucht zeichen.

ein gefreiter
ich bin ein gefreiter. ich weiß nur so viel, wie ein gefreiter zu wissen hat. der gefreite ist der unterste dienstgrad, nach dem rekruten.

so weiß ich nicht, zu welcher armee wir gehören, welche offensive gerade läuft, ob wir uns vorwärts oder rückwärts bewegen, was unsere ziele sind.

ich weiß auch nicht, was mit mir selbst passiert, was in meinen papieren steht. ich bekomme jeden tag gesagt, was ich zu tun habe. nicht mehr.

alles andere geht mich nichts an. denn gefreite sind nicht fähig, richtig nachzudenken. es muß ihnen vorgedacht werden. gefreite haben kein weltbild und also auch keinen überblick, sie bewegen sich nie über ihren schatten hinaus.

so weiß ich auch nicht, in welches lazarett ich gefahren werde, welche krankheit ich habe. das steht in papieren, die mich begleiten oder die von jemandem als begleiter mitgebracht werden.

so nütze ich die meinung aus, ich sei dumm, sei ein blinder untertan und bewege mich unter dieser illusion der oberen frei wie ein luchs. ich lasse sie in ihrem glauben, ich sei ein naiver soldat und kann mich deshalb so naiv benehmen, daß es schon wieder methode hat. in der maske des gefreiten bin ich zielstrebiger, als es ein general sein kann. unter der decke des dummen habe ich freiheiten wie kein vollwertiger soldat. kann ein leutnant sagen, ab heute beende ich den krieg? als gefreiter kann ich das.

ein leutnant, der fehlt, verursacht eine suchaktion. ein gefreiter, der verlorengeht, ist einfach verlustig gegangen, möglicherweise nur in den papieren der

bürokratie. niemand sucht nach ihm. er ist zu unbe-
deutend, um selbst die deutsche korrektheit auf den
plan zu rufen.

frei ist nur, wer unten bleibt, beim fußvolk des
systems.

die hierarchie eines lazaretts

es wird tag, und wir sind noch immer unterwegs. der
zug hat die ganze kalmückensteppe durchquert und
fährt auf rostow zu.

rostow am don, die letzte stadt mit blechdächern
und hölzernen oder gipsernen klassizistischen stuck-
fassaden, vor der weiten kalmückensteppe und der
wolganiederung.

der zug ist länger geworden. wir werden auf einem
nebengeleise abgestellt. französische, italienische,
russische und deutsche autos mit dem roten kreuz
holen uns am bahnhof ab und bringen uns in ein lazarett, eine ehemalige kaserne inmitten der stadt.

die kaserne hat vier umfassungsmauern und drei
quergestellte, parallel verlaufende mannschaftsblöcke
mit je einem hof dazwischen. die höfe sind in der
mittelachse durch tore verbunden.

ich werde nach prüfung des arztes in den letzten
block auf das oberste geschoß verwiesen. da ich nicht
bettlägrig bin, kann ich den weg nach anweisung –
einen laufzettel in der hand – allein machen. von meiner gelbsucht ist nicht mehr viel zu sehen.

in dem saal, in dem ich ankomme, ist gerade noch
ein bett frei, mit spind. ich beginne mich einzurichten.
zuvor erkundige ich mich leise und bescheiden, wo ich
bin. alles gelbsuchtkranke, die auf den abtransport in
ein erholungsheim warten.

sofort nehme ich meine klamotten wieder aus dem
spind, ziehe mich an, nehme meine packtaschen und
sage mir: wenn im obersten stock des letzten geschos-
ses diejenigen liegen, die hier bleiben sollen, um so
schnell wie möglich wieder an die front zu kommen,
dann sollte ich mich in den ersten, vordersten block
parterre begeben, um die chance eines weitertrans-
ports zu gewinnen. ich nehme meinen waschbeutel
zur hand und marschiere mutterseelenallein durch die
höfe zum ersten block. wenn im letzten block oben –
so mein kalkül, die leichten fälle lagen, so mußten im
ersten block parterre die ernsthaften liegen.

die erste stube, die ich aufmache, ist voller schwer-
verwundeter. beine und arme stehen weiß verbunden

118

aus den betten. ich trete ein, finde tatsächlich ein bett, das noch frei ist, ziehe mich aus und lege mich hinein. ich habe mich zum ernstfall avanciert, statt in ein erholungsheim abgeschoben zu werden.

es dauert keine stunde und es gibt arztvisite, ganz offensichtlich, um einen krankentransport vorzubereiten. der oberarzt, assistenten, sanitätspersonal.

kurze gespräche, blick auf die krankenkarte, und alle erhalten eine metallmünze als ausweis für die abfertigungskontrolle. nur ich nicht. man schaut mich ungläubig an, als ich von meiner gelbsucht erzähle, und geht zum nächsten fall. das ist ein SS-offizier, der einen arm verloren hat, sich im moment aber auf der toilette befindet. die münze wird ihm aufs bett gelegt.

kaum ist der arzt aus dem saal, beginnt ein brüllender aufbruch: heimat, es geht heim! und nach wenigen minuten sitze ich allein in meinem bett, etwas bleich noch, aber durchaus wieder kampffähig. ich erspähe die münze meines SS-nachbarn, der noch nicht von der toilette zurück ist, und bin mit ihr im nu ebenfalls bei den krüppeln, die bereits in die französischen, italienischen und russischen rotkreuzfahrzeuge verladen werden, wobei die münze beim einsteigen abgegeben werden muß.

der SS-offizier mochte sich vielleicht nach erledigung seiner bedürfnisse etwas einsam in dem leeren saal vorgekommen sein, aber bei seiner verletzung und seinem stand fügte ich ihm keinerlei schaden zu.

und alsbald lag ich im stroh eines viehwagens, ringsum soldaten, amputiert an allen gliedmaßen, gestalten mit verbänden um hals und kopf.

gegen mitternacht zog der zug an, setzte sich in bewegung. ich selbst hüllte mein gesicht bäuchlings in das stroh und stellte mich auch für die kontrollierenden ärzte schlafend.

der einstieg war gelungen. mir kam es vor wie im traum. ein paar kurze, schnelle entscheidungen entfernten mich noch weiter von meiner vielgeliebten, kameradschaftlichen truppe.

jetzt nur noch helle sein, keine fehler machen. schlafen konnte ich nicht, ich mußte doch, obwohl in der haltung eines in schlaf verfallenden, aufpassen wie eine maus auf das, was um mich passierte. ich war in diesem transport ein falscher passagier, und sicherlich gab es keine begleitpapiere. die waren im block drei im obersten stock bei einem leeren bett. aber es waren nur die papiere eines gefreiten, die keine reaktion auslösen.

119

ich selbst hatte, das war mir klar, zum ersten mal in
meinem leben eine rolle zu spielen, ich war kein verwundeter, sondern ein kränklicher soldat und mußte
mich als solcher in eine gehobene krankheitswelt zu
integrieren verstehen, in einer gesellschaft der ver-
stümmelten total untertauchen.

stalino

der zug hält in stalino. stalino liegt im zentrum des
ukrainischen industriegebietes. eine stadt, die im
halben aufbau zu einem paradebeispiel sozialistischer
planung steckengeblieben ist. sie besteht aus einem
heer von eingeschossigen arbeiterhäusern, alle aus
holz mit flach geneigtem blechdach, mit traditionellen
fenster- und türverzierungen zur straße. sie addieren
sich ins uferlose der sanft gewellten hügel.

irgendwo, fast wie auf der wiese, monumentalbau-
ten aus ziegel, meist noch im rohbau, dazwischen
promenadestraßen mit kandelabern und ersten jung-
pflanzen, die bäume werden sollen. am rande des
neubaukomplexes zum wohl der sozialistischen gesellschaft das größte kino der welt, zwei säle nebeneinander unter einem dach mit tausend sitzplätzen, wo
synchron ein und derselbe film abläuft. zur straße hin
ist die fassade bereits fertig, weiß verputzter klassi-
zistischer tempelgiebel, treppen in granit und marmor.
wie sie sich gleichen, die architekturen: die von wall
street, von der neuen reichskanzlei und die eines kul-
turhauses in rußland. und wie sich alle berufen auf die
architektur des feudalen absolutismus: auf schlösser in
paris, in berlin und in petersburg. der sozialismus wie
der kapitalismus sind von der zentralistischen tradition eingeholt worden. und wenn sie nichts zu bieten
haben, so zeigen sie noch immer eines an: macht.

auch das krankenhaus an der sechsspurigen prachtstraße gehört zum monumentalkomplex. gesundheitswesen wird wie kultur in einem bürgernahen staat
großgeschrieben.

aus also zunächst der traum.

jeder verwundete erhält einen laufzettel, wird ein
paar ärzten vorgestellt, der oberarzt macht einen eintrag in den zettel, dann wird man von sanitätspersonal
weitergeleitet zu seiner krankenstube. ich kann mich
leider nicht verstecken und offenbare: schwere gelbsucht. wie lange? begleiterscheinungen? von wo?

wortlos erhalte ich meinen laufzettel ohne jeden

eintrag und gerate in eine krankenstube, wo im dickicht von rauchschwaden heftig karten gespielt wird, als befänden wir uns in einer kaschemme. die klamotten der landser, wochenlang nicht gereinigt, verbreiten einen bittersüßen, ranzigen geruch.

ich lege meine beiden wäschebeutel auf dem mir zugewiesenen bett ab, ziehe mich aber nicht aus, sondern gehe auf lageerkundung. ich habe bald heraus, was hier gespielt wird: die kleinen ins töpfchen, die großen ins kröpfchen. es wird ausgesiebt, und wer hier auszukurieren ist, bleibt da.

unauffällig und beiläufig sehe ich mich nach allem um, entdecke dabei, daß die heimatfälle in einer bestimmten rubrik ihres laufzettels ein zeichen haben, ein T und ein R, was unschwer als »transport« zu entziffern ist. also begebe ich mich in einen nicht eingesehenen winkel und setze ebenfalls ein T und ein R aufs papier in unverfälschter, gleicher handschrift. ein angehender grafiker oder künstler kann das.

im übrigen heißt es abwarten. kartenspielen kann ich nicht, ich habe die kameradschaft mit soldaten nie anziehend genug gefunden, um es zu erlernen. zudem ist mir um die zeit leid. in meinem fall streunt man besser wie ein fuchs überall herum und packt sich mit informationen voll.

aus der gegend von stalingrad sind etliche da, die davon sprechen, daß die stadt eingeschlossen ist. ich weiß auch, daß alle zwei tage ein lazarettzug nach dnjepropetrowsk zusammengestellt wird. das wäre morgen. ich erfahre, wann arztvisite ist, halte mich aber zu diesem zeitpunkt nicht in meinem raum auf.

der stürmische schnee der kaukasischen steppe ist in leichtes rieseln übergegangen. die fahrzeuge unten auf der straße ziehen schwarze spuren, die in wohlgeformten kurven ineinander übergehen. gegenüber von dem großen kino, auf der anderen seite der prachtstraße, liegt die GPU, die geheimpolizei, ein kasten, fast so groß wie das superkino.

am andern morgen ist es so weit. passieren kann mir nichts. werde ich nochmals überprüft und gelangt man zu dem schluß, daß ich fälschlicherweise zum transport komme, dann hat sich eben jemand auf meinem laufzettel verschrieben. ein sanitätsunteroffizier geht von bett zu bett, neben dem man sich auf sein kommando aufgestellt hat, und läßt sich alle laufzettel geben, und auch bei mir heißt es: nach einsichtnahme fertigmachen zum transport. was mir fehle, fragen sie mich, nachdem der sani aus der stube ist: hepatitis

121

virginalis tropico. etwas anderes fällt mir zu ihrer beruhigung nicht ein. ich habe nie latein gelernt.

ausgestoßen

es wird mir bewußt, daß ich meine brücken abgebrochen habe. man spürt, mit wieviel einverständnis man mit seiner umgebung gelebt hat, wenn man dieses einverständnis aufgibt. von nun an bin ich in meiner gesellschaft zum abschuß freigegeben. jeder darf schießen.

bisher lebte ich in einer rechtlichen, gesellschaftlichen übereinkunft mit dem staat, in den ich hineingeboren wurde. ich war ein teil von ihm. ich hielt mich an die geltenden normen und war abgesichert in einem leidlichen, aber notwendigen system des zusammenlebens. dieses netz, das mein leben hielt, habe ich zerschnitten.

noch könnte ich zurück. müßte ich mich vor einer militärkontrolle ausweisen, ich könnte mich auf ein mißverständnis herausreden. jetzt ginge das noch, morgen, wenn ich so weitermache, vielleicht nicht mehr. aber ich will nicht zurück.

ich erschrecke ein bißchen über die lage, die sich eingestellt hat. handlungen schaffen nicht nur resultate, sondern zustände. wer immer mich erwischt, meine wirkliche existenz entdeckt, kann mich eliminieren. ich habe mich ausgestoßen und bin ein ausgestoßener. ich habe mich von der truppe abgesetzt und entziehe mich diesem staat. mit bewußtsein, mit absicht, mit nüchternem kopf. in ihren augen bin ich ein verräter.

trotzdem bleibe ich selbstbewußt genug zu sagen, nicht ich bin ein verräter, der staat ist es.

eine wahnwitzige perspektive tut sich auf. nicht ich, der ich auf weiter flur allein dastehe, bin der verräter, nicht ich bin in der position des unrechts, sondern der staat. das recht ist auf meiner seite, der staat vertritt nur seine interessen.

mein bewußtsein hat keine mühe, mich in die lage zu versetzen, allein gegen ein ganzes volk zu stehen. aber das ist auch eine praktische frage, eine frage der praktischen räumlichkeit. man steht nicht gegen ein ganzes volk, gegen einen ganzen staat. und wenn es doch so weit kommt, ist einem der boden unter den füßen weggezogen. man ist allein.

ich weiß, ich halte eine position des rechts besetzt.

und die millionen und abermillionen, die diesen staat
gewollt, gewählt oder geduldet haben, begeben sich
ins abseits der verworfenheit. der staat ist der ausbund
von verbrechen und schuld. ich weiß das. aber wie
verhält sich mein selbstgefühl dazu?

es neigt dazu, die rolle des ausgestoßenen zu
übernehmen. wer so allein dasteht, kann nicht im
recht sein.

auf der andern seite läßt sich an meinem zustand
nichts ändern. ich kann nicht anders. das hat vorzüge.
es schafft klare verhältnisse und erlaubt den gedanken,
nicht in lehm und schlamm waten zu müssen.

ich gehe einen schritt weiter.

bei meinem soldateneid hatte ich persönliche
schwierigkeiten, mich dem geltenden recht zu entziehen. ich glaubte, es sei nicht nur geltendes, sondern
objektives recht, von einem soldaten die treue zu seinem staat zu verlangen. nur wußte ich, daß ich auf
diesen staat nie einen eid leisten würde. und also half
ich mir mit der idee des unrechtsstaates. niemand
kann mich zum unrecht zwingen. ich kann vielleicht
unrecht erdulden, aber niemand kann mich zwingen,
unrecht zu vollziehen, mich aktiv am unrecht zu
beteiligen.

wer setzt eigentlich recht? wer schafft rechtsnormen? wie kommt der staat dazu, zu sagen, was
recht ist und was nicht? er ist eine verwaltungsinstitu-
tion, und als solche in der lage, pragmatische verbind-
lichkeiten festzulegen. aber recht als recht, wer setzt
das? wer darf sagen, was des menschen bestimmung
ist? wer darf sagen, welches leben lebenswert ist?

nun, ich bin so weit, daß ich nicht nur in der gesinnung, nicht nur im denken und hassen außerhalb
dieses staates stehe, ich bin freiwild, ich lebe als aus-
gesetzter. und das gibt mir eine unheimliche freiheit,
den freiraum eines anderen lebens, die grenzenlose
weite eines ungehinderten denkens, das mir nun
erlaubt zu sagen, kein staat, auch nicht der staat des
rechts, kann recht setzen. ich muß es vor mir verantworten.

ich bin nicht nur gegen den unrechtsstaat als
rechtsautorität, ich kann es dem staat überhaupt nicht
gestatten, sich über mein gewissen zu setzen.

der staat soll das recht formulieren, verwalten,
durchsetzen und schützen. aber das ist eine pragmatische autorität, keine grundsätzliche. das recht, das
mich bindet, kommt nicht vom staat. er verwaltet es,
wenn wir glück haben. aber selbst wenn er es beugt,

soll ihm zugestanden werden, daß er funktionell dafür verantwortlich ist.

nun, da ich frei bin, freiwild bin, freibeuter bin, spüre ich die freiheit, das recht vom staat als staat zurückzufordern. ich hole es mir zurück. ob ich auf befehl dieses staates einen russen erschießen soll, ist ausschließlich meine und nicht des staates angelegenheit. ob das ein gerechter oder ungerechter krieg ist, ist ausschließlich meine und nicht des staates entscheidung. ob dieser staat andersdenkende vergiften oder vergasen darf, ist ausschließlich meine und nicht des staates angelegenheit.

ich selbst habe zu entscheiden, was recht ist. leider hilft mir auch immanuel kant nicht weiter. so sympathisch es ist, daß er das wohl aller als quelle der sittlichkeit und des rechts ansieht und damit ebenfalls den staat in seine schranken weist, so frage ich mich doch, wo bleibt im ernstfall dieses gemeinwohl. es degeneriert zur konvention. im namen aller zu denken, hilft mir nicht weiter.

das recht heute, hier und jetzt, ist eine projektion. aus diesen elenden zuständen heraus entsteht das bild eines menschen und einer gesellschaft, die über das jetzige wohl aller hinausreicht. ich fürchte, es war immer das recht einiger weniger, einiger einzelner, an denen die allgemeine sittlichkeit gewachsen ist.

nicht, als ob es um subjektives recht ginge, um den eigenen vorteil. es ist das recht, das aus einer persönlichen position heraus den blick auf ein weiterentwikkeltes wertsystem freigibt. man ist wahrscheinlich dem recht um so näher, je mehr man die fähigkeit hat, sich vom gegebenen rechtszustand zu lösen.

selbst auf die gefahr hin, zum abschuß freigegeben zu sein. und ich löse mich nicht nur vom gegebenen rechtszustand. ich löse mich von der bisherigen rechtsautorität, der bisherigen rechtsquelle. ich fühle mich mir selbst verantwortlich. den anforderungen, die ich an mich stelle.

kein staat steht über mir, keine kirche kann am ende über mir stehen. trotzdem habe ich diese entscheidung nicht allein getroffen. ob ich das könnte? die freiheit des christenmenschen ist groß, weil er nicht aus sich allein entscheidet.

aber man darf nicht entdeckt werden. man darf mit niemanden ins gespräch kommen, vor keine falschen fragen gestellt werden. man darf nicht unbeschäftigt wirken, herumlungern, auffallen. man darf nicht falschen personen in die hände laufen, jemandem, der einen kennt. man geht in den untergrund.

solange man das als richtig erkennt, geht es noch. aber auch das richtige kann lähmend, aufsässig werden. sich taubstumm stellen, verändert einen. es stempelt einen zum außenseiter, zum sonderling. man wird immer das, was man tut. man bekommt sogar das gesicht seiner tätigkeit.

welches gesicht bekommt der deserteur?

oberbefehl

nach so viel erfolg fasse ich den entschluß, einen richtigen, festen, plötzlichen entschluß, mich in die heimat durchzuschlagen. ich habe mich hunderte von kilometern von der front abgesetzt, warum soll es nicht gelingen, vollends heim zu kommen. wie, weiß ich nicht. das ist auch nie vorauszusehen. man muß nur jeweils rasch handeln, je nach situation. ich habe keine vorgesetzten mehr, die mich nach belieben strafexerzieren lassen können. ich gebe mir meine eigenen kommandos. ich bin ein kommandeur, der keinen oberbefehlshaber mehr über sich hat. so autonom wie ich ist kein deutscher offizier. keiner. ich bin neben hitler der oberste deutsche soldat, der soldat mit totaler entscheidungsbefugnis. ich muß sie ausnutzen.

der zug, viehwagen mit strohgelege, rollt auf dnjepropetrowsk zu. ich spiele den gedanken durch, vielleicht gar nicht mehr ins lazarett zu gehen, sondern irgendwie anders weiterzukommen. aber wie? manche waggons haben bremserhäuschen. bei der kälte? oder sich in eine weizenlieferung eingraben. das würde das ernährungsproblem lösen. oder in leeren munitionskisten mich verstecken. man müßte sich nachts einschleusen und bis zum abend sich verdrükken, dünne machen, verschwinden.

unser lazarettzug hält auf dem bahnhof. wenn man einige zeit wartet und nichts geschieht, beginnt man auszusteigen und sich zwischen den geleisen die füße zu vertreten.

einige geleise weiter steht ein zug mit panzern. sofort wittere ich die chance.

ich fühle mich für einen moment wie ein kind.

kinder spielen gern mit panzern. das krachende niederwalzen von hindernissen, die erhabenheit gegenüber den gewöhnlichen schüssen auf seine haut machen ihn auch als symbol überlegen. ihm widersteht nichts – außer einer panzerbrechenden granate. aber sie ist ein eventualfall, in wirklichkeit brechen panzer durch, wenigstens in der vorstellung. ihre motoren haben einen ton, der weder brummen noch heulen ist, einen vollton der effektivität. die ketten quietschen erst, wenn der koloß anfährt, dann rasseln sie, und schließlich bei voller fahrt haben sie ein leises schlagen wie ein mühlenrad. man möchte meinen, man könnte sich panzern anvertrauen. triumphe der technik. die äquivalenz von kraft und schützendem stahl, die effektivität im rollen und stehen, die nahtlose übereinstimmung von mannschaft und technik, die sich in blitzschnellen manövern und im speienden feuer zeigt, macht das wendige ding zu einer mutation in eine neue technische zoologie. denkt man.

die panzer, die vor mir auf güterwagen mit doppelachsen geladen sind, für den winterkrieg schon mit grobem pinsel weiß getarnt, sind allerdings eiserne särge. die meisten sind aufgerissen, halb zerfetzt, manche ohne kette, nur noch fähig, von einem riesigen kranen gefaßt, am schopf gepackt und auf den wagen geladen zu werden. sie werden heimtransportiert, um ausgeschlachtet zu werden, für die neue produktion. dem einen fehlt der turm, der andere ist schwarz ausgebrannt, ich suche mir einen, in dem ich die fahrt zwei, drei wochen überstehen könnte, heim ins reich, unentdeckt von zugpersonal oder wachpersonal.

ich bin noch nie in einem panzer gesessen. ich stelle mir ein hautenges technik-interieur vor mit hebeln, magazinen, behältern, verschraubungen und rohren, deren unverrückbare statik vom licht der luken, den schmalen schlitzen, übergossen wird.

vielleicht müßte ich im sitzen schlafen. von einem einschußloch kommt kälte und wind. es wird kalt sein, der winter beginnt.

und wovon leben?

man kann zwei drei wochen hungern. nur wasser braucht man. jeden tag einen liter. und den liefert ein stahlmonstrum bei regen und schnee noch immer.

ich darf mich nicht verdächtig machen, halte abstand zum zug, wähle aber im hinüberschielen die nummer 617 aus. die hintere seitenwand beim motor ist aufgerissen, das loch ist wie eine aufgeschlitzte distel. mein mantel und eine decke, die ich bei mir habe, werden nicht reichen. ich brauche bretter, holzwolle, planen, alles, was man zu einem nest braucht.

der panzer gehörte zur panzerarmee von mackensen, die nach baku wollte. er ist erledigt worden, nicht nach dem gesetz des krieges, sondern nach dem der ökonomie. das nimmt ihm natürlich die attitüde des sieges. er hört auf, ein kriegsobjekt zu sein. die russen produzieren dreimal so viel wie die deutschen. ich weiß das von meinen freunden am beiruter sender.

in der tat: auf den waggons liegt genügend gerümpel herum, um sich ein nest zu bauen. und werkzeug finde ich im innern.

wachpersonal sehe ich keines. der zug wird mit minimaler besetzung abrollen, vielleicht heute nacht, vielleicht morgen, aber er steht nicht auf einem nebengeleise. ich werde also vor allem nach wasser sehen.

da ertönt ein signal aus der trillerpfeife. es gilt den soldaten, die sich um unseren lazarettzug die beine vertreten. uns wird durch handzeichen bedeutet einzusteigen.

wozu das? werden wir an die abholrampe gefahren?

ich steige ein, suche im augenblick noch keine gelegenheit umzusteigen. ich warte ab, welches manöver eingeleitet wird. aber ich kenne den nächsten akt, die nächste möglichkeit. was immer kommen mag.

wir kehren in den zug zurück, der ruckelt an, rollt langsam aus dem bahnhof hinaus, am dnjepr und seinen industrieanlagen entlang, keuchend die schräge des ufers hoch, um auf das plateau zu kommen. er gewinnt fahrt, fährt und fährt...

ohne jeden zweifel, wir werden heimtransportiert. vielleicht war das lazarett in dnjepropetrowsk durch die kämpfe bei stalingrad zu voll, um noch den einen oberschenkel-, bauch- oder unterarmschuß auszufiltern, oder man hatte ohnehin zuviel bereits ausgesiebte schwere fälle. wer weiß.

der zug dampft über die wellige weite der ukraine. ich verkrieche mich wieder in einen letzten winkel und stelle mich schlafend. einmal, auf einem stationshalt, kommt ein stabsarzt in den waggon gestiegen und schaut sich seine patienten an.

was mir fehle, fragt er, weil ich schlafend auf dem bauch liege. »dem geht's schlecht, er ißt schon seit tagen nichts mehr.« wenns nichts schlimmeres ist, mag sich der arzt gedacht haben, und wendet sich dem nächsten zu. viele brauchen neue verbände, amputationswunden schmerzen, eiter muß abgezogen werden, gitterschienen werden vorteilhafter gebogen und eingebunden, blut wird gestillt...

wer nicht stöhnt, wird liegen gelassen.

aber die stimmung ist immer wieder ausgelassen.

lieber keinen penis mehr, als das russische getreide von unten ansehen, auch frauen haben keinen.

als polen erreicht ist, nach tagen, durfte ich mich wieder eher ans licht wagen. die arztvisiten bei den oft stundenlangen aufenthalten auf den ausweichbahnhöfen erschöpften sich immer mehr in der routinefrage, ob jemandem was fehle, ob etwas gebraucht würde. in krakau wurden wir in personenwagen umgeladen. man kann doch seine soldaten nicht in viehwaggons durch die heimat fahren lassen.

die welt war für mich neu, als wäre ich aus dem gefängnis gekommen. alles hatte seine makellose realität. nichts war durch falsche bedeutungen verklemmt oder verschmiert. ein haus wieder ein haus. ein baum ein baum. es war kein kriegsgegenstand, vielleicht dazu bestimmt, in der nächsten minute zu verschwinden. eine brücke, über die wir fuhren, war eine brücke, kein risiko. die wälder waren richtige wälder mit vögeln und wild. neues sanitätspersonal mit schwestern betreute uns, die gebügelte hemden und gebügelte schürzen anhatten.

so geht es durch die tschechoslowakei, durch österreich bis in ein klosterähnliches lazarett in oberösterreich. niemand wundert sich oder nimmt anstoß, wie ich als ursache meiner ankunft »gelbsucht« sage. ich komme in eine krankenstube mit zwölf mann und habe das erlebnis des jahres. in ein weißes bett mit einem kühlen leinen zu versinken, gewaschen und gebadet von oben bis unten.

und als man meine personalien aufnimmt, name, dienstgrad, truppe, ersatztruppenteil, bin ich wieder eingegliedert in die deutsche offizialität.

ich bin wieder korrekter soldat, habe nichts begangen, kein schreiben geht an polizei oder parteistellen, ob ich zuverlässig sei, und kein ortsgruppenleiter wird beauftragt, meine eltern zu überwachen, ob ich vielleicht aus einem nicht ganz unverdächtigen hause stamme. ich bin wieder teil des systems und gehorche untertänigst jeder mir übergeordneten befehlszentrale.

aber mein kopf ist noch heiß vom ständigen spekulieren, wahrnehmen, lauern, abwägen, kombinieren, schlüsse ziehen, schlüsse überprüfen, schlüsse verwerfen.

in unserer krankenstube liegt einer, der im bett sitzend ständig schach spielt, ein rheinischer landesmeister, sagt er. ich habe noch nie schach gespielt, schaue ihm stunden-, tagelang zu und bitte dann, auch einmal gegen ihn spielen zu dürfen. er verliert. überrascht stellt er neu auf und verliert wieder. und er verliert noch ein drittes mal, nachdem ich dann aufhöre, um den triumph eines trainierten gehirns bis in die zehen hinunter genießen zu können. ich hatte einen blitzschnellen kopf bekommen.

sophie in bad hall
mit einer abgeklungenen gelbsucht war ich eingeliefert worden. kurz bevor ich zur entlassung kam, wurde ich wieder zitronengelb und mußte nochmals für wochen im lazarett bleiben. ein neuzugang hatte mich offenbar angesteckt.

wenn man so lange gast in einem von schwestern geleiteten lazarett ist, das immer ein bißchen nach kantinenessen und weihrauch riecht, genießt man allmählich privilegien. ich half teilweise in der küche mit, machte die allerschönsten salzburger nockerln und ging den schwestern auch sonst zur hand.

so durfte ich, als sophie zu besuch kam, auch längere ausgangzeiten in anspruch nehmen und konnte bei der rückkehr den weg nicht an der wache vorbei, sondern über den kücheneingang benutzen. und auf dem balkon meines krankenzimmers baute ich aus matratzen eine nicht einzusehende sitzecke, die es erlaubte, meinen besuch auch über die sperrstunden im haus zu haben.

in dieser gegend lag noch kein schnee, und die späte herbstsonne war noch einmal richtig warm. wir genossen die balkonlaube. sophie erzählte viel von den studienfreunden in münchen. einige kannte ich nicht, und sie bereitete mich auf einen besuch vor, schilderte christoph probst und willi graf. christl, den ich ein wenig kannte, meinte sie, würde ich besonders verstehen.

ich zögerte etwas, wie man immer vor neu vorgestellten personen zögert, und sagte auch nicht zu, in meinem urlaub gleich nach münchen zu kommen, höchstens, daß ich auf der durchreise hans sehen wollte. ich wollte zuvor zu inge fahren. weihnachten müsse ich jedenfalls noch hier verbringen. muth hatte mich eingeladen, bei ihm zu wohnen, wenn ich nach münchen käme.

vor zwei jahren hatte ich carl muth kennengelernt, später haecker. nun war auch für hans und sophie eine enge verbindung daraus geworden. hans hatte muths bibliothek geordnet, sophie wohnte gelegentlich bei

129

ihm. es gab vorleseabende mit haecker und weiteren freunden von muth, um außerhalb der öffentlichkeit in zirkeln dafür zu sorgen, daß die gegner dieses staates nicht auseinanderdividiert und in die isolierung gedrängt würden.

sophie wollte genau wissen, wie ich mich fühle. ob ich angst hätte, daß man mich an der front vermißt melden und mich suchen würde? ob militärpolizei hinter mir her wäre, ob es bei meinen eltern eine anfrage gegeben hätte.

ich beruhigte sie. ich hätte mich einwandfrei wieder legalisiert. mein ersatztruppenteil wüßte, daß ich hier sei und er mich bald wieder an die front schicken könne. daß ich ein unsicherer kantonist sei, würde man vermutlich wissen, um so mehr mußte ich darauf sehen, nach außen sauber dazustehen.

hinzukommt, daß die front durcheinander geraten ist. verwundete aus stalingrad haben mir erzählt, was dort los ist. auch die front am kaukasus wird zurückgenommen. da geht manches verloren.

was ich weiter tun würde? ich weiß es nicht. manchmal denke ich, ich könne im westen verschwinden, vielleicht auch in der schweiz. mit jedem handgriff, den ich für diesen staat tue, unterstütze ich ein verbrechen, und jeder, der gegen die nazis kämpft, hilft den krieg zu verkürzen und das unheil, das über uns kommen wird, zu mildern. aber ich muß aufpassen, um nicht andere, auch meine eltern, zu gefährden. so kann ich nur die situationen ausnützen, die sich bieten. aber wie will ich im westen verschwinden, solange es keine zweite front gibt?

sophie meint, sie müsse bald kommen. ich bezweifle es, sosehr ich mich daran klammere. da war ich auch mit hans unterschiedlicher meinung. amerikaner führen krieg mit größtmöglicher reduktion des risikos. churchills formulierung: im herbst, wenn die blätter fallen, soll hoffnung machen, läßt aber alles offen.

stalingrad wird eine wende sein, das ende wird sich trotzdem hinausziehen. jeder deutsche soldat, der sich einmal einen befehl zu eigen gemacht hat, wird zum befehl als befehl, als hoheitlichem akt stehen und fragt nicht nach den folgen. er nennt treue, was überantworteter verstand ist. er wird sich nie aus sich heraus grundsätzlich entscheiden, außer die umstände zwingen ihn dazu. die deutschen kann man in den krieg führen, wie die lämmer zur schlachtbank. sie wissen nicht, was mit ihnen gespielt wird.

130

auch eine revolution ist im auge des deutschen ein unwürdiger, infamer akt. wird es eine revolution geben können?

da für mich und sophie die offiziellen besuchszeiten des lazaretts, auch mit den illegalen verlängerungen, zu kurz wurden, überredete ich die etwas dickliche schwester veronika, mich am abend an der rückseite des lazaretts abzuseilen. einige leintücher wurden verknotet, um das fensterkreuz geschlungen, damit sie mich zug um zug an der fassade herunterlassen könne. aber gerade, als ich mich mit vollem gewicht an das tuch hängen wollte, sauste ich vom dritten stock, kaum, daß ich es wahrnehmen konnte, nach unten. ich meinte, die hauswand fliege nach oben.

der kokshaufen, auf den ich fiel, war locker und spröde und federte meinen fall ab. trotzdem tastete ich vorsichtig alle glieder und körperteile ab, ehe ich der zutiefst erschrockenen schwester ein sicheres zeichen geben konnte, nichts sei passiert. nach einer minute der erholung von diesem schrecken seilte sie dann meine soldatenuniform ab, ich zog mich um, gab das bündel lazarettkleidung nach oben und zog mit sophie kichernd davon.

um stalingrad hatte sich der ring geschlossen. eine ganze armee war eingeschlossen. das war ohne frage die wende des krieges.

obwohl ich soldat war, hatte ich nie ein militär-strategisches oder militär-taktisches verhältnis zum krieg, sondern nur ein politisches und moralisches. man hatte ja auch jedem soldaten abgewöhnt, militärisch zu denken, er wurde eingesperrt in die schuldstruktur von befehlserfüllung und befehlsvernachlässigung. mehr als treue, blinde treue, war nicht gefragt. insofern gingen die gespräche in dieser nacht nicht so sehr um die militärische katastrophe, sondern um das politische signal, hitler war schlagbar.

im moment fehlten mir auch meine nachrichten aus beirut und teheran, die ich in der ohrmuschel meines kopfhörers empfangen hatte, und in der offiziellen welt eines lazaretts war es schwierig, an ausländische nachrichten, etwa die von beromünster oder dem soldatensender calais heranzukommen. aber auch die offiziellen wehrmachtsberichte ließen zwischen den zeilen den wirklichen militärischen sachverhalt erkennen.

entscheidender für uns war das verhältnis zu einigen freunden, von denen wir annehmen mußten, daß sie in dem kessel waren. wie vereinigte man die hoffnung auf die niederlage mit der möglichkeit, daß dabei freunde, nahe freunde, fallen könnten?

es war für uns eine nicht ganz einfache leistung gewesen, uns allmählich durch den anschauungsunterricht eines totalitären staates aus dem kulturbewußtsein zu lösen, das klassische geschichtsbewußtsein zu überwinden: kriege sind der eigentliche antrieb der geschichte. und alexander, caesar und napoleon sind deren große gestalten, weil sie große kriege geführt hatten. wir hatten erlebt, wie man nachts andersdenkende aus den häusern holte, wie man sie in gefängnisse warf, ohne begründung an die wand stellte oder in einem KZ zu tode schikanierte. wir hatten selbst gefängnisse dieses staates von innen gesehen, waren als kinder eingelocht worden, wir hatten die gelegenheit gehabt, diesen staat von innen heraus zu betrachten.

das hatte uns dazu gebracht, allmählich die historische legitimation eines friedrich des großen oder bismarck infrage zu stellen, ganz zu schweigen von der wilhelms des zweiten.

wir hätten es uns leichter machen, wir hätten bei unserm schulwissen bleiben können: kriege sind wertfrei. wir hätten uns den sozialbiologismus darwins zu eigen machen können: das dasein ist ein kampf, und wer überlebt, ist der bessere. oder wie hegel es formuliert hat: das wirkliche ist das vernünftige.

dann wäre stalingrad einfach eine schlacht gewesen. aber in dieser nacht erschauerten wir in einer freude: das skrupellos böse brach zusammen. wir erzitterten in der kaum gewagten hoffnung, die entstellung des menschlichen, auch wenn sie in die fahnentücher des vaterlandes eingewickelt war, ginge zu ende.

wie denkt und spricht man dann von freunden, die dabei fallen müssen? tod ist ja kein marktwert. ich wußte, daß frido im kessel war, sophie sprach von fritz.

mit einer fast kalten vernunft hatten wir uns immer gesagt, daß jeder, der an einer deutschen front gefallen war, einen sinnlosen tod gestorben sei. er war das opfer einer durch unsere politische und historische kultur hochstilisierten massenschlächterei. es war das sinnloseste jeglichen sinnlosen sterbens.

der wert eines menschen zeigt sich an der würde seines todes. wie und wofür man stirbt, das ist man selbst. und der mensch hat einen anspruch auf einen würdigen, ihm gehörigen tod. daß die nazis millionen von menschen diese würde stahlen, machte sie zu zynikern eines blanken wahns.

wir suchten nach der würde, die der tod eines freundes
haben konnte, der in stalingrad vielleicht schon gefallen war.

braunau und linz

wir sitzen in einem oberösterreichischen gasthof. im
gespräch beim essen werden wir uns bewußt: wir sind
hier in einem stammland des faschismus. in der nähe
liegt linz, weiter im westen braunau, auf dem halben
weg nach münchen. in braunau ist er geboren worden,
in linz ging er in die höhere schule, in münchen hat er
angefangen.

wie kommt es, fragt sophie, daß gerade katholische
länder eine so starke affinität zum faschismus haben:
bayern, österreich, italien, spanien, portugal.

vielleicht gibt der österreichische faschismus, der
austrofaschismus, eine erklärung dafür.

es war nicht so, daß sich dollfuß und schuschnigg
zwischen hitler und mussolini dadurch zu behaupten
suchten, daß sie sich ihnen anpaßten. auch österreich
hatte seine freikorps, aus denen die paramilitärische
bewegung der heimwehr hervorging, die basis der
vaterländischen front. starhemberg war bei hitlers
putschversuch in münchen dabei. österreich suchte
einen faschismus ohne diktatur, ohne machiavelli, und
schuf dabei so etwas wie einen katholischen faschismus.

wir hatten uns früher schon mit othmar spann
beschäftigt und kamen wieder auf ihn zu sprechen.
sein versuch, die katholische gesellschaftslehre umfas-
send darzustellen, hat ihn zum ideologen des austrofaschismus gemacht, und sein ständestaat war anfäng-
lich auch ein modell für die nazis. schließlich war auch
dieses staatsmodell wie eine pyramide hierarchisch
gegliedert mit einer wertsteigerung der stände von
unten nach oben und einer krönenden, alles lenken-
den spitze. ich halte othmar spann bei gott nicht für
einen nazi, aber sein denkmodell ist in jedem fall anti-
republikanisch.

wie kommt es, daß es kaum einen katholischen
republikaner gegeben hat (lamennais ausgenommen?)
und kaum einen katholischen republikaner gibt?

mag sein, daß das wüten der französischen revolution gegen die etablierte kirche und ihren klerus ein
grund dafür ist, daß es keine katholische republik gibt.
entscheidender dürfte der sachverhalt sein, daß die
katholische gesellschaftslehre und staatslehre immer

eine ordnung von oben nach unten hat und immer von einer erhabenen spitze ausgeht, die fast gottgewollt über allem steht und das ganze repräsentiert und präsentiert. eine staatsauffassung, die im gegensatz dazu von unten her gedacht ist, von einer selbstverwaltung aus, paßte ihr nicht ins konzept.

einen staat nicht zuerst zu messen an seiner führung, sondern an seinem verhalten zu den niedrigen, wenn nicht ausgestoßenen, zu den minderheiten, ergebe erst die nagelprobe für eine christliche substanz, meinte sophie.

es ist überhaupt gefährlich, eine staatstheorie nach einem in sich schlüssigen gedankenmodell aufzubauen. othmar spann hat sich wie die gesellschaftslehre eines leo XIII. sehr stark an das modell von aristoteles angelehnt, wie es thomas von aquin dargestellt hatte. seine innere stimmigkeit ist eine gedankliche, abstrakte. der staat aber ist nie ein abstraktes system, er ist geschichte, wirkung in der zeit, entwicklung als verhalten. er zeigt sich nicht als system, sondern als politik. und in der geschichte war der staat in der regel beherrschung, unterdrückung. in dem maße, in dem der staat macht beansprucht, mißbraucht er macht. ein irgendwie geartetes christliches staatswesen hat es nicht gegeben, meinte sophie, weil die würde des menschen bei kleinen getreten wird und die großen dekoriert werden. und statt sich die sozialbewegung des frühen 19. jahrhunderts zu eigen zu machen, wo aus der selbstbehauptung der arbeiter der ruf nach selbstverwirklichung und selbstregierung entstand, hat die kirche lieber die häupter der herrscher gesegnet. nicht nur, daß sie überhaupt nicht begriffen hatte, was in der welt los war, sie war auch unfähig, christliche werte zu entdecken, wenn sie außerhalb der kirche sich entfalteten.

es gibt keine theoretische kunst, sagt sophie. über kunst nachdenken kann man erst, wenn sie gemacht ist. so gibt es auch keinen theoretischen staat. es gibt den bestehenden. und wenn im namen des gemeinnutzes der preußische militärstaat ein jahrhundert lang einen krieg nach dem andern vom zaun gebrochen hat, dann ist die idee eben nur soviel wert, wie das, was sie hervorgebracht hat. politik ist das wirkliche, nicht das gedachte. und die wirklichkeit fällt das urteil über die theorie.

aber keine institution hat ein solches interesse, diesen sachverhalt umzukehren. der staat tut alles, der ideologie ein gewicht zu geben, als bestimme sie sein wesen. der staat erklärt, er wolle frieden, aber führt krieg. er erklärt, er wolle freiheit, und ersinnt alle nur erdenklichen methoden der gängelung, hin bis zur verdrehung der gehirne in schule, presse und propaganda, um sich alle untertan zu machen, ganz zu schweigen von seiner hemmungslosen anwendung sadistischer gewalt.

das gespräch begann schmerzlich zu werden, wunden aufzureißen.

für uns bedeuteten aristoteles und thomas von aquin und auch augustinus sehr viel. die auseinandersetzung mit ihnen hat unser denken geschärft und zu einer autonomie geführt, die es uns erlaubte, gegen eine ganze welt zu stehen, wenn wir uns im einklang mit uns selbst fühlten. im einklang mit unserem trainierten kopf und seinen perspektiven. nun begann eine alte verbindung zu brechen. bindungen lösten sich, die mir einmal alles bedeutet hatten.

ob othmar spann, ob thomas von aquin, ja ob hitler oder franco, alle berufen sich auf den satz des aristoteles als die quintessenz seiner lehre vom staat: das gemeinwohl kommt vor dem privatwohl, gemeinnutz geht vor eigennutz.

ein gefährlicher satz. an sich einleuchtend, logisch zwingend... noch gefährlicher ist die ebenfalls von aristoteles belegte these, daß das ganze mehr sei als die summe der teile, der staat also mehr als die summe seiner bürger. der staat wird zu einem höheren etwas, zu einer übergeordneten substanz, zu einer höheren seinskategorie.

und ebenso gefährlich wird plötzlich in unsern augen die aristotelische theorie von form und materie, wenn auf die gesellschaft übertragen die menschen die materie darstellen und die form, also der staat, das geistige, lenkende prinzip.

das sind gefährliche prinzipien. denn was nützt uns die logische konsequenz eines satzes, wenn er von falschen prämissen ausgeht? nach unsern erfahrungen, bitteren erfahrungen, kann das gemeinwohl eines staates nur darin bestehen, das höchstmögliche privatwohl zu sichern, die freiheit der person und die existenz des einzelnen, jedes einzelnen. in wirklichkeit müssen die prämissen umgekehrt werden: kein gemeinwohl ist höher als die sicherung der freiheit des einzelnen, die sicherung des privatwohls, die sicherung der würde auch noch des kleinsten.

genau hier finge ein christlicher staat an, in der umkehrung der prinzipien des aristoteles zugunsten des einzelnen, wenn ein solcher staat denkbar wäre. die einzelne person, auch die einer minorität, sei es die minorität der rasse, der kultur, der religion, der ideologie, steht höher als der staat. selbst die vergessenen werden vor den thron gottes kommen, aber kein staat. noch dem ungebildetsten steht der himmel offen, aber keinem staat. nicht der staat ist das höhere wesen, sondern der noch so kümmerliche mensch.

sophie erzählte von hans, er habe beim jungen schiller, als auch der noch republikaner war, eine stelle gefunden, in seiner abhandlung über die verfassung solons, wo er das deutsche denken auf den kopf stellte. die deutsche klassik, die deutsche romantik, der deutsche idealismus hat geschichte nur verstanden als das geschehen von staaten. eine geschichte von gruppen, von einzelnen, von programmen, von ideen, von kräften der gesellschaft kommt nicht vor. es sind immer könige, kaiser und helden, die geschichte machen. goethe hatte napoleon bewundert, hegel hatte napoleon bewundert, und auch schiller konnte sich dem zeitgeist nicht entziehen. und doch hatte er einmal den mut gehabt zu schreiben, der staat sei dazu da, den zweck der menschheit zu erfüllen, nämlich die ausbildung aller kräfte, die im menschen liegen. er schildert den spartanischen militärstaat, als wäre es eine vision der kommenden preußischen verhältnisse, des militärgestützten nationalstaates.

warum hatte aristoteles nicht über sparta geschrieben?

es ist eine vorchristliche einschätzung des menschen, die die staatsauffassung des aristoteles bestimmt hat, und mit thomas von aquin hat sie bestand bis auf den heutigen tag, ja ist die offizielle lehre der kirche. und wie die katholiken sich an thomas von aquin halten, nehmen sich die protestanten hegel zu herzen. er sieht im staat, speziell in seinem preußischen staat, dem er mit schwäbischer gründlichkeit diente, die höchste form der realisierung des geistes. nach hegel verdankt der mensch alles, was er ist, dem staat. der staat ist göttlich, und nur im staat findet der mensch zu sich selbst.

war es so schwierig, mit dem satz, gemeinnutz geht vor eigennutz, den die nazis groß auf ihre fahnen geschrieben hatten, die gehirne auch der christen zu verdrehen? mit seiner zwingenden logik hat man jeden ausgelöscht, der sich in den weg stellte oder gar nur laut seine eigene meinung kundtat, oder der auch nur der falschen rasse oder dem falschen volk angehörte oder einem andern glauben anhing. der gemeinnutz erwies sich als eigennutz der regierenden.

auch hier wird das fatale mißverständnis zwischen geschichte und theorie offenkundig. was sich als formulierung und theorie so schön ausnimmt, ist eine kunstfigur des denkens, die so überzeugend ist, daß sie sich nicht um den nachweis in der praxis kümmern muß. die aber sieht anders aus.

dürfen wir überhaupt uns ein bild eines staates machen, das prinzipien folgt, aber die geschichte vergißt? auch die wirklichkeit, auch das historische geschehen hat seine logik. diese aber hat aristoteles wenig interessiert. sein staat war ein gedanken-, ein systemmodell, nicht die frucht der geschichte. ganz zu schweigen davon, daß sein staat ein solcher des vorchristlichen denkens war.

ein merkwürdiges gefühl befiel uns. ein jahrtausendealtes denken, dessen richtigkeit als gesichert galt, bröselte auseinander, weil wir den staat erleben, der konzentrationslager baut, weil wir täglich erfahren, daß menschen verschwinden. zugegeben, der staat des aristoteles setzte als zielvorstellung die verwirklichung der gerechtigkeit. zugegeben, erst machiavelli hat das gemeinwohl gleichgesetzt mit dem interesse und der macht des fürsten. in wirklichkeit haben alle unsere fürsten von gottesgnaden mit der höheren weisheit nur ihre eigenen interessen bemäntelt.

es fällt mir schwer, aristoteles in die nähe des faschismus zu bringen. es fällt mir schwer, auch othmar spann oder schuschnigg in die nähe der nazis zu bringen. am abend, als schuschnigg von den verhandlungen mit hitler auf dem obersalzberg heimkehrte, hing ich am lautsprecher, um vom österreichischen sender seine (letzte) rede zu hören. ich klammerte mich an seine worte, und ich warf mein ganzes hoffen auf seine entschlußfähigkeit: rot-weiß-rot, bis in den tod. am tag darauf kamen die deutschen truppen. es war ein mutiger versuch, hitler zu widerstehen.

trotzdem wurde mir mehr und mehr bewußt, wie sehr die vorstellung der austrofaschisten, was ein staat zu sein hätte, dem faschismus vorschub leistete. jeder vertikale staat, jeder staat, der von oben nach unten strukturiert ist, entartet zum machtstaat. selbst das beste stück der katholischen soziallehre, das der subsidiarität, nach der jeweils die niedrigste instanz dasjenige zu verantworten habe, was ihr zugemutet werden kann, also nicht der staat die rolle der familie übernehmen soll, selbst dieser anspruch wurde als gunst von

137

oben verstanden, nicht als prinzip der selbstentfaltung, selbstverwirklichung durch selbstbestimmung.

aristoteles war lehrer alexanders des großen. über ihn hat er das omnipotente staatswesen aufbauen helfen, den hellenistischen großstaat, der den verfassungsstaat der griechischen stadtstaaten ablöste. in diesem großstaat, den dann die römer übernommen hatten, gab es frieden, bildung und wohlstand, aber keine eigenverantwortung. die gerechtigkeit, der dieser staat nach der meinung von aristoteles dienen sollte, das gemeinwohl, war ein solches ohne die beteiligung der bürger. und wo keine eigenverantwortung ist, ist am ende auch keine freiheit. freiheit gibt es nur, wenn sie sich artikulieren kann. und diesen staat haben nicht nur die römer übernommen, sondern auch nach der formulierung des augustinus vom ›gottesstaat‹ das mittelalter. und noch verteidigen ihn die päpste.

freiheit, meint sophie, sei immer sache des einzelnen, lebendigen, denkenden, tätigen menschen. der staat ist nicht frei, nur menschen sind frei. der staat kann freiheit garantieren. aber freiheit ist immer eine konkrete freiheit des einzelnen. ein staat ist so frei, wie es der einzelne bürger ist. darüber hinaus ist freiheit ein leerer begriff. der staat steht außerhalb der freiheit, weil er kein einzelnes individuum ist, mag er noch soviel worte darum machen.

sophie blieb hartnäckig an dem punkt, begriffe am tatsächlichen zu überprüfen. sie mißtraute worten, großen worten. sie mißtraute gedanken, großen gedanken, und sie mißtraute theorien. sie empfand es als ein besonders deutsches schicksal, vielleicht auch als ein bürgerliches, vielleicht auch nur ein gegenwärtiges, daß wir denken und tun, theorie und realität heillos durcheinander gebracht haben. wir geben uns mit gedanken zufrieden, wo wir auf sachverhalte schauen sollten, und wir begnügen uns mit gesinnungen, wo wir handeln müßten.

ich empfand sophie als eine moralische instanz. sie beharrte auf der übereinstimmung von denken und tun und sah in der art, wie eine solche übereinstimmung zustande gebracht wurde, den grad der entfaltung einer persönlichkeit.

republikaner
warum hat es keine christlichen republikaner
gegeben?

lamennais war einer. carl muth hatte uns auf ihn
aufmerksam gemacht. er selbt war stark auf ihn
bezogen. es gab verwandtschaften.

lamennais war ein französischer pfarrer, der im
streit mit dem klerus unterging. trotz der greuel der
französischen revolution, an denen man bei gott zu
nagen hatte, stellte er sich auf die seite der demokratie, der aufklärung. die monarchie lehnte er ab,
kämpfte für die freiheit der presse, die freiheit der
erziehung gegenüber jedem monopol, auch dem der
religion. er gehörte zu den ersten sozialisten des
19. jahrhunderts, weil er im vierten stand, dem auch
der liberalismus die bürgerrechte verweigert hatte, die
armen des evangeliums wiedererkannte.

er war nicht bereit, die aufklärung in einem übereifer des glaubens zu ersticken. er akzeptierte die
souveräne rolle der vernunft, die er im menschlichen
konsens, im gemeinsinn eher erkannte als im hoheitlichen weltgeist. vernunft war für ihn nicht mehr das
absolute, sondern übereinkunft durch spielregeln. er
verlangte die trennung von kirche und staat, um des
christentums willen. was wunder, daß der heilige stuhl,
in den augen von lamennais ein hort reaktionärer
intransigenz, ihn in einer enzyklika verurteilte und
erwirkte, daß er ins gefängnis kam.

carl muth war sicher kein revolutionär wie lamennais, in seinen schlußfolgerungen blieb er nicht hinter
ihm zurück. auch muth hatte mit rom zu kämpfen
gehabt. carl muth war einer der wenigen liberalen im
deutschen katholizismus, der ohne den ordo-gedanken
christlicher gesellschaft auskam. hätte er nicht sein
›hochland‹ gehabt und es nicht zu einer angesehenen
zeitschrift gemacht, die kirche hätte ihn kaltgestellt.
aus dem kulturkampf mit bismarck zog er für sich
einen anderen schluß als die offizielle kirche. er gab
die position einer katholischen politik preis, die
position einer katholischen wissenschaft, die position
einer katholischen kultur. die zeit war für ihn nicht
mehr christlich, und christen konnten sich in ihr nur
entfalten im dialog mit ihr. verdikte aus rom sollten
ihn in die nähe eines verurteilbaren modernismus
treiben. sein großbürgerlicher habitus, die fähigkeit zu
verhandeln, zu reden, aufzutreten, mochten ihm
geholfen haben, immer wieder weitermachen zu können und an ansehen zu gewinnen.

ein imponierender, honoriger mann. ich gewann sein vertrauen bei unserem ersten gespräch, sicher nicht durch jugendliche theoreme, eher durch meine ansicht, daß bei lage der dinge eine verurteilung seiner zeitschrift aus rom einer auszeichnung gleichkommen würde. ich stand in keiner kirchlichen tradition, war auch nicht für eine konfessionelle jugendbewegung zu haben, in der man konformität lernte, verbunden mit dem anspruch, nur eine christliche welt, eine christliche kultur könne die wahre sein.

carl muth hatte einen schmalen, langen schädel mit gepflegtem, lang anliegendem grauem haar und einem knappen spitzbart. er war groß, ging leicht gebeugt und hatte einen spitzen, lebhaften mund, immer zur kommunikation aufgelegt. auch die manieren verrieten das großbürgerliche elternhaus.

muth war mir als kämpferisch geschildert worden, ich lernte ihn kennen als zarte, zerbrechliche gestalt von gepflegtem habitus. aber hinter der beherrschung, die einem diplomaten anstand, war witz, bissigkeit und kraftvoller fluch.

die augen waren blau, und seine hände, die sich an seiner kommunikation beteiligten, lang und schmal. die ganze figur war gekennzeichnet durch den umgang mit menschen. er hatte immer gäste im haus gehabt, schriftsteller, politiker, philosophen, theologen, maler und wissenschaftler, den konservativen grafen keyserling und den dadaisten hugo ball.

ich beneidete hans und sophie, daß sie in muths haus ein- und ausgehen konnten. als herausgeber einer zeitschrift hat er sich auch nie wie ein akademiker angemaßt, sich im besitz der wahrheit zu fühlen. wir waren in seiner nähe wie seinesgleichen.

hans hatte seine bibliothek neu geordnet, eine gelegenheit, mit dem mann ständig im gespräch zu bleiben. beide mochten sich, hatten im gegensatz zu sophie, der moralistin, eine weltmännische art. auch wenn muth in seiner opposition deutlich und hochfahrend wurde, behielt er immer die selbstkontrolle liberaler manieren, universeller verbindlichkeit. dem entsprach der rationale humanismus von hans. beide konnten lautstark sich den groll mit der zeit von der seele reden, es blieb argumentation und reflexion, nicht eruptive emotion.

eine freudige erregung kam auf, als wir davon sprachen, daß ich nächstens ein paar tage bei muth wohnen sollte, sobald ich genesungsurlaub bekäme. wir würden uns alle wiedersehen.

wird es eine revolution geben?

wird es weimar wieder geben? weimar, den parteienstaat, der an den parteien zugrunde ging?

sophie hatte weimar in der familie eines bürgermei-
sters in einer kleinstadt erlebt, ich in der zweitgrößten
stadt württembergs. wir waren noch kinder, als hitler
an die macht kam, aber der eindruck von weimar war
noch deutlich, und wir entwickelten sympathien und
antipathien zu parteien und bewegungen.

zur reichspräsidentenwahl 1934 malte ich mein
erstes plakat gegen hitler.

ich bewunderte die lederuniformen der kommunisten bei ihrem landesparteitag, noch mehr die eigenartigen blechinstrumente ihrer musik. die polizei fuhr
in gepanzerten fahrzeugen neben ihrem fackelzug
durch die stadt und leuchtete die häuserfronten mit
scheinwerfern nach provokateuren ab. weimar war uns
präsent.

was nach diesem krieg sein wird, ging uns immer
wieder durch den kopf, aber es gibt kaum ein ohn-
mächtigeres unternehmen, als für ein stück zukunft,
das auf den zusammenbruch eines machtstaates folgt,
ein modell zu entwerfen. auch hier kann es nicht nur
um die verwirklichung von prinzipien gehen, hier wird
geschichte mitspielen. wird es eine revolution geben?

wir lachten über die vision der äbtissin von
eichstädt:

> jäh in der nacht
> bin ich erwacht
> ich träumte
> was ich nie gedacht
> es klang wie ein te deum!
> das herz mir noch im busen klopft
> ich sah den hitler ausgestopft
> im britischen museum.

wie wird es aussehen nach dem kriege? was soll mit
den nazis geschehen?

jeder trägt die nummer seines parteibuches auf
seinem rücken und hilft organisiert mit am aufbau des
zerschossenen europa, sagt sophie. dauer je nach
zugehörigkeit zur partei. wir mußten lachen, und es
war zugleich unser ernst.

für weimar legte ich mir das paradox zurecht, daß es
zuwenig parteienstaat war, soviel parteien es auch
gegeben haben mochte. nicht so sehr die parteien
bestimmten die politik, sondern kräfte von außerhalb:
das militär, die kirchen, die unternehmerverbände, die
gewerkschaften, der adel. es war eine mischung von

141

parteien- und ständestaat. neben den parteien als kanälen zur ermittelung zeitlich limitierter regierungen, existierten wirtschaftliche, berufliche, soziale und weltanschauliche stände, die alle ihren anteil an dauernder macht suchten. meinetwegen soll es stände geben, gesellschaftliche kräfte, nur muß verhindert werden, daß sie die funktionen der parteien stören, die gerade den wechsel garantieren müssen, die ablösung von der macht, statt zur herrschenden doktrin zu werden. zeitliche und auch sachliche limitierung der regierung, zugleich die garantie ihrer vollen funktionsfähigkeit, ist politik nach dem dritten reich, und alles, was auf machterhalt aus ist, etwa die herrschaft von ständen, etwa die herrschaft von unternehmern, etwa die herrschaft der syndikalisten, etwa die herrschaft von offizieren oder auch etwa (frei nach plato) die herrschaft von professoren, ist von übel.

othmar spanns ständestaat fahre dahin. stände, interessengruppen wird es immer geben, und sie werden immer um einfluß ringen, aber wenn sie und nicht parteien die regierung stellen sollten, wäre das ziel der politik hinfällig, macht zu begrenzen und zugleich handlungsfähige regierungen zu etablieren. regierungen würden dann methoden ersinnen, an der macht zu bleiben, der staat würde zwangsläufig zur herrschaft entarten.

oder läßt sich der staat sogar abschaffen?

sophies vater meinte, das sollte möglich sein, sobald wir eine weltregierung, einen völkerbund haben und es im nationalen bereich nur noch verwaltungen geben würde. schließlich haben unsere königreiche von einst und unsere landesregierungen von heute ihre hoheitsfunktionen, das recht auf das letzte wort, ebenfalls schon delegiert, an den nationalstaat. vater scholl erschreckte mich sogar einmal mit der vorstellung, daß es eines tages auch keine polizei mehr bräuchte, die rechtsnormen seien so ausgebaut, daß sich konflikte auf dem rechtswege austragen ließen.

vater scholl war ein linker liberaler, hatte schon im ersten weltkrieg gegen eine geschlossene front der vaterländischen begeisterung den dienst mit der waffe verweigert. er erhoffte von der richtigen geldpolitik die auslöschung der sozialen konflikte, von einem völkerbund und einer weltregierung die eliminierung des nationalstaates und eine definitive ächtung des krieges. der freie handel in der welt und die juristische handhabung von interessengegensätzen sollten willkür und gewalt unmöglich machen. ich schätzte in

142

vater scholl den ungestümen optimismus der aufklärung in einen gesellschaftsmechanismus, der präzise wie eine maschine war; ich spürte in seinen worten noch die wirkung eines adam smith und eines ricardo auf seine jugend, aber das bild des liberalismus von einem »nachtwächter-staat« ängstigte mich mehr, als daß es mich anzog. ich blieb überzeugt von der notwendigkeit einer politischen autorität, die regieren kann, weil ich überzeugt bin, daß ökonomische, gesellschaftliche, kulturelle und politische prozesse lenkung und steuerung notwendig machen. ich bin überzeugt von der notwendigkeit sogar von starken regierungen, allerdings regierungen auf zeit, und trotzdem einigte ich mich mit sophie darauf, daß der staat, den wir haben sollten, abzumontieren ist bis auf seine nackte funktion. was so gut wie einer abschaffung gleichkäme.

wozu sport, die produktion von autos, wozu theater, film, hochschulen, wozu wissenschaft in den händen des staates?

wird es eine revolution geben?

meine erwartung ist nur scheinbar paradox. einmal zweifle ich, ob es in zukunft überhaupt noch staaten geben muß. zum andern will ich einen effektiven staat. ja ich glaube, daß es eine starke exekutive geben muß. aber ich sehe nicht ein, daß sie mit aufgaben betraut ist, die sie nichts angeht. man kann die aufgaben des staates bis ins holz zurechtschneiden, was den nebeneffekt hätte, daß viel leerlauf vermieden würde. und trotzdem kann man seine eigentliche funktion stärken, die voraussetzungen zu schaffen, daß freie menschen sich frei entfalten können. weniger staat und gleichzeitig mehr effizienz, ist das ein widerspruch?

es genügt ein polizist, um den verkehr einer kreuzung zu leiten, über die tausende von autos fahren. ohne ihn bräche das chaos aus. aber wehe, wenn der staat sich damit zum herrn des verkehrs machen würde, etwa sagen würde, wer auto fahren darf und wer nicht.

ein schiedsrichter bei einem fußballspiel ist eine schattenfigur. spielen tun die spieler. und trotzdem ist er die spielregel in person. er hat autorität über jeden. läßt sich der funktionsbegriff auch in das staatswesen einführen?

vieles müßte zusammenbrechen. am besten das ganze haus. aber ein zusammenbruch ist noch keine chance für einen neubeginn. wo ist das neue?

wird es eine revolution geben?

von wem sollte sie ausgehen? ich meinte, wir deutschen seien so zu passiven untertanen erzogen worden, daß die einzelnen als subjekte der geschichte ausgeschieden seien. vielleicht gelingt eine revolution, die mit dem zusammenbruch des dritten reiches gleichzeitig sich entwickeln würde.

vielleicht hat der militärische gegner, vielleicht haben amis und engländer, die kurz vor ihrem sieg stehen, die kraft und politische größe, statt einen triumph auszukosten, eine welle der befreiung zuzulassen, die das haus mit eimern voll wasser statt mit nassen lappen reinigen. wäre das eine freude.

aber von wem sollte eine revolution ausgehen? von wem denn?

es müssen ja nicht große gruppen, verbände, organisationen sein, die eine revolution auslösen. im gegenteil, institutionen, auch aus dem untergrund, sind zu schwerfällig, um revolutionen auszulösen. sie können ein klima dafür schaffen, mehr nicht.

eine gruppe von matrosen war es, keine funktionärsorganisation, die in kiel am ende des ersten weltkrieges die bewegung auslöste, unter der die monarchie, die zentralinstitution der deutschen geschichte, zusammenbrach. die funktionäre saßen in berlin und planten. die geschichte selbst kam in bewegung durch einige unbekannte soldaten.

sophie nahm wieder partei für die geschichte. revolutionen entstehen, sie werden nicht vorhergedacht, sagte sie. die geschichte hat nichts von denen, die darüber spekulieren, sondern von denen, die revolutionen auslösen. sie müssen ja nicht im großen beginnen. revolutionen stauen sich auf, wenn es leute gibt, die im kleinen anfangen.

ich sah niemanden, der da im kleinen angefangen hätte.

die gespaltene person

was unter politik verstanden wird. man überläßt dem staat, was er machen will. man geht zur wahl, um im nachhinein ein ereignis zu bewerten, das (offensichtlich erfolgreich) bereits abgeschlossen ist. zu bewerten nur in dem sinn von ja und nein. alternativen und projekte gibt es nicht mehr. das politische interesse reduziert sich auf bestätigung. das wahlergebnis wird zur fassade des staates.

was leute unter religion verstehen. beruf, alltag, geschäft, familie und erziehung hat eigene, pragmatische dimensionen. religion ist reduziert auf ein innengefühl von pflicht und schuld. religion kulminiert im erhebenden gefühl. dem entspricht der besuch des hochamtes mit musik. religion wird zur staffage.

was leute unter kunst verstehen. einen genuß, der einen für die liederlichen resultate der arbeit entschädigt. kunst ist kompensation für eine dreckige welt. das museum ist der tempel derjenigen, die nicht zur kirche gehen.

unter moral versteht man den gesellschaftlichen tribut, der für den freiraum zu entrichten ist, um im geschäft, im beruf, als mitglied der gesellschaft, als subjekt tun und lassen zu können, was einem beliebt.

wir denken am werktag anders als am sonntag. wir heiligen den sonntag, um am werktag treiben zu können, was wir wollen. wir erfinden ständig neue fassaden der wohlanständigkeit und kultur, um dahinter das alibi für jegliche freizügigkeit zu besitzen.

die deutsche kultur ist die einer abgrundtiefen und substantiellen gespaltenheit. kultur ist in ihr etwas anderes als zivilisation. gerade die, die sich in den foyers der oper und des theaters zeigen, dürfen ihr geld machen, womit es sich am leichtesten machen läßt, mit ramsch und schund. wer die woche über kitsch produziert nach dem geschmack des volkes, wie es heißt, braucht selbst noch lange nicht schmutzige finger zu bekommen, solange er sich im symphoniekonzert zeigt. der deutsche professor lehrt über sein und zeit und entbietet als rektor der universität den herren der partei den nazigruß. kultur und politik sind zwei verschiedene dinge. moral und geschäft sind zwei verschiedene dinge. kunst und leben sind zwei verschiedene dinge. religion und alltag sind zwei verschiedene dinge. fabrik und museum sind zwei verschiedene dinge. das kann nur die diagnose einer krankheit sein. sie muß nicht unbedingt nur für mein land gelten. ich halte sie für eine krankheit, die damit anfing, daß menschen nicht mehr wie in einer handwerklichen kultur selbst herstellten, was sie benützten und vertrieben.

es ist ja nicht so, daß nur ein kapitalistisches bürgertum, das der arbeit entfremdet ist und sich allein mit dem kapital beschäftigt, fast ausschließlich mit bilanzen, sich in eine art innerer gesinnungslosigkeit gespalten hätte, um geist nur noch in der feuilletonistischen konversation zu pflegen. auch der sozialistische proletarier fragt nicht mehr, was er produziert.

145

er macht arbeit wie kapital zu einem abstraktum und kämpft um arbeitszeit und löhne, gleichgültig, ob seine maschinen möbel oder granaten herstellen. das produkt arbeit ist außerhalb des denk- und gesinnungshorizonts, läßt man einige intellektuelle, die in der maschinenwelt auch eine neue kulturwelt heraufziehen sehen, außer acht.

das bürgertum brauchte für den nationalsozialismus nicht erst gewonnen zu werden. der mob der nachkriegswirren war wieder von der straße, und der nationale aufschwung war ohne schwierigkeiten aus den fonds der industrie zu finanzieren. aber, bei allem respekt für ihren widerstand, daß die arbeiterklasse so rasch umfiel, war zunächst überraschend, aber dann doch wieder plausibel, wenn man an den ersten weltkrieg denkt, wo der internationalismus von einem tag auf den andern zusammenbrach, damit man auch teilhabe am aufschwung jeder nationalen rüstung.

es wäre schön gewesen, wir hätten uns vormachen können, all die wahlen für hitler, die schon nach der machtergreifung sämtlich weit über 90 % zustimmung erbrachten, wären gefälscht gewesen. sie waren es nicht. dabei hatten wir uns wenigstens von kommunistischen hochburgen wie sachsen oder hamburg erhofft, noch andeutungen des aufbegehrens zu sehen. alle, alle hatten sie ja gesagt, und alle marschierten sie, um europa vor dem untermenschentum, das sie selbst waren, zu retten.

wer in seinem selbstverständnis, in seinem selbstbewußtsein und in seinem selbstwertgefühl gespalten ist, ist verfügbar, wie verfügbare masse. sei er bankdirektor oder angehöriger der klasse der proletarier.

hauptbahnhof münchen
der ganze bahnhof wimmelte von soldaten und den müttern und frauen, die urlaubsabschied nahmen oder auf urlauber warteten.

ich hatte hans bereits ausgemacht, als der zug einlief. seine gestalt war nicht zu übersehen. er trug die uniform eines sanitätsfeldwebels. ich trug die uniform des untersten dienstgrades der deutschen wehrmacht.

hans war größer als die anderen, schlank, ging ungezwungen aufrecht, kerzengerade. er hatte eine knapp sitzende uniform mit kürzerem rock, wie sie bei unteren dienstgraden sonst nicht anzutreffen war. er war eine straffe und beherrschte erscheinung. mit

146

seinen dunklen augen überschaute er die situation im bahnhof streng und lebhaft wie ein falke. der mund war ein strich, ohne andeutung, ob er im nächsten moment fluchen oder lachen würde. wir hatten zunächst zu lachen, freuten uns, daß wir uns nach langer zeit wieder trafen.

ich kam vom lazarett und wollte hans auf dem weg nach ulm wenigstens sehen. wir gingen den bahnsteig auf und ab. es waren zu viele leute, um über anderes als persönliches zu reden. als wir einen moment allein waren, erfuhr ich, daß es in münchen gärte. der gauleiter habe von den studentinnen verlangt, dem führer ein kind zu schenken, statt zu studieren. es sei in gejohle untergegangen. sophie, die bald nach ulm komme, könne es mir erzählen. zudem würden wir uns ja demnächst in münchen wiedersehen, wenn ich muth besuchen würde. ich wollte kurz die eltern sehen, dann mit inge nach münchen kommen.

»herr feldwebel!«

ein offizier, so etwas wie ein major, rief hans zu sich. hans war um militärische formen nicht verlegen, und ich sah ihn in gebührender haltung eine standpauke in kauf nehmen. worum es ging, verstand ich nicht, die beiden waren zu weit weg. der ton war scharf.

als hans zurückkam, beugte er sich an mein ohr und flüsterte mir zu: »es geht um dich; du sollst dein käppi aufsetzen«. ich hatte das käppi unter die schulterklappe meines mantels geschoben gehabt, eine etwas persönliche art, der militärischen statur leicht zivile züge zu geben. aber einen entblößten soldaten gab es in keiner der deutschen dienstvorschriften. grüßen kann man auch nur mit aufgesetzter kopfbedeckung. natürlich war ich mir dessen bewußt, auch des versuchs, einen militärmantel halb offen, nach art des kommenden frühlings, zu tragen.

dem bild, wie ich mit hans auf und ab ging, mochte das eine fast generalstabsmäßige grandezza gegeben haben, mir fehlte nur der rote streifen an der hose, um wie ein general zu wirken. aber wenn der gesamte bahnhof, die gesamte heimatfront, die gesamte wehrmacht, sich nach exakten dienstvorschriften kleidete, war das eine provokation, eine demonstrative aufforderung an geschmack und desinteresse.

ich tat gefällig, was befohlen, freute mich wie eine biene, die mit fast nichts ungeheure bewegung schaffen kann, und war auf der andern seite überrascht, wie wenig hans sich beeindruckt zeigte. es war ihm nicht mal einen fluch wert.

kunst und unterdrückung

ganz oberschwaben bis hinüber ins allgäu steht voller barockkirchen. auf dem weg nach münchen machen inge und ich einen umweg, um uns einige kirchen anzusehen. man spürt, daß große teile des landes noch vor hundert jahren österreichisch waren. es gibt rokokodorfkirchen, große basiliken, abteikirchen, schloßkapellen, wallfahrtskirchen über das ganze land verstreut. wir können nur die wenigen aufsuchen, die in der nähe einer passablen reiseroute liegen.

diese barockkirchen sind heute so dominierend, daß sie das bild des zweiten elementes, das diese landschaft trägt, zurückgedrängt haben, die freien reichsstädte. zwischen donau, iller und bodensee gab es eine fülle von reichsstädten, ravensburg, isny, wangen, leutkirch, memmingen, überlingen, biberach, die noch heute davon zeugen, wie stark die kultur des mittelalters einmal das land geprägt hatte. die barockkirchen – man nimmt es heute nicht mehr wahr – sind lebendige denkmäler des sieges der fürsten, des adels, der fürstäbte über die freie stadtkultur der reichsstädte. der willkommene anlaß für den adel und die landesherrlichen fürsten, die stadtkultur mit ihrer bürgerlichkeit zu brechen, war der bauernkrieg. die städte waren meist zum neuen glauben übergetreten, sympathisierten mit den bauern, die gegen die fürsten aufbegehrten, und waren nach einem krieg der verbrannten erde allen repressalien ausgesetzt. ein jahrhundert lang war das land wie tot. terror hielt die ordnung aufrecht.

da kam mit der gegenreformation als schwester der inquisition aus italien der farbenfrohe, schwingende barock und verwandelte das land in einer kulturellen beschwichtigung zu einem kunstgeschichtlichen kleinod.

neben den eigenarten von stilen interessierte uns die relation von repräsentation und macht. auch die nazis hatten überall zu bauen angefangen, um an äußerlicher größe und künstlerischer aktivität ihre historische bedeutsamkeit vor jedem geschichtsurteil festzulegen.

es ist sicher unzulässig, ottobeuren mit den reichsparteitagsbauten von nürnberg zu vergleichen. in der methodischen zielrichtung sind sie verwandt. es ist schon ein kompletter widerspruch, den armen christus, der in einer futterkrippe lag, nun in ein münster aus gold und stuck zu stecken, seine lehre, die er unter freiem himmel verkündete, von einer kanzel verkündigen zu lassen, die unter schnitzwerk fast zusammenbricht.

das bildungsbürgertum, das noch die basis unserer
schulerziehung war, hat solche fragen gar nicht erst
aufkommen lassen. wir mußten sie unter dem teppich
einer ästhetischen weltbetrachtung selbst hervor-
kehren.

wir taten es zaghaft, hin- und hergerissen zwischen
der einnehmenden erscheinung und dem tristen sachverhalt der politischen knebelung. die staatsallmacht
umgibt sich mit einem höchstmaß an kultur. muß da
nicht an unserm kulturbegriff etwas falsch sein?

überzeugend blieb für uns, daß der barock dieses
landstriches alles etwas reduzierte, verkleinerte, ver-
niedlichte, was auf größe und monumentalität angelegt war, und wir hielten uns lieber in steinhausen,
birnau oder maria steinbach auf als in ottobeuren oder
rot an der rot.

die flucht aus krieg und politik mochte nicht recht
gelingen. selbst meisterwerke der kultur offenbaren
ihre übertünchten sünden. es wurde eine ambivalente
reise voller widersprüche. was erleichterung bringen
sollte, stiftete eher verwirrung.

ist dieses land überhaupt deutsch? was ist deutsch?

einige städte und landschaften waren noch im
19. jahrhundert österreichisch. teilweise war das land
von den schweizern besetzt. ist es nicht zufall, daß es
heute zum preußisch-deutschen nationalstaat gehört,
einem gebilde, das jetzt siebzig jahre besteht? ist es
nicht eine kette von reinen zufällen, die zu diesem
staat geführt hat? schließlich stand es auf spitz und
knopf, ob beispielsweise bayern sich dem preußischen
vaterland anschließen sollte, und den ausschlag gaben
die geldzuwendungen bismarcks an den bauwütigen
ludwig II., der in nöten war, seine schlösser zu voll-
enden. von einem liberalen bayerischen abgeordneten
gab es damals die prophezeiung, der anschluß an preußen bedeute den anschluß an einen militärstaat, er
treibe auch bayern nur in kriege.

schwaben, in dem ich zuhause bin, ist eigentlich
noch heute ein keltisches land.

die namen der flüsse sind keltisch, der städte, der
berge. die sprache ist voller keltischer begriffe. vierhundert jahre ist dieses land von den römern verwaltet
worden. am ende wurde in den städten mit ihren hellenistischen bauten auf dem markt keltisch gesprochen.
in den kanzleien und in den tempeln, in denen es nun
christlichen gottesdienst gab, lateinisch. lateinisch bis
auf den heutigen tag.

beherrscht wurde das land nun von den germanen,

die als besatzungsmacht in die vogteien eingezogen waren, die die römer verlassen mußten, weil es an andern stellen ihres imperiums lichterloh brannte. die germanen, nur eine minderheit, beherrschten das land von bergen und burgen aus, in die städte zog es sie nicht. und ihre beherrschung wurde erst wirksam, als sie die missionare der neuen religion mitbrachten. macht ohne segen ist gewalt.

noch heute sitzt ein alter germanenadel über das ganze land verstreut und hütet die religion als bestes mittel, unruhe und aufruhr unter dem deckel zu halten.

das land wurde zweimal christianisiert, zuerst von den iren, die ein mönchschristentum der armut und der arbeit mitbrachten, und dann von den franken mit den germanischen predigern, die vom hofe aus die irischen häretiker vertrieben.

das alles ist vergessen, soll in den schulen auch nicht mehr angerührt werden. denn gesiegt hat nicht die freie stadt, sondern der adel, gesiegt hat nicht das christentum des evangeliums, sondern das der hof-haltung.

aber jeder, der hier geboren ist, trägt diesen konflikt mit sich herum. jeder weiß, daß er in einem gebroche-nen land lebt, und jeder hat das gemüt einer verletzten freiheit. diese grundstimmung läßt sich schwer artiku-lieren, aber sie ist da.

es ist ein ammenmärchen, das sich bis in den schul-unterricht des heutigen zentralstaates erhalten hat, die städte des mittelalters seien wegen der ungarn und hunnen mit mauern umgeben worden. die herren saßen in befestigten burgen, die mönche in befestigten klöstern, die bürger in befestigten städten, weil dies ein eroberungsland war und jeder sich vor jedem schützen mußte. und nur in wenigen fällen, wie in der schweiz, gelang es den bürgern, die herrschaften zu vertreiben. wir hingegen haben bis auf den heutigen tag geschichte zu lernen und zu verstehen als die des segens, den der adel gebracht hat, von den franken über die staufer bis zu den hohenzollern. freie städte gibt es keine mehr.

dafür einen blumenreichen weiß-goldenen barock.

in den anfängen der schule habe ich sehr deutsch empfunden, und mich beeindruckte die innere und äußere größe des römischen reiches deutscher nation, wie sie von unseren lehrern gläubig dargeboten wurde. auch für mich war versailles die schande, als die sie von unseren lehrern empfunden wurde.

aber ich habe zählen gelernt. von diesem römischen reich haben sich abgetrennt burgund, lothringen, flandern, brabant, die schweiz, böhmen, die lombardei, kroatien, teilweise österreich. wie kommt die restfläche dazu, sich als erbe dieses reiches zu deklarieren und wieder zu beginnen, ein großreich nach diesem vorbild aufzubauen? was legitimiert einen bismarck, einen wilhelm, einen hitler dazu, das rad der geschichte zurückzudrehen? ist nicht die pluralität und der verzicht auf imperiale größe in europa eher eine gewähr für ein vernünftiges zusammenleben, als der habitus einer großmacht?

bismarck wollte geschichte noch einmal zurückdrehen zum einheitlichen großstaat, und das einzige mittel, das dazu verhelfen konnte, war der krieg. krieg gegen dänemark, krieg gegen österreich, krieg gegen frankreich. der nachfolgende kaiser hat dann einen krieg vom zaun gebrochen gegen frankreich, gegen england, gegen rußland, und nun hat man begonnen, diese serie fortzusetzen, denn zu einem großstaat gehört auch ein entsprechender lebensraum. krieg gegen polen, dänemark, holland, belgien, norwegen, frankreich, jugoslawien, rußland...

ich höre auf, mich als deutscher eines deutschen staates zu fühlen, als ein deutscher, der die eroberungspolitik der vorgeschichte, des mittelalters, der neuzeit bis auf unsere tage fortsetzen will. denn ich empfinde noch heute die schmach, die man mit schwert und feuer dem land angetan hat, in dem ich wohne.

ich weiß nicht, von wem ich abstamme. und wenn ich ein fränkischer adeliger wäre, ich wäre lieber aus der untersten schicht des landes, das im unrecht, in der unterdrückung, die es erdulden mußte, die tugend gelernt hat, nicht der bourgeoisie zu verfallen. ich möchte nicht wie ein fettauge auf der suppe gesellschaftlicher anerkennung schwimmen. ich möchte zu denen gehören, auf deren gesinnung verlaß ist, die im aushalten und durchstehen von geschichte gelernt haben, vor sich selbst achtung haben zu können.

da sitzt ein fürst, dem das halbe allgäu gehört, weil er die bauern besiegt und dem kaiser die voraussetzung geschaffen hat, den protestantismus der städte mit belagerungen zu brechen. ein bedauernswerter mann, der das, was er besitzt, als lohn der unterdrükkung erhalten hat. kann er zu sich selbst und zur struktur seines charakters stehen? lebt er in übereinstimmung mit sich selbst? natürlich lebt er gut. aber er lebt

isoliert von allen, die sich gesagt haben, besser knechtschaft erleiden als knechtschaft ausüben. der adel der
politik liegt oft mehr im erleiden.

das ist kein devoter menschenschlag hier. sie wall-
fahren zu ihren barockkirchen, und die erinnerung an
ihre geschichte ist ausgelöscht. das kultusministerium,
das den lehrstoff der schulen bestimmt, hat sie admini-
strativ vernichtet. trotzdem ist jeder gezeichnet, als sei
er ein wissender. er mag dem pfarrer glauben, der, vom
adel eingesetzt, die ordnung der welt und das wirken
gottes gewährleistet sieht, wenn man seinem herrn in
demut untertan ist. die architektur und die musik des
barock hat die gegenreformation in ein günstiges licht
gesetzt. aus dem land der freien bürger und der freien
bauern ist ein frommes land geworden, was soviel
heißt wie ein land der fügung. der barock hat seine
wirkung getan. und trotzdem würde hier so gut wie
jeder einen verstehen, der vor nazis flüchten muß. ich
würde mich ihnen anvertrauen.

eine buchhandlung

in aulendorf, dem verkehrsknotenpunkt in oberschwaben, steigt man aus dem zug, unterbricht die reise bis
zum nächsten und geht in die buchhandlung rieck.

eine rothaarige kommunistin aus berlin, buchhänd-
lerin, hat sich mit einem intellektuellen zusammen-
getan, der in den benediktinerorden hatte eintreten
wollen, es aber aufgegeben hat, krankheitshalber, sagt
man. das entscheidende mittel, im dritten reich zu
überleben, war das buch. und die buchhandlung rieck
hatte bücher zum überleben.

die kommunistisch-katholische allianz spürte
gerade die bücher auf, die futter waren. verbotene literatur gab es keine, wäre zu gefährlich gewesen. selbst
mit thomas mann unterm ladentisch ist man schnell
erledigt. man mußte ein territorium ausfindig machen,
für das keiner der nazis zuständig war, bücher ausfindig machen, die streng wissenschaftlich waren, aber so
doppelbödig, daß der aktuelle klartext herüberkam.
wer es lesen konnte, spürte, daß theologie, philosophie, kulturgeschichte in erster linie anlässe waren,
um zur sache zu kommen.

diese buchhandlung war keine buchhandlung des
widerstands. ich meine, sie war mehr. sie spielte
intelligenz gegen die partei aus in dem sinn, daß sie
die bücher führte, die zu beurteilen die adepten der

neuen weltanschauung zu dumm waren, die aber das rechten, das interpretieren dessen, was geschah, am glimmen und gelegentlichen flackern hielt. pro jahr waren es vier, fünf bücher, die sie unter die leute brachten. aber schon ein, zwei bücher können das holz sein, auf dem man im meer überlebt.

der novize hatte fast keine haare mehr, einen breiten mund und brille. sie schwarze, große wimpern zu ihrem roten wolkenhaar. man trank eine tasse tee, bestellte nicht nach sachlichen und fachlichen gesichtspunkten, sondern auch nach den aussagen einer doppelbödigen wissenschaft. man nahm auch ein buch mit über ein fremdes thema, das einen nicht interessierte, wenn es nur einige stellen gab, die gut waren zum weiterleben.

ich hätte mich nie für eine bürgerliche rechtfertigung von jakob burckhardt als gegenpol zu nietzsche interessiert, wenn das buch von alfred von martin ›nietzsche und burckhardt‹ nicht eine abrechnung mit dem dritten reich gewesen wäre.

machtstaat und utopie

am abend, an dem ich mich bei muth in münchen einfinde, werde ich telefonisch gebeten, hans eine mitteilung zukommen zu lassen. ich rufe hans an und verabrede mich mit ihm für den nächsten tag um halb zwölf in seiner wohnung, franz-josef-straße 13. das stichwort, das ich zu übermitteln habe, heißt: machtstaat und utopie. es ist der titel eines buches von gerhard ritter, das wir alle geschätzt hatten und das uns erlaubte, zwischen den zeilen mehr herauszuhören als geschrieben war. es störte mich in keiner weise, daß unsere kommunikation in der übermittlung von stichworten bestand, und ich überließ es meiner phantasie, aus einem verdacht spekulationen zu entfalten.

der 18. februar war ein strahlend heller tag, als wäre der winter vorbei. ich klingelte an der wohnung, ein doppelzimmer-appartment im hinterhof, in dem hans und sophie wohnten, aber es war niemand da. in der nahen leopoldstraße, einer hauptausfallstraße, setzte ich mich auf eine bank zwischen den vielen schmalen, hohen pappeln, die die straße außerhalb des siegestores zieren mußten, als sie noch nicht bebaut war und übers offene feld führte. die leute genossen die föhnig helle sonne im tiefblauen himmel und wagten den ersten ausgang aus den winterstuben.

eine halbe stunde später ging ich wieder zur wohnung. diesmal öffneten zwei herren, GESTAPO. ich wurde zum wittelsbacher palais gebracht, wo sofort ein verhör begann. es drehte sich um hans und sophie, aber worum es im einzelnen ging, bekam ich nicht heraus, konnte mir aber anhand der fragen ungefähr ein bild machen. man bedeutete mir, daß ich in untersuchungshaft zu nehmen sei.

ich protestierte. das sei nicht möglich, ich sei soldat und müsse einem militärgericht überwiesen werden. das machte komischerweise eindruck, obwohl es in einem so totalitären staat keine behördenkompetenz geben sollte. allerdings müsse ich für ein weiteres verhör noch eine nacht bleiben, sagte man mir.

nun fiel mir siedend heiß ein, daß in einem kleinen koffer, den ich bei mir hatte, zwei dicke tagebuchhefte waren, voll von politischen bemerkungen zu unserem staatswesen, und solcherart, daß ihre entdeckung das KZ, wenn nicht mehr, gebracht hätten. ich wäre ausgeliefert gewesen. ich hatte dem papier alles anvertraut, was von diesem staat und vom nächsten zu denken war.

so naiv ist man manchmal in seinem ehrlichkeitswahn, daß man alles und jedes zu papier bringen zu müssen glaubt, gleichgültig, wie die zeitläufte sind.

der koffer stand neben der tür, ich saß auf einem stuhl vor dem schreibtisch eines beamten.

ich frage den beamten, ob ich aus dem koffer ein taschentuch holen dürfe, ich sei etwas erkältet. so nehme ich den koffer auf meine knie, öffne den deckel gegen den beamten und stecke beide wachstuchhefte in meine linke rockhälfte, leicht angepreßt mit dem oberarm, damit sie nicht herausfallen. den koffer stelle ich zurück neben die tür.

in diesem moment kommt hans mit einem beamten durchs zimmer, aber er kann mich nicht sehen. ich sehe ihn zum letzten mal.

schließlich werde ich in den gefängnistrakt geführt, der im keller ist, und muß meine sachen abgeben, schlüssel, messer, gürtel, uhr. der koffer wird untersucht, und dann beginnt man auch, mich abzutasten.

man stößt auf die hefte, reißt die augen auf. ich rede mich darauf hinaus, daß ich was zum lesen auf die zelle mitnehmen wolle. dann werden die hefte in eine holzbox gelegt, zu den übrigen utensilien.

am nächsten morgen bedeutet man mir, daß ein weiteres verhör überflüssig sei. man gibt mir meine utensilien zurück, auch die hefte, und ich kann gehen.

offensichtlich war meine warnung zu spät gekommen, oder hans und sophie wußten bereits selbst, daß man ihnen auf der spur war, und konnten meinen besuch nicht mehr abwarten. genau zu der zeit, als ich auf der bank in der leopoldstraße saß, entleerten sie ihren koffer mit flugblättern in der benachbarten universität. man hatte sie ergriffen, und vier tage später wurden sie hingerichtet, zusammen mit christl probst. später folgten professor huber, alexander schmorell und willi graf.

vaterland

das wort habe ich nie in den mund nehmen können. mit diesem köder hat man die köpfe und emotionen all jener verdreht, die sich nicht den durchblick bewahren konnten, daß der staat in seiner heutigen form menschen braucht, die seinen anweisungen blind folgen, über die er verfügen kann.

wer sieht, wozu das vaterland fähig ist, der kann es nicht mehr so bezeichnen, und wer es so bezeichnet, der ist bereits so umgedreht, daß er blind dafür ist, was in seinem namen geschieht. er sieht es nicht mehr.

denken im zorn

zorn sei die voraussetzung für den mut, heißt es bei thomas von aquin. zorn öffnet auch den rahmen des denkens. im zorn denkt man die möglichkeit des unmöglichen.

warum baut der staat nationaltheater, staatsopern, staatliche museen? er muß seine eigene kulturpolitik machen, das heißt, er muß über kultur verfügen können. er kann nur die theater, die kultur, die bildung zulassen, die ihm nicht gefährlich ist.

kultur ist seit jeher grundsätzlich gegenspieler der politik gewesen. kultur ist individuell, wird von einzelnen gemacht für das verletzte recht und die würde des einzelnen. kultur ist im wesen opposition gegen das herrschende. also muß der staat sie in dienst nehmen, was identisch ist mit: in sold nehmen. auch künstler sind käuflich und finden sich bereit, im interesse des staates eine kultur zu vertreten, die nicht weh tut, die kultur des gestrigen. die ewigen werke der tradition werden gepflegt, um von der ätzenden kultur der gegenwart abzulenken, die immer opposition ist. mit horrendem finanziellen aufwand, den er über steuern eintreibt, besetzt der staat den markt der kulturellen gegenströmungen.

warum baut der staat schulen, gymnasien, gewerbeschulen, hochschulen und universitäten? warum läßt er nur die lehrer zu, die er selber ausbildet?

der staat muß die institutionen des denkens besetzt halten. durch seine auswahl von lehrern, dozenten und professoren mag er vielleicht nicht gegen jeden angriff der intelligenz gewappnet sein, aber er verfügt über genügend dämme, die fluten abzuwehren. denken ist immer das denken der freiheit, der selbstentfaltung. gedanken werden immer getragen von flügeln des entwurfs.

warum treibt der staat kirchensteuern ein? er braucht geld, um pfarrer zu bezahlen, kirchen bauen zu können. schon karl der große übte sich in der erfolgreichen politik, dort wo das christentum noch im sinne irischer mönche stand, eigene klöster zu »schenken« und sie mit mönchen des hofs zu besetzen. jeder staat muß sich rüsten, um einen zusammenbruch zu verhindern, wie ihn das römische reich erlebt hatte, als die bibel von hand zu hand gereicht wurde mit dem aufruf: nimm und lies. man macht das, wie es konstantin gemacht hatte: man macht priester zu beamten und baut kirchen. kirchen nach seinem willen, repräsentativ, feudal, als sei der gründer des christentums ein fürst gewesen, der nur in gold und weihrauch lebte. es macht dem staat nichts aus, das christentum zu pervertieren, wenn es sich so zum eigenen machterhalt eignet.

ob eine partei oder mehrere parteien, der staat muß auch das politische denken in den griff bekommen. in den griff bekommen durch das beste aller herrschaftsmittel, durch diäten und zuschüsse. er kann nur die parteien dulden, die seine macht unangetastet lassen. das schafft er über verbote, besser noch über zuwendungen. da er ein monopol über ehrungen, titel und orden hat, ist auch die putzsucht ein mittel, gefügigkeiten zu schaffen ohne jeden zwang.

läßt sich eine revolution denken, nach der keiner mehr in den staatsdienst eintritt, weder als schauspieler, lehrer, architekt, gelehrter, ingenieur oder jurist? läßt sich eine revolution denken, nach der auf eine staatliche schule drei private kommen, wo das geld für theater verteilt wird, ein teil für staatliche einrichtungen, drei teile für private? wo auf eine staatliche universität drei freie kommen, unabhängig von kultusministerium und kommerz? läßt sich ein zustand denken, wo es kein staatliches bauamt mehr gibt, keine staatlich finanzierte partei, keine kirche mit staatlichen zuschüssen?

kann das verkehrswesen nicht von heute auf morgen als nationale stiftung oder anstalt des öffentlichen rechts aus dem staat entlassen werden? wozu soll das versicherungswesen in den händen des staates bleiben, wenn er seine mittel dazu verwendet, sich neue abhängigkeiten einzuhandeln?

wird es eine zeit geben, wo es nicht mehr statthaft ist, den leerlauf der bürokratie aus steuermitteln zu finanzieren?

welche polizei braucht ein staat? eine sittenpolizei? eine geheimpolizei? eine schnüffel- und observationspolizei?

wir müssen das unmögliche denken, wir müssen daran denken, den staat abzuschaffen. kein staat hat je ein gemälde gemalt, ein gedicht geschrieben, ein wissenschaftliches gesetz gefunden, ein musikstück komponiert, und wo er solches zu tun in auftrag gegeben hat, hat er meistens danebengegriffen. gebaut hat er die denkmäler, deren pathos sich als luft erwiesen hat. hat der staat je nach freiheit gerufen? jede freiheit ist ihm abgetrotzt worden. sein anspruch auf ordnung, förderung und entwicklung – so legitim er sein mag – hat noch jeden anspruch auf mehr freiheit eingegrenzt und wenn nicht ersticken, so doch verkümmern lassen.

und da er selbst unproduktiv ist, kein geld hat, zieht er seine mittel aus unserer tasche mit dem vorwand, die instanz der sittlichkeit zu sein, unser glück zu wollen, unsere freizügigkeit zu garantieren.

und er füllt gefängnisse, verfällt auf sadistische peinigungen, erstickt charakter und individualität, es sei denn, man wird sein mitläufer. völker rottet er aus und tötet die eigenen freunde. hat der staat je einen kranken geheilt, eine operation durchgeführt? das tun ärzte, schwestern und pfleger. wozu das gesundheitswesen, die versorgung der alten in den händen des staates? allenfalls die verschickung von briefen traut man dem staat zu, er mag für überregionale organisationen taugen, aber es ist nicht einmal ausgemacht, daß er das mit effizienz tut. der nebeneffekt einer privaten post wäre, daß der staat seine nase nicht mehr in unsere briefe stecken könnte, die wir ihm bisher zum versand anvertrauen. schließlich ist auch die energieversorgung weitaus komplizierter, nicht staatlich, und sie funktioniert reibungslos, als sei sie das selbstverständlichste der welt. wenn es keinen minister für strom und licht gibt, können wir uns auch den für die post sparen, den für die gesundheit, den für die familien, den für die kultur, den für die wissenschaft, den für den verkehr. die hälfte der regierung kann man von heute auf morgen in die wüste schicken, und schon wird aus dem höheren wesen staat eine normale verwaltung, und der durst nach immer mehr geld, der die finanzen ruiniert, reduziert sich schon deshalb auf ein normales maß, weil die kosten der bürokratie entfallen, die nichts anderes sind als kosten für die entscheidungsunfähigkeit, die aus angst vor der gefährdung der karriere des einzelnen beamten entsteht.

in einer komplexer werdenden gesellschaft nehmen die sozialen aufgaben eher zu. aber nichts spricht dafür, daß sie vom staat wahrgenommen werden müssen, der seine machtfülle und seinen machtautomatismus in dem maße steigert, als er sich unentbehrlich macht. unzählige rechtsformen von stiftungen bis zu genossenschaften garantieren die erfüllung gesellschaftlicher aufgaben, ohne daß sie dem profit oder der macht zum opfer fallen. und immer ist die kleinere form der organisation geeigneter, die entsprechende aufgabe zu übernehmen als die größere. selbst organisationstechnische methoden sprechen dagegen, entscheidungsebenen immer mehr nach oben zu verlagern, bis schließlich alles der staat zu entscheiden hat, auch die frage, was einer lernen soll, damit er ein bäcker wird.

vor allem ist das gesetz kein ersatz für initiativen. wie viele überholte einrichtungen schleppt der staat nicht mit sich herum, nur weil sie durch gesetze zustande kamen, und gesetze abzuschaffen schwieriger ist, als neue zu erlassen. spontane gesellschaftliche organisationen sind eher geeignet, neuen bedürfnissen zu entsprechen und alte einfrieren zu lassen. was den charakter einer behörde hat, wird zum mausoleum der initiativen. sie sterben in ihr. die behörde taugt für regulative, für impulse ist sie so untauglich wie die polizei für die erziehung von kindern. den einzigen impuls, den der staat kennt, ist geld, und das geht zum großen teil verloren durch die umständlichkeit, einfallslosigkeit, absicherungs- und dokumentationswut, den archiv- und schreibaufwand, der behörden eigen ist.

moloch staat. nichts ist so verschwenderisch, so teuer, so unmenschlich, so unorganisiert, wie die einrichtung, die alles dirigieren will. ein scheusal, das, ausgestattet mit dieser macht der letzten zuständigkeit, sich anmaßt, herr über leben und tod zu sein.

ich beginne mit einem boykott. ich schwöre mir: ich werde nie in staatsdienste eintreten. ich werde nie einen zuschuß beantragen. ich werde nie den staat zu hilfe rufen. ich werde keinen orden aus seiner hand annehmen, keinen titel, keine ehre. ich werde mich weigern, auch nur im kleinen seine existenz als unabdingbar erscheinen zu lassen. ich habe ein recht auf richtige verwendung meiner steuern, weiß aber, daß der größte teil davon in die taschen seiner verschwenderischen unfähigkeit fließt. das wenige, was ich leisten kann, ist, den staat links liegen zu lassen, als domäne der untüchtigen, und ihn mit nichtachtung zu strafen. das wird ihm zwar nicht wehtun, aber hygiene ist nicht seine sache, sondern meine. anstand hat nicht eine institution, sondern eine person. ich habe ein recht, dienste zu gebrauchen, für die ich mehr als nötig bezahle, aber ich werde mich weigern, geßlers hut zu grüßen. jeden staatsdiener werde ich wie einen armen kerl behandeln, der käuflich ist, sei er der professor einer universität oder der briefträger, auch wenn es sich um honorige leute handeln mag. jede rede eines mannes in staatlichen diensten werde ich behandeln als das, was sie ist, als gefälligkeitsadresse. wen immer der staat dekorieren mag, ich werde in ihm den mann sehen müssen, der es sich nicht zugetraut hat, auf eigenen füßen durch die welt zu gehen. ich werde jeden, der in staatlichen diensten steht, als jemanden verdächtigen müssen, der aus lebensangst oder mangelnder risikofreude, aus sicherheitswahn unter den rock einer staatlichen sicherheitsgarantie geschlüpft ist. sie erweisen sich als leute ohne selbstwertgefühl, als knochenlose lebewesen, als lappen. ich bitte schon heute jeden, dem ich das anlaste, um verzeihung, daß ich schlecht über ihn denke, ich will nicht wehtun, und trotzdem verhält es sich so, von der ausnahme, die es gibt, abgesehen.

die werthierarchie, die der staat eingeführt hat, lehne ich ab. ein einfacher handwerker, jedermann, der mit seiner hände arbeit als selbständiger die einfachsten dienste tut, wird in meinen augen mehr sein als jeder minister oder mit ehren überschüttete gelehrte. was den menschen zuerst auszeichnet, ist seine unabhängigkeit, seine eigenverantwortung, nicht die wertschätzung seiner arbeit oder die anerkennung von oben.

ich werde einen großen bogen um alles machen, was

staat ist, weil dieser unrechtsstaat nicht eine entglei-
sung darstellt, ein einmaliger unglücksfall ist, sondern
die großprojektion dessen, was an hohlheit in jedem
staat steckt.

ich werde mich weigern, ich werde mich mit nichts
beschmutzen, was staat heißt. weil sich hier kein
einmaliger abgrund auftut, sondern die versuchung
offenbar wird, in der jeder staat steckt, die versuchung
zu herrschen, menschen zu benützen, statt sie zu
stützen, menschen umzubringen, wenn sie nur ein
wort gegen ihn erheben.

ich weiß, daß mich jeder geschichtslehrer in der
schule irregeführt hat. der geschichtsunterricht diente
dazu, meinen glauben an den staat zu stärken, statt
daß man mich gelehrt hätte, einen kritischen verstand
für gewesene und kommende entwicklungen heranzu-
bilden. ich war und ich bin in der schule der nation –
eine andere wird nicht geduldet – und hätte mir fast
meine selbstachtung zertrampeln lassen. ich weiß, was
staat ist, weil ich diesen staat erleiden muß. ich kenne
seine sittlichkeit, und ich kenne seine art, recht zu setzen, recht zu sprechen. nicht die briefmarke eines gna-
dengesuches ist dieser staat wert, so verabscheuungs-
würdig ist der anspruch auf seine art von gerechtigkeit.

menschenwürde

»freiheit« hatte hans in den gefängnishof gerufen, ehe
er, an händen gefesselt, den kopf unter das fallbeil
legte. sophie beeindruckte durch eine stumme abge-
klärte überlegenheit. sie ging erhobenen hauptes.

die eltern erhielten eine rechnung. die exekution
ihrer kinder hatten sie selbst zu bezahlen.

politik und architektur

in diesen tagen lernte ich das für mich bedeutsamste
politische buch kennen. an sich ist es gar kein politisches buch, kein montaigne, machiavelli, adam smith
oder bebel. es ist ein buch der freiheit. nicht ein buch
über die freiheit, sondern der freiheit selber.

vielleicht war es gar nicht so gut, daß wir die freiheit
katalogisiert haben in die der freien meinungsäuße-
rung, der freien rede, der freien bewegung, der freien
organisation und des freien glaubens. die substanz der
freiheit ist das nicht, vielmehr handelt es sich um die

gegen eingriffe geschützten reservate des individuums. es ist keine frage, daß jemand für die bürgerlichen rechte eintreten kann, für die freiheiten der aufklärung, und doch in sich selbst ein absolutist, ein despot bleibt. was freiheit wirklich ist, nicht nur ein wissen über sie, sondern eine gewißheit von ihr, muß einem nicht unbedingt über ein politisches buch aufgehen. ein erzieher lernt sie vielleicht kennen durch die werke der montessori. mir ist das wirkliche der freiheit, nicht nur das formale, aufgegangen über das auge, über das werk von le corbusier.

le corbusier war verboten, seine bücher gab es nicht mehr. ein befreundeter münchner buchhändler hatte für mich noch die ersten beiden bände seiner werke in seinem keller gefunden. nun lernte ich mit händen greifen, was freiheit ist.

in jedem fall konnte sie in der politik nur als faktum des schutzes, eines eingezäunten reservats sichtbar werden, nicht als eine prinzipielle verhaltensweise.

es gab für mich einen zugang zu den nazis, zu ihrem verständnis, der mir mehr zeigte als ihre parolen, so deutlich diese auch waren. das war ihre architektur. ich hielt mir ihre pompöse kunstzeitschrift und kannte ihre bauten, ihre vorhaben, entwürfe und modelle. glücklicherweise gab es in unserer stadt auch eine durch den expressionismus geprägte kirche von dominikus böhm, und es gab zeiten, da stand ich wenigstens einmal in der woche in ihrer taufkapelle, einem raum, der mich gehalten und getragen hat wie nichts mehr, wenn es nicht mehr weiterging. so hatte ich das glück, die architektur der nazis in einem kritischen verhältnis sehen zu lernen. ich war nie in sie eingetaucht worden, mußte mir aber um so mehr klarheit verschaffen, mir argumente aufbauen, meinen kopf anstrengen, um zu verstehen, was da vor sich ging. lehrer gab es keine, die mir geholfen hätten, ebensowenig literatur.

das auge durfte nicht nur sehen, es mußte verstehen. man lernt ja auch gesichter zu lesen. manche haben ein so feines ohr, daß sie schon im ton, nicht erst am inhalt wahrnehmen, was wirklich gesprochen wird, daß sie auch die tatsache wahrnehmen können, ob der inhalt eine täuschung und irreführung ist. gerade einer diktatur, gerade dem machiavellistischen staat, in dem der zweck die mittel heiligt und der seine wahren interessen versteckt, kam es auf eine sublimierung der wahrnehmung an, auf die schulung einer verläßlichen erkenntnis.

161

die lieferte mir die architektur. die nazis erkannte
ich als nazis am tiefsten in ihren bauten. schließlich
war ihre architektur nicht mehr nur die fortsetzung
einer staats-repräsentation, wie sie im zeitalter des
absolutismus entstanden war mit ausgedehnten
schloßanlagen und auffahrtsalleen, als kunstkompen-
sation gegen den verlust der freiheit der bürger und
untertanen. treppen und springbrunnen, riesige
gartenanlagen und terrassen, säulenordnungen und
fensterfronten hörten auf, einem menschlichen
bedürfnis zu folgen, sie waren um ihrer selbst willen
da zur manifestation einer organisation, die quasi
göttlich über allem stand, über der gesellschaft, über
verbänden, konfessionen und gruppen und vor allem
über den alltäglichkeiten des individuums. die sprache
dieser architektur war die dem militärischen aufmarsch entlehnte formensprache der zentralachse, der
massenweisen reihung, der blöcke und flügel, der
geometrisierten ordnung als fassade der macht, größe
und stärke. das erklärte prinzip einer gotischen kathedrale war, die gesamte einwohnerschaft einer stadt
unter einem dach zu versammeln, sogar als bürger-
demonstration gegen den zugriff einer hoheitlichen
amtskirche. die kathedrale war eine stadtkirche, eine
demonstration der stadtfreiheit gegen den politischen
und klerikalen adel. die heilige dieser kirchen war
»unsere liebe frau«, die heilige des widerstands im
bewußten gegensatz zu den heiligen der kaiserlichen
oder fürstäbtlichen klöster.

in den letzten jahren vor dem abitur brachte ich
meinen halben tag im münster unserer stadt zu. die
bauleute und steinmetze hatten einen eigenen eingang, der in ein system von gängen, treppen und werk-
räumen führte, von denen man die ganze kathedrale,
alle türmchen und erker erreichen konnte. zu diesem
eingang hatte ich einen schlüssel und konnte, wenn
mich niemand bemerkte, in das labyrinth der gotik
einsteigen. stundenlang konnte ich auf dem podest
eines an der außenfassade vergessenen heiligen
stehen und das leben und treiben in den straßen und
gassen beobachten. ich kletterte auf den bäuchen der
gewölbe herum und lugte durch die löcher der schluß-
steine in die fünfschiffige basilika hinunter, wo sich
ergriffene besucher langsam dahinbewegten. ich
kletterte zu den letzten rosetten von türmen und türmchen. ich kannte die gotik, ich lernte ihre konstruktiven gesetzmäßigkeiten, die denen der klassik überlegen waren. die gewölbe, auf denen ich herumsprang,

hatten nur die stärke eines hochgestellten backsteins. anders als in rom war hier nichts masse. konstruieren bedeutete die vorwegnahme moderner faltwerke. der spitzbogen war kein stilmittel, wie unsere beseelten kunsthistoriker annahmen, sondern das resultat eines konstruktionsverfahrens. auch die höhe dieser kirchen lernte ich ableiten, nicht aus einem metaphysischen willen, sondern aus bedingungen der konstruktion. gewiß blieben solche konstruktiven sonderheiten nicht als solche einfach stehen. sie wurden zu elementen eines ästhetischen kodex, der das ganze zu einer einheitlichen sprache brachte.

während hier rippen, fialen und gesimse einen sinn hatten, habe ich weder in versailles noch in schönbrunn verstanden, was ein pilaster soll, außer etwas vortäuschen. es war ein versatzstück für ein volk, das draußen zu bleiben hatte.

das barocke schloß kannte kein volk mehr in seinen hallen, es demonstrierte das absolute.

damit wurden ordnung und äußere größe zum wichtigsten formalen element. das war nicht unbedingt neu. die renaissance hat mit dem sachverhalt bekannt gemacht, daß auch die römer, anders als die griechen, die architektur in den dienst der politik gestellt hatten. so vermengten sich römische elemente mit säulen und pilastern, mit giebeln und bögen, pfeilern und profilierten gesimsen zu einem stilgemenge, das sich klassisch, klassizistisch nannte.

dazu fiel den nazis nichts neues ein. wohl aber gingen sie über die bekannten demonstrationen des absolutistischen zentralstaates hinaus, indem sie den faktor größe verselbständigten. was ein schinkel noch als maßvollen klassizismus dem preußischen militärstaat als fassade anbot, waren plötzlich bescheidene muster für die vorgesehenen reichsbauten des größten bauherrn der geschichte.

aber, und das war nicht wenig aufschlußreich, ein fenster blieb zwar ein fenster, ein tor blieb ein tor, ein stockwerk ein stockwerk, nur waren sie maßstäblich ums doppelte, dreifache überhöht. ebenso nahm eine aufmarschstraße, eine zentralachse hauptsächlich zu massenveranstaltungen das format eines flugplatzes an. zur bewältigung solcher größen fielen den architekten nicht mehr neue elemente ein, die säulenhalle verlängerte sich ins unbestimmte. eine kuppel für ein kongreßgebäude sollte schließlich mehr als hundert meter überspannen.

wenn nun ein fenster, ein tor vom gigantismus

ergriffen und aufgebläht wird, stellt sich das gegenteil dessen ein, was erwartet wird, es verliert seinen sinn und wird leer. es ist ein sprechen ohne worte. man bewundert es mit derselben inhaltslosen gläubigkeit, mit der die menschen, nahezu alle, anfingen, an den »führer« zu glauben. indem das große immer größer wird, fängt es an, sich selbst zu karikieren und begibt sich aufs glatteis der lächerlichkeit. der gestus ist ohne sinn, nur eingeübt.

abgesehen davon bemühte man keineswegs neue konstruktionen, um zu neuen wirkungen zu kommen. man türmte quader auf quader wie einst, und steinbrüche hatten hochkonjunktur. stahl oder gußeisen, baumaterialien, mit denen das 19. jahrhundert neue hallen- und brückenkonstruktionen entwickelte, waren verpönt, weil nur der stein eine beziehung zu einer imperialen denkweise herstellte.

eine architektur will man lesen können. man möchte an der erscheinung wahrnehmen, wofür sie steht. hier gab es nichts mehr zu lesen. das ganze war berechnet auf die ergriffenheit vor der multiplikation des bisher dagewesenen.

eine kritik an dieser architektur wurde kaum geäußert, auch nicht unter der hand. die deutsche und die europäische bildung hatte es vernachlässigt, kriterien bereit zu stellen für die bewertung der schlösser, der baulichen erscheinungen der macht, sei es die der nationalen könige, der fürstbischöfe oder der fürstäbte. wenigstens kulturell beugte man die knie vor den hochwohlgeborenen und vor den herren aus gottes gnaden bis auf den heutigen tag.

dann sah ich zum ersten mal die villa savoys, lernte pläne und bilder kennen der bauten le corbusiers auf der weißenhofsiedlung in stuttgart, seine projekte für den völkerbund in genf und das gewerkschaftsgebäude in moskau.

ein fenster war plötzlich nicht mehr in gleiche teile geteilt, sondern unterschiedlich groß gegliedert, nach den bedingungen der handhabung von geschlossenen und zu öffnenden teilen. je nach raum wechselten die fenstergrößen. die räume selbst waren von unterschiedlichem zuschnitt, so wie es ihrem inhalt entsprach. sie änderten sich nach form und größe. der wohnraum als lebensraum ging oft über zwei stockwerke, öffnete sich der außenwelt. treppen lagen nicht mehr im zentrum, sondern da, wo sie sinnfällig waren. der grundriß machte sich stockwerk für stockwerk selbständig und trennte sich von konstruktiven bindungen,

164

dies durch eine konsequente anwendung der ständer-
bauweise. eine tragende säule durfte plötzlich mitten
durch einen raum gehen, die wände bewegten sich um
das stützsystem nach eigener freiheit. türen wurden
wieder so groß, wie türen sein müssen, wenn menschen aus- und eingehen. die größe der tür richtete
sich nicht mehr nach würde und hoheitlichem rang,
sondern nach den für alle geltenden körperlichen
maßen. eine fassade, eine schauseite gab es nicht
mehr. das haus war rundum so, wie es sich gab. es war
ein resultat, eine absicht. die lichten räume lagen dort,
wo das licht zu finden war. die orientierung nach der
sonne war wichtiger als die nach der straße, der
vorfahrt.

eine stütze konnte plötzlich aus stahl sein, ein
treppengeländer aus rohr und drahtgewebe. auch das
dach öffnete sich dem wohnen, seine aufbauten und
kamine waren gliederung eines gartens.

nirgendwo das relikt eines gesimses, einer kanne-
lure, eines kapitells. die mauer war mauer, die wand
war wand, und die stütze war nur stütze.

ich war wirklich überwältigt. wo bisher gesetz,
vorbild, ordnung, maßgabe, stil, bindung, nach-
ahmung geherrscht hatten, brach ein unbekümmertes
denken und machen an, der umgang mit räumen,
konstruktionen und zuordnungen nach dem maßstab
des einsichtigen. das waren häuser zum gebrauchen,
nicht mehr zum herzeigen. es waren häuser für ein in
der architektur fast völlig verloren gegangenes subjekt,
den menschen, den normal agierenden, kochenden,
arbeitenden, ruhenden, schlafenden menschen.

es war nicht zu übersehen, daß le corbusier viel aus
dem formalen training seiner malerei bezog. das war
nicht addierte funktionalität, sondern systematische
und ästhetisch kontrollierte ordnung. aber eben eine
offene, begründete, vertretbare, glaubwürdige ordnung.

vieles war widersprüchlich, so brachte ich die ville
radieuse, eine normstadt, nicht in verbindung mit der
philosophie seiner freien grundrisse. manches war
fortschrittsrationalismus. aber der eindruck auf mich
war fast der eines schlüssels für ein neues weltverständnis. wenn so, dachte ich, staaten organisiert
wären, wenn so rational und transparent unser erzie-
hungswesen aussehen würde, wenn wir so unsern kopf
ausräumen würden vom ballast und zwang der historischen irreführungen, wenn wir wieder die sicht frei
bekämen für das, was in der geschichte groß war. wenn

wir so von null, von der sache her denken würden, wenn es darum ginge, die welt von dingen zu säubern, die sie nur verstellen!

die freiheit, die sich hier konkret entwickelte, war nicht ein postulat, sie war eine methode des machens und als methode keineswegs nur eine philosophie und ein arbeitsrezept für das bauen.

man stelle sich vor: ein architekt kehrt die welt um: bisher sollte der mensch im banne der architektur stehen, nun wird architektur dienstbar für einen konkreten einzelnen menschen.

für mich wird mit augen greifbar die umkehrung des menschen, der auf den staat ausgerichtet ist, zu einem staat, der auf den menschen gerichtet ist. ich sehe es an diesen häusern, daß das möglich ist.

hegels staat, in dem die sittlichkeit des einzelnen ihr maß erhält von der »allgemeinen« sittlichkeit des staates, kippt mir an diesem beispiel um zu einer zuordnung der gesetze des staates zur sittlichkeit der person. den höheren zweck, zu dem mich die absolutistische architektur hinführen will, entdecke ich in den bedürfnissen eines bauherrn, nicht mehr im willen der obrigkeit.

das ist keine allegorie. architektur ist hier nicht sinnbild. sie ist ein exempel, die konkrete anwendung eines freiheitsprinzips, das der ausformung des einzelnen gilt. der einzelne bauherr, seine bedürfnisse, sind das maß der architektur, nicht mehr kulturbewußtsein oder staatsdoktrin. der einzelne bauherr wird sicher nicht auskommen ohne nachbarliche abstimmung und ohne wahrung der interessen anderer, er ist kein freibeuter, aber auch das höchste interesse der allgemeinheit kann nur sein die bestmögliche entfaltung des einzelnen, aller einzelnen.

es gab da natürlich feinheiten, so die offenen, ineinander fließenden räume in den bauten le corbusiers. das große erwies sich nicht im maßstab, sondern in einer neuen idee des raumes, eine fließende, ineinander übergehende raumfolge, die zugleich raum im raum war, innenraum in einer raumumfassung. schon in der stijl-bewegung fingen räume an, durch scheibenelemente markiert zu werden, aber das formale repertoire von le corbusier war offener, nicht auf gerade und quadrat fixiert, und war eher geeignet, den funktionen des wohnens und lebens in einem haus eine sinnfällige form zu geben. schließlich ging es ja nicht darum, zweckmäßigkeit allein zu ermitteln, sondern sie auch noch zu einem ganzen

166

zusammenzufügen, sie als organisation sichtbar zu machen.

es wurde mir nicht klar, ob das alles letztlich zweckmäßig oder erschwinglich war, ich war kein potentieller bauherr, aber die umkehrung des entwerfens war augenfällig, gleichgültig wie die resultate im einzelnen aussehen mochten. von nun an würde mir jedes bürgerhaus verdächtig sein, das statt eines eingangs ein portal hat, einen eingang in der mittelachse, zu dem eine treppe emporführte.

und in der tat, an den mittelalterlichen häusern unserer stadt gab es keine portale, sie kamen offensichtlich erst auf, als die schloßanlagen demonstrierten, was repräsentation ist.

ich bekam andere augen. mir war, als sei ich jetzt erst getauft worden für dieses jahrhundert. man sagt oberflächlich, dies sei eine architektur aus glas und stahl. in wirklichkeit ist es eine architektur der befreiung, der befreiung aus stilen und sanktionierten materialien, der befreiung aus zwängen der form und bindung durch zwänge der funktion. es ist eine demonstration der freiheit.

übungen

ich bin wieder bei meiner sächsischen einheit und warte, bis ich erneut an die front abgeschoben werde. ich besuche, so oft ich kann, das schwimmbad in chemnitz und übe mich im unterwassertauchen, messe die strecken, die ich, ohne an die oberfläche zu kommen, zurücklegen kann. wasser könnte ein schutz sein, wenn man einen grenzfluß durchschwimmen muß. ich esse baumrinde und knabbere an gräsern und kräutern, um herauszufinden, womit sich der magen beruhigen läßt.

tribut

wie baut man ein floß? wie es scheint, geht unser transport nach dem süden. vielleicht könnte man mit einem floß das schwarze meer überqueren, getrieben von nördlichen winden, wenn es solche gibt.

als jagdflieger habe ich mich bereits gemeldet, aber die brauchen keine mehr. so muß ich sehen, wie ich anders rauskomme.

ich sitze in einer ecke des viehwaggons und träume

vor mich hin. ich würde ein kleines floß bauen, klein, um nicht aus der luft entdeckt zu werden, etwa drei meter lang, links zwei stämme, rechts zwei stämme, in der mitte ein loch. dies, damit ich bei beschuß unter die balken schlüpfen könnte. fischen können müßte ich ja auch, am besten auch durch das loch. einen mast könnte ich in dem loch versprießen, und ein steuer könnte ich auch runterlassen und von diesem zentrum aus bedienen. ich bliebe immer im zentrum und würde das floß bei sicher stark zu erwartender dünung immer gleich belasten.

aber ob der wind nord-süd bläst? und ob ich mich in der türkei verstecken könnte?

als holz bräuchte ich eine ausgewachsene fichte. vielleicht würde ich mich als pionierkommando auf-spielen, mir von ein paar leuten eine zurechtstutzen lassen. vielleicht liegt auch trockeneres holz herum, das mit stricken und nägeln zu verzurren wäre. ganz heimlich in der nacht würde ich mich absetzen, zuerst mit einem segel, um genügend weit rauszukommen, bis ich nicht mehr gesehen würde, und dann würde ich in mein loch, in meinen bunker, hinabsteigen und mich an den ellbogen aufhängen. aber wie sind die winde, wie sind die strömungen im schwarzen meer? hat das ganze überhaupt sinn?

alle details gehe ich durch, das essen, verwundun-gen, das wasser zum trinken. für mindestens zwanzig tage.

im schwarzen meer kreuzen noch, von georgien aus, russische boote. gesehen würde ich kaum. ein objekt von drei mal drei metern ist für einen kapitän ein nichts. essen müßte ich rohen fisch. vielleicht könnte ich brot trocken halten.

an ein schlauchboot komme ich nicht heran, ein schiff ist zu umständlich. das schlauchboot müßte zu-dem einen außenbordmotor haben. ich präge mir im kopf die liste der objekte ein, die ich unbedingt mit-nehmen müßte: messer, kleine zange, verbands-zeug . . .

eine andere möglichkeit wäre, sich in den iran durchzuschlagen. in russische gefangenschaft möchte ich nicht. die russen galten unter katharina der großen als ausgenommen disziplinierte soldaten im gegensatz zu den in preußen eingefallenen franzosen. aber nach dem, was in diesem krieg passierte, nachdem man hunderte von frauen und kindern in ein einziges mas-sengrab hineinschoß, wußte ich, wie leicht der rus-sische soldat den finger am abzug hatte. zudem bin ich kein gefangener. ich traue mir zu, nachts eine linie zu durchstoßen. ich habe es gemacht. das problem ist nur, sich dann dahinter zu bewegen. vielleicht müßte ich einen gefallenen russen ähnlicher statur ausziehen und mir alles bis zur erkennungsmarke aneignen. meine eigene würde ich im schuh tragen.

ich kannte kein russisches wort außer »danke, guten tag, brot und wasser«. das würde mir auch reichen. mein ziel müßte sein, mehr querfeldein als entlang der straße die nächste bahnstation zu erreichen. bahnhöfe sind unmilitärisch chaotisch, alles rennt kreuz und quer, und niemand wird kontrolliert. bahnhöfe sind die löcher der freiheit.

ich greife die idee mit dem netz unter einem güterwaggon wieder auf. ein flach verspanntes netz aus stricken, die es auf güterbahnhöfen immer gibt. vielleicht müßte ich ein, zwei bretter drauflegen, um besser liegen zu können. als soldat habe ich mir angewöhnt, immer auf einem brett zu schlafen, um mich vor feuchtigkeit der erde zu schützen. ich bin es also gewöhnt, auf brettern zu liegen.

oder soll ich umkehren, mich wieder in die heimat durchschlagen, wo ich untertauchen kann?

die reise nach rußland ist eine tortur. der kopf macht pläne über pläne, zermartert sich an der frage, wie diesem kriege zu entkommen ist. die phantasie schlüpft in tausend details, möglichkeiten und schwierigkeiten, und das gewissen treibt mich an, nicht auch nur den kleinen finger für diesen staat zu rühren.

wieder einmal macht der zug eine pause. ich gehe hinaus aus meiner ecke, mische mich in den schwarzen markt, wo russische frauen ein ei bieten gegen einen feuerstein, eine kleine gurke gegen nähfaden und eine paprikaschote gegen eine sicherheitsnadel. aber mein kopf martert mich weiter mit konzepten und möglichkeiten.

ich merke, daß das krankhaft wird oder krankhaft werden kann. gewisse gedankenlinien können sich offensichtlich so ins gehirn einschleifen, daß sie nicht mehr herauskommen. aber es gibt keinen freund, mit dem man reden könnte, um auch einmal nach außen und nicht nur nach innen zu denken.

mal spricht man jemanden an wie einen straßenpassanten, mehr nicht. ich bin fest überzeugt, daß man sich einen charakter aneignet. man hat ihn nicht. insofern werde ich aufmerksam, daß ich mir falsche schliffe einsägen könnte, wenn ich nicht mehr davon loskomme, mich in möglichkeiten, auch luftbildern,

auch vagen spekulationen des antiverhaltens zu
verspannen.

ich fühle, daß mein gehirn zerschunden ist, seine
flexibilität und freiheit verloren hat und sich nicht
mehr unbelastet fühlen kann.

nach teheran sind es von der stelle, wo unsere
einheit liegt, vielleicht tausend kilometer. in zehn
tagen oder so könnte ich dort sein. ich würde aus
meinem versteck hervorklettern und mich bei der
nächsten englischen mannschaft melden. man würde
mich eine zeitlang überprüfen, dann würde ich mich
freiwillig als soldat gegen hitler melden. trotz odium
des hochverrats.

in allen ländern der welt gibt es den kampf gegen
das eigene regime, sobald es eine diktatur geworden
ist. der deutsche tut sich schwer, gegen sein eigenes
land zu kämpfen. das macht man nicht. und wenn das
unrecht, das in seinem namen geschieht, zum himmel
schreit. das eigene land ist etwas, das außerhalb der
moral steht, man hat ihm die treue zu halten, so oder
so. der revolutionär in einem andern land ist ein held,
nur nicht der im eigenen. der staat, der deutsche staat,
ist eine substantielle metaphysische wesenheit, die
keinen widerspruch duldet. jeder angriff auf das
eigene land ist verrat.

gleichgültig, ob man hilft, den krieg zu verkürzen, ob man hilft, den namen der deutschen reinzu-
waschen, gleichgültig, ob man hilft, gegen unmensch-
lichkeit zu kämpfen, dem deutschen ist sein land
zuerst vaterland. menschenwürde ist für ihn kein wert,
der über seinem staat steht, er hat keine überstaat-
lichen ziele wie freiheit, gleichheit, brüderlichkeit, er
kennt keine übergeordneten politischen inhalte wie
demokratie und schutz des einzelnen.

die letzte wirkliche revolution, zu der sich der
deutsche durchringen konnte, war der bauernkrieg.
das hat man ihm heimgezahlt mit rache bis ins dritte
glied und mit der einimpfung eines sündenbewußt-
seins, das nichts schlimmeres kennt als aufzubegehren
gegen den herrn von gottes gnaden. ich kanns nicht
ändern. ein staat, der im blut watet, ist nicht mehr
mein staat. ich fühle mich verpflichtet, alles zu tun,
daß so rasch wie möglich ein ende herbeigeführt wird.
je früher, desto besser für unser land, für die menschen
zuhause, für meine freunde und für die menschen
hier, die nichts getan haben, um diesen räuberischen
überfall zu rechtfertigen.

mir war, als wäre mein gehirn zerschlissen, als läge

meine seele in fetzen. die vorstellung, weiterhin zur
armee der nazis zu gehören, peinigte mich, und mein
kopf kam nicht zur ruhe, nach möglichkeiten zu
suchen, dem zu entgehen.

angst davor, daß man mich finge und an die wand
stellte, hatte ich, glaube ich, keine. wer alles riskiert,
muß sich damit abfinden, daß er seinen einsatz nicht
mehr herausbekommt. eine maschine, eine kriegs-
maschine anhalten kann ich nicht, ich kann mich nur
zwischen wellen, walzen, zahnrädern, lagern, trans-
missionen, steuerungen, antrieben hindurchschlän-
geln, und wenn ich irgendwo eingeklemmt werde, war
das mißverhältnis zu ungünstig. eins zu einer million
flößt einem keine angst ein.

was mir zu schaffen machte, war nicht das resultat,
sondern die methode, die nie nachlassende spannung.
mein kopf war ein monster geworden, ein gletscher,
der mir seine reißspuren ins gehirn einzog, scharf-
gezogene risse und kratzer, tiefschliffe, die sich nicht
mehr herausschmirgeln lassen würden. bestimmte
gesichter konnte ich nicht mehr sehen. ich mußte
bogen um leute machen, die mir nie etwas angetan
hatten. keine granate hat mir einen schock eingejagt,
sehr wohl aber das gesicht eines menschen.

was die andern wohl von mir dachten? ich bemühte
mich, kollegial zu sein, haßte aber jede kumpelei.
selbst mir eine zigarette anbieten zu lassen, wäre mir
der vertraulichkeit zuviel gewesen. ich sang nicht ihre
soldatenlieder, trank nicht ihren schnaps. nur nicht die
grenze überschreiten, wo man vor sich selbst zum
komplizen wird. aber wo ist diese grenze? was ist zulässig, was nicht?

ich war geschlagen von einem hirn, das nicht mehr
zur ruhe kam.

kertsch

der güterzug, der neue soldaten zum kubanbrücken-
kopf auf der andern seite der straße von kertsch
bringen soll, rollt langsam durch die stadt zum hafen
hinunter. dieser teil der krim ist hügelig, unbe-
waldet, ausgebrannt. ich entdecke einen weißen
griechischen tempel auf einer anhöhe am rande der
stadt, bei der ausfahrt zum offenen schwarzen meer.
obwohl ich vermute, daß der tempel neueren datums
und aus stuck ist, da er in der morgensonne zu hell
strahlend dasteht, habe ich das gefühl eines großen
augenblicks.

ich bin auf dem boden einer alten griechischen siedlung. orte haben unterschiedliche bedeutungen. und es gibt orte von hervorgehobener bedeutung, bei denen die räumliche konstellation etwas besonderes ausweist. das kann ein ort sein ohne jede inhaltliche, sei es historische oder architektonische auszeichnung. die griechen würden gesagt haben, hier tritt das göttliche hervor. in der vorgeschichte sind solche orte oft als heiligtümer bezeichnet worden, man hat einen stein gesetzt oder einen baum gepflanzt.

nun ist kertsch ohnehin ein hervorgehobener ort durch seine lage an dem isthmus zwischen schwarzem und asowschem meer. und er ist ein besonderer ort, für mich, weil die griechen hier waren.

die griechen des mutterlandes mußten viel getreide einführen, vor allem athen und attika, weil man es vorgezogen hatte, auf eigenem boden oliven zu pflanzen. das teure öl, das man exportierte, gab einen höheren ertrag. das getreide kaufte man in ägypten und in südrußland. so entstand hier in kertsch eine griechische siedlung.

in einer leicht aufgeregten feierlichen stimmung möchte ich versuchen, zu dem tempel hinüber zu pilgern. aber wir werden gleich auf ein transportschiff verladen werden, das uns auf die andere seite der meerenge bringen soll. zwar gehöre ich nicht mehr zu der generation, die in winckelmann und goethe, denen wir die bindung der deutschen kultur an das klassische altertum verdanken, einen nationalen besitzstand sah. trotzdem bin ich den griechen verbunden, auf eine andere weise.

der kalte idealisierende klassizismus der deutschen dichter und denker wäre mir eher ein hindernis gewesen, an die griechen heranzukommen, mit ausnahme vielleicht von hölderlin, dessen art, die hellenen zu sehen, eher ein versuch war, die deutschen zu verstehen.

hinzukam, daß uns dieser klassizismus auch noch durch die schule eingetrichtert wurde und ich mich an mehr geschichtsstunden über griechen und römer erinnerte als an solche über die deutsche oder gar europäische geschichte.

und was aus dem munde eines lehrers kam, war selten die meinung einer person, sondern entsprach dem lehrplan des kultusministeriums. es blieb nichts hängen, nichts hatte gegriffen.

dann wollte ich wissen, was es mit heraklit auf sich hatte, vom dem die nazis zwei aussagen immer wieder in ihrer propaganda aufgriffen: »der vater aller dinge ist der krieg«. und »alles fließt«. das heißt, die welt ist im werden.

»die vorsokratiker« war mein erstes philosophisches buch, und ich lernte griechen kennen, von denen ich in der schule nie etwas gehört hatte: parmenides, anaxagoras, empedokles, zeno, danach sokrates, plato, aristoteles.

und ich wollte, ich hätte jetzt in einer biografie nachsehen können, ob aristoteles, vielleicht als er in mazedonien lehrer von alexander dem großen war, einmal nach kertsch gekommen war. vielleicht wäre ich dann noch zu dem tempel gerannt.

die geschichte wird plötzlich gegenwart. mehr als zwei jahrtausende distanz zu den alten griechen verschwinden. es leuchtet dieselbe sonne wie damals, es sind dieselben steine, dasselbe licht. zwar liegen, in grauer tarnfarbe gestrichen, kriegsschiffe im hafen, keine lastenschiffe mit getreide. kertsch ist eine russische stadt mit den flachgedeckten eingeschossigen holzhäusern, aber effektive realität eines geschichtlichen platzes; der platz, auf dem ich mit beiden beinen stehe, macht mir dann auch die geschichte selbst zur gegenwart, wenn diese geschichte etwas mit mir zu tun hat.

es gibt unterschiedliche qualitäten von mitteilungen. was ich in der schule lerne, ist eine mitteilung, aber durch die art der vermittlung meistens eine solche, die mich nicht berührt. zu ihnen gehört auch die werbung. es gibt mitteilungen, die mein interesse wecken, ich nehme sie auf. es gibt mitteilungen, die fesseln, die ein engagement hervorrufen. und es gibt mitteilungen, die so stark sind, daß ich stumm und klein werde, die macht ausüben, die mich ergreifen, im sinne des greifens, die mich erfassen im sinne des fassens.

und den griechen verdanke ich meine intellektuelle existenz, wie meinen eltern meine physische und meiner heimat die sprachliche.

geschichte« kann aufhören, vergangenheit zu sein, sie kann präsent werden, wenn sie im dialog zur zeit steht. geschichte ist nicht unbedingt der immer weiter sich entwickelnde fortschritt, der ständig eine größere distanz zum vergangenen schafft. sie kann höchst aktuell sein, wenn sie etwas zu sagen hat. und es muß nicht immer der fortschritt sein, der sie bewegt.

hätten die griechen denken können, wie ein nazi denkt? hätten sie planen können, vorsätzlich, mit den

173

entsprechenden technischen details, ein volk auszurotten? person für person zu verbrennen?

angenommen, der tempel da drüben ist wirklich aus
gips, wie fast alle denkmäler in rußland, es hätte mich
nicht gestört. ich wollte nicht ein kunstwerk, eine
antike ruine besuchen. ich wollte nur den kontakt zwischen geschichte und gegenwart bestätigen, auf die
steine treten, auf denen vielleicht einmal aristoteles
gestanden hatte. ich wollte der geschichte helfen, die
gegenwart zu berühren, indem ich den ort berührte, an
dem sie sichtbar wurde.

aber ich muß zum schiff. vielleicht komme ich
später wieder.

heroische landschaften

in der frankfurter zeitung, deren wochenendausgabe
ich mir nachschicken lasse, lese ich einen artikel von
robert haerdter über spanien. ich war nie in spanien,
fühle aber die stimmigkeit seiner landschaftsbeschreibung: kupferfarbene berge, blaue ferne, goldener spätnachmittag. eine welt ohne oberfläche, nur plastische
gebilde und licht. ich war so angetan, daß ich einen
brief an ihn schrieb.

ich bin hier zum ersten mal im süden und wie
betrunken von der andersartigkeit dieser klimakultur.
vielleicht ist es nicht korrekt, das land vor dem kaukasus als süden zu bezeichnen, aber nach formation,
farbe und licht muß es italien, griechenland und spanien verwandt sein.

unser gemäßigtes klima zu hause mit seinem regen
und seinem vielen grün ist schon wie ein moos. dieses
land ist warm wie ein stein. während bei uns farbe
neben farbe steht, die kornblume neben dem mohn, ist
hier alles in braun gehüllt, es ist ein makelloser herbst
ohne buntfarbe, dagegen voller schattierungen zwischen ocker, umbra und graphit, überwölbt von einem
goldenen himmel.

mich reizt es, wieder zu bildhauern. körper haben
diese farblosen schwellungen, furchen, falten, erhebungen wie dieses land hier. mit malerei kommt
man dem nicht bei. vielleicht ist es claude lorrain
annähernd gelungen mit seinen heroischen landschaften. malerei ist zu bunt und stellt dinge zueinander,
gegeneinander. hier ist alles zusammengezogen unter
das tuch, das die einzelheiten versteckt. es gibt kein
vielerlei. vielleicht mal einen alten baum. aber sonst
liegt immerwährender herbst über diesem unberühr-

ten land, und die sonne entfaltet einen langen abend bei ihrem gang durch einen wolkenlosen himmel. ihr licht ist nicht frischgewaschen wie im norden, wo es zwischen wolken und blauem himmel etwas junges, mädchenhaftes hat. ihr licht hier ist die weisheit eines alten mannes, beladen mit erfahrung. kein wind wirbelt eilfertigkeit auf. der abend ruht in sich. im westen, im gold liegt europa, im osten, wo sich der violette schatten der nacht erhebt, asien.

es ist lautlos, kein krieg.

eine russische maschine zieht noch hoch oben nach nordwesten, eine ME kommt wie aus der nacht von hinten heran. ein kurzer feuerstoß wie das züngeln einer schlange. der russe neigt sich vornüber und saust mit einer weißen rauchfahne fast senkrecht zu boden. die ME dreht ab, und es ist wieder still.

achilles und tomate
»achilles von tomate, achilles von tomate, bitte kommen.«

»tomate von achilles, tomate von achilles, bitte kommen.«

»achilles von tomate, hören Sie mich?«

»tomate von achilles, ich höre Sie gut.«

achilles war der artillerieflieger über den russischen stellungen. tomate war ich, der mann am funksprechgerät, der die beobachtungen an den batteriechef in seinem unterstand weitergab.

»tomate von achilles, bleiben Sie auf empfang.«

wir sprachen uns mit Sie an. er war sicher ein leutnant, ich ein gefreiter. bei diesem gefälle gibt es nur Sie.

»tomate von achilles: feindliche batterie in planquadrat 12/63. erbitte einzelfeuer.«

in der batteriestellung fing nun ein rennen und brüllen an: »geschütz sieben feuerbereit machen.«

das war das erste geschütz der dritten batterie.

die tarnnetze wurden heruntergezogen, vom rohr, von den rädern, von den holmen. und ein ungetüm von stahl mit einem blinkenden verschluß stand da, ein 21 cm mörser, langrohr, das schwerste ding der ganzen armee. an die zwanzig mann werkten herum, öffneten den verschluß, trugen zu viert eine granate heran, wuchteten sie aus ihrem bett auf die höhe des verschlusses, und weitere vier mann schoben die granate mit einem holzbengel in das rohr. aus dem rechenbunker brüllte es: 6. ladung 12° 37, höhe 23,4. eine weitere kolonne drückte die treibladung in päckchen, die zündladung in einem messingbehälter in das rohr. das zentnerschwere schloß, das leicht lief wie eine tresortür, klappte zu. klick. rohr und geschütz begannen sich zu drehen, und sobald der richtkanonier sein geschütz in der richtigen lage hatte und die linke hand hochwarf, brüllte der leutnant: »geschütz feuerbereit«.

»achilles von tomate: geschütz feuerbereit.«

ich hörte nichts, bis das flugzeug, ein langsamer fieseler storch, seine kurve so hingelegt hatte, daß mein leutnant sein ziel gut beobachten konnte. mittlerweile wurde es auch bei den andern geschützen lebendig. sie wurden feuerbereit gemacht.

»tomate von achilles: bitte feuer.«

ich brüllte in mein telefon zum rechenbunker: »feuer«. und schon zog der schützkanonier, sich wie alle andern die ohren zuhaltend, an seiner abschußleine. stand man in der achse des rohres, konnte man die granate sogar davonfliegen sehen.

ich meldete achilles sofort den abschuß und hatte auch nach den tabellenwerten aus dem rechenbunker den einschlag zu vermelden. »achtung - - -: einschlag!«

»- einschlag gesehen. 3 weniger, 50 m zu weit«, meldete ich an den rechenbunker.

das rohr des geschützes war zum laden wieder waagrecht gestellt, das schloß klinkte auf.

»geschütz sieben, 6. ladung, 12° 34, höhe 23,1.«

wieder wurde geladen, eingerichtet. »geschütz feuerbereit.« diesmal fehlten dem artillerieflieger noch 10 m bis zum ziel, die richtung stimmte. unser linkes geschütz war auf das entsprechende geschütz der russischen batterie gestellt. die russen hatten vier geschütze, es mußte also eine 15er haubitze sein.

der 3. schuß saß. achilles war entzückt.

»tomate von achilles: begebe mich aus der schußlinie. augenblick, jetzt: ganze batterie feuer.«

die übrigen geschütze hatten sich nach dem ersten eingerichtet und böllerten nun mit los. die granaten wurden von wechselnden trupps in die rohre geschoben. wer hände frei hatte, hielt sich mit abgewandtem gesicht die ohren zu, wenn der feuerball aus der rohrmündung schlug. das ging so zehn minuten.

achilles verhalf mir dazu, mir ein bild auch von der andern seite zu machen. die kanoniere hier waren die blinden heizer einer lokomotive. ich hatte noch ein auge drüben.

»ganze arbeit gemacht«, sagte achilles. »hier wächst
kein gras mehr.«

»tomate von achilles: ich melde mich ab.«

»achilles von tomate: verstanden, abmelden.«

es war unmöglich, sich aus diesem krieg herauszu-
halten. in solchen fällen war man in ihn verstrickt wie
eine fliege im spinnennetz. es half mir nichts, mir
einzureden, ich sei nur ein rädchen an der großen
maschine. hinzukommt, daß einem nur das wirklich
unter die haut geht, was man mit seinen sinnen
erfahren, wahrnehmen kann.

ich konnte mir ausmalen, wie es da drüben aussah,
und fetzen eines filmes zogen durch mein hirn, als es
hieß, »ganze batterie: feuer.« ein einzelnes geschoß
wog 113 kg. 113 kg stahlsplitter und pulver. und davon
mehrere salven aus diesem schwersten feldgeschütz
der deutschen armeen.

aber diese filmstreifen waren wie irrlichter, die eher
einen gedankengang zerstörten als ihn verknüpften.

wie wird man schuldig? natürlich wird man schuldig,
wenn man auch nur ein kleines glied in der kette des
kriegsablaufs ist. wird dann der koch auch schuldig,
der uns verpflegt? sind wir nicht alle mitglieder ein
und derselben meute und als ihre mitglieder gleich
schuldig?

sklavenzivilisation

wenn ein vater sein kind schlägt, schmerzt ihn das
manchmal mehr als das kind. ich glaube nicht, daß ein
sklavenhalter im alten athen seine untergebenen mit
der peitsche je so behandelt hat, wie es ein unteroffizier mit einem soldaten tun kann. das indirekte tun
enthemmt.

ein unteroffizier braucht nicht zu schlagen. er gibt
kommandos. kommandos im interesse der wehr-
disziplin, der aufrechterhaltung der wehrhaftigkeit.
nicht er übt strafen aus, er ist tätig für eine institution,
sei es der staat, das recht oder einfach nur der befehl
des nächsten vorgesetzten. wenn aber strafen ent-
persönlicht werden, desubjektiviert, dann werden sie
grausamer als in wilden vorzeiten.

abgesehen davon stumpfen die menschen ab. ihr
gemüt wird lehmig, und wenn das gemüt stumpf wird,
wird auch der kopf lahm. das alte griechenland hatte
vielleicht eine million einwohner, aber es hat mehr
intelligenz hervorgebracht als wir mit unsern sechzig

millionen. hier liegt das geheimnis, warum die deutschen gute soldaten sind.

ein soldat zieht am abzug von kanonen, drückt auf knöpfe, die den bombenschacht öffnen, es macht ihm nichts aus. er zündet dörfer an, mäht frauen nieder, er handelt nur im namen einer institution, im namen von irgend etwas. von was, ist nahezu gleichgültig. er hat ein maschinengewehr, damit er nicht den krieg mit bajonetten führen muß. menschen erstechen ist etwas anderes als sie mit dem automatischen MG niederzumähen. es würde vielleicht betroffen machen, selbst wenn es im auftrag geschehen würde. nur die entpersönlichung und institutionalisierung macht den modernen krieg möglich. und läßt die heutige menschheit grausamer werden als je zuvor.

der mensch lügt ja auch nicht mehr. wenn ich als person die unwahrheit sage, werde ich noch rot oder fange an zu stottern. heute werde ich doch nicht mehr rot, wenn ich dem russischen bauer sage, daß wir in sein land gekommen seien, um ihn vom bolschewismus zu befreien. am ende glaube ich das sogar. der führer hat es gesagt. ich weiß ganz genau, kann es sogar nachlesen, daß es um etwas ganz anderes geht, um den lebensraum im osten, um eroberung, um vertreibung einer minderwertigen rasse, um besitz, um diebstahl, um mord. ich weiß das, aber werde nicht mehr rot, brauche nicht mehr rot zu werden. ich darf denken, was die propaganda denkt zur vertuschung von verbrechen, zur rechtfertigung von machtansprüchen und zur irreführung über wahre absichten. wer krieg meint, sagt frieden. wer eroberung meint, sagt freiheit, wer ausrottung meint, sagt recht.

so wie man schon in südamerika den indianern gegenüber unterjochung gemeint hat und von erlösung sprach, so wie man schon in nordamerika ausbeutung gemeint hat und von demokratie sprach, so wie man in afrika enteignung gemeint hat und von christianisierung sprach. keine kultur ist so in lügen erstickt wie die unsere. aber es gibt keine lüge mehr. es gibt keine sünde mehr, keinen mord, kein verbrechen.

es gibt nur noch mitläufer und die paar wenigen, die die macht haben. wenn das die folge der entpersönlichung ist, dann wären andere zeiten nur denkbar, wenn es wieder personen auf der erde gibt. aber was heißt das? kann man personen erfinden, erziehen, heranbilden?

kaum. die einzige person, die ich heranziehen kann,

bin ich selbst. jeder müßte bei sich beginnen. nur für
sich selber ist man verantwortlich, hat verfügungsgewalt, einflußmöglichkeit.

schlechte aussichten. wer stellt sich schon allein
gegen jeden und alles?

spiegel

es fällt mir auf, daß es in vielen russischen bauern-
häusern spiegel gibt, in der wohnstube neben der tür.
es sind kleine spiegel aus einzelteilen, von einem
holzornament zusammengehalten.

wir deutschen haben zum spiegel kein verhältnis,
wir verschweigen schamhaft, daß wir gelegentlich
hineinsehen, und schon gar nicht ist die selbstrefle-
xion zu einer deutschen kulturellen tugend geworden.

die franzosen haben vielleicht zu viele spiegel. sie
erschrecken gar nicht mehr, wenn ein gesicht sich ins
eigene gesicht schaut, sie haben aus dem spiegel die
kunst der nachbesserung entwickelt. respekt.

die russen haben ihre ganze seele zu einem spiegel
gemacht. sie schauen in sich hinein, sehen ihre weiten
und abgründe, ihre komplizen und ihre brüder, ihre
laster und ihr jenseits. sie schauen in den kleinen
spiegel aus spiegelscherben und dann hinüber zu der
ikone.

ein deutscher sieht sich im spiegel der geschichte,
im spiegel der philosophie, im spiegel der aktion, im
spiegel von werken. sich selber sieht er nicht. er wird
nie demütig, was jeder wird, der in einen spiegel
schaut. der deutsche vergleicht sich mit großem, mit
dem höchsten, nicht mit sich selbst. er hat einen inneren schweinehund, der an ketten zu legen ist. daß er
ihn selbst loslassen könnte, sei es als einzelner, sei es
als volk, wird er nie, nie einsehen. er wird es als
schweinerei ansehen, daß man ihm so etwas zumutet.

schaut ein russe in den spiegel seiner seele, dann
erbarmt es ihn, und er fragt nach der erlösung. und
selbst wenn er zu herrschen beginnt, muß er es tarnen
als erlösung.

schaut ein deutscher in sein inneres, dann schaut er
das absolute. entweder das absolute sein, den absoluten willen, die absolute tat oder das absolute gefühl. er
sieht das reich, den weltgeist und den urgrund. sich
selbst sieht er nicht.

das ist keine psychische schlamperei. das ist kultur.
es ist ungeheuerlich, wie hegel den staat zum statt-
halter des weltgeistes machen konnte, und den germa-

179

nischen staat zum auserwählten objekt, das den
fortschritt der menschheit garantiert, die neue freiheit,
die darin besteht, daß der einzelne seine subjektive
freiheit einbringt in die absolute freiheit des staates,
das heißt auf deutsch, daß er sich aufgibt. der deutsche
gibt sich auf im gefühl, dem weltgeist zu diensten zu
sein, indem er dem staat zu gefallen ist. das ist vom
katheder verkündet worden, gedruckt worden, gelesen
worden, interpretiert worden, in den unterricht eingegangen, in die dichtung und in die formulierung der
behörden.

stolz und flüchtigkeit
käme ich heute wieder einmal in das dorf, das bei
unserer batterie lag, rechtwinklig angelegt, unter akazien, ich wüßte noch das haus, und ich würde nach
einer frau fragen, damals eine studentin der roten
schule von krasnodar. sie war eine überzeugte kommunistin und haßte die deutschen. ich hätte mich in sie
verlieben können. unsere zuneigung bestand aus
einem gelegentlichen glas tee bei ihren eltern, direkt
aus dem samowar, und unseren gesprächen über
politik, die immer etwas böse ausgingen, da sie mich
nicht ganz aus der nation eliminieren konnte, die ihr
land überfallen hatte. sie hieß tanja, tatjana, und
konnte ein paar brocken deutsch. manchen deutschen
dichter kannte sie besser als ich, so heine, und ich
kannte preobaschenski besser als sie.
    ich fragte sie aus über das schwarze meer, über
stürme und winde, über fischfang und segelboote. ich
fragte sie, ob sie schon in baku gewesen sei und mit
welcher bahn man da hinkomme. sie wirkte abwei-
send, fand aber etwas zutrauen, als ich ihr erzählte,
was in städten wie münchen passierte. ihr kommunismus war unreflektiert, weil er ausgefüllt war mit dem
haß gegen die eindringlinge. aber wir unterhielten uns
sehr wohl über die kolchosenpolitik stalins und seinen
kampf gegen die kulaken. lenin verehrten auch die
eltern, die noch ikonen in der ecke ihres zimmers
hatten, bei stalin gab es doch vorbehalte.
    an deutschland interessierte sie nichts. ihr stolz ver-
bot es, danach zu fragen, aber es gelang mir schon,
zwischentöne an ihrem eingefärbten haß anzubringen.
    ihr land muß in ihren augen eine ungewöhnliche
leistung vollbracht haben: in zwanzig jahren die abschaffung des analphabetentums. in zwanzig jahren
der aufstieg von einem agrarvolk zu einem industrie-

staat, der jetzt täglich hunderte von panzern herstellt. in zwanzig jahren die abschaffung der religion und das ersetzen von glaubensinhalten durch vernunftsgründe.

ich versuchte, sie immer näher an meine probleme heranzuführen. ob es viele deutsche gefangene hinter der front gebe. ob sie jetzt, wo die front absolut ruhig sei, auch rüber könne.

aber das trug nichts ein. ihr stolz ließ nicht alle fragen zu. manchmal standen wir in der nacht und schauten den lichtern eines im moment lautlosen krieges zu. leuchtkugeln mal hier, mal da. funkelnde christbäume von fliegern in weiter ferne. ob das über tiflis sei?

plötzlich war sie weg. die eltern hoben nur die schultern. offensichtlich war sie eine kundschafterin. ich hätte es nicht unbedingt von mir gewiesen, über sie kontakt mit der andern seite zu bekommen und dadurch vielleicht ein schlupfloch ausfindig zu machen. ich sah sie nie wieder. aber ich würde sie vielleicht auch heute noch wiedererkennen.

gabe an das meer
gegen abend bekomme ich fieber, ich lege mich hin, fröstelnd. mein kumpel von unserer funkstelle geht zum sanitätsfeldwebel, der nicht weit weg seinen bunker hat und fragt, ob mir was verabreicht werden könne.

das wird schon vorbeigehen, meinte er. er mochte mich nicht und hielt mich für einen drückeberger. solchen leuten zeigt man's.

gegen zehn in der nacht rüttelt mich ein schüttelfrost. man legt decken über mich. schweiß steht mir auf der stirn. der sanitätsfeldwebel kommt selber angesprungen, fühlt den puls, mißt die temperatur und gibt – er bekommt es ein bißchen mit der angst zu tun, weil er mich liegen ließ – sofort befehl, mich mit dem SANKA wegzufahren, zwölf kilometer zum frontlazarett.

am andern morgen fühle ich mich pudelwohl, aber der fall ist eindeutig: malaria. gleich fertigmachen zum abtransport. von meiner einheit bekomme ich meine tragbeutel nachgeschickt, und in kolonne fahren wir durch schilfwälder zur meerenge von kertsch.

auf dem meer ist reger verkehr nach allen richtungen. am hafen stapelt sich kriegsmaterial. wir besteigen einen truppentransporter, der uns die vielleicht

20 km nach kertsch bringt. mich packt ein hochgefühl. makellose sonne, tiefblaues meer, ein weißes schiff, überall bestückt mit vierlingsflakgeschützen. es ist ein russisches schiff, das man offenbar noch nicht grau umbemalen konnte. das schiff brummt wohlig in seinem innern und erzeugt einen fahrtwind, der einen blinzeln macht. drüben steht der tempel von kertsch. keine kreuzfahrt kann schöner sein.

ich schaue mir die flakgeschütze an. es sind oerlikongeschütze aus der schweiz. ausgerechnet die schweiz. wenn es ums geld geht, sind auch die frommen wechsler dabei. oder je mehr es ums geld geht, desto edler die prinzipien.

ich nehme mein gewehr, tändle etwas lässig zum heck des schiffes, wo die schrauben eine gischtspur erzeugen, die sich am horizont verliert. ich hebe das gewehr über die reling, versichere mich, daß niemand zuschaut, lasse den gewehrkolben nach unten ruhig auspendeln, halte es mit daumen und zeigefinger und lasse es fallen. es klatscht ohne spritzer ins meer. es ist ein schwur, daß ich von der front wieder verschwinden werde, und es ist eine anklage gegen geschäftstüchtige neutrale, die uns unsere gesinnungslosigkeit vorhalten.

es genügt mir nicht, daß ich mich im kopf, in der gesinnung festlege. man braucht reale akte.

zugverkehr

es dauert oft einen ganzen tag, bis ein lazarettzug zusammengestellt ist. stroh wird angefahren und auf die waggons verteilt. ein arztwagen wird eingerichtet. aus allen richtungen kommen verwundeten-fahrzeuge, solche mit bahren, auch busse mit weniger schweren fällen. soldaten sind es nicht mehr. der eine trägt eine kopfbedeckung, der andere nicht, der eine hat noch eine uniform, der andere hat nur ein hemd. weiße verbände lösen das bild der armee auf. nur das sanitätspersonal hat korrekt zu sein. mir ist es eine genugtuung, schon aus dem kleiderzwang aussteigen zu können, und ich schiebe meine mütze in die tasche, was das grüßen eines vorgesetzten mit handanlegen an die stirn unmöglich oder lächerlich macht. die lokomotive steht schon stunden vor abfahrt mit gelegentlichem dampfzischen vor dem zug. alle malariakranken werden separat gesammelt und zu den letzten beiden waggons gebracht. ich streune noch ein bißchen in der nähe des güterbahnhofs herum, zwischen häusern und kriegsmaterial, beobachte die verschlossene bevölkerung. kinder betteln um feuersteine. aber ich rauche nicht. im übrigen sammelt man informationen, wann es losgeht, aber auch, wohin der zug fährt. man erfährt nichts sicheres. aber jede aussage könnte wichtig sein, so die, daß die malariakranken nach nikolajew in ein malarialazarett kämen.

es ist eine durchs blut gehende genugtuung, wenn ein wartender zug anfährt, besonders in einem krieg, wo züge ohne fahrplan verkehren. heute ist es ein gnadentag, als der zug dann, fast schon in der nacht, dampfend und fauchend anfährt und seine beschleunigung steigert unter knurren und quietschen alter, ausgedienter waggons. ein weilchen noch stolpern wir über weichen und erreichen dann die offene strecke durch die krim.

am andern morgen sind wir in cherson, schon aus der krim heraus, erhalten eine warme suppe in den kochgeschirrdeckel geschlagen und setzen uns dann in bewegung richtung westen, nikolajew. ob es richtig ist, daß wir in nikolajew ausgeladen werden?

wir halten in der tat auf einem großen güterbahnhof. am rande stehen ein paar alte omnibusse mit rotem kreuz, die sich auf unsern letzten wagen der malariakranken zubewegen.

jetzt schnell handeln.

alle landser stehen an der den bussen zugewandten offenen tür des waggons oder machen ihre sachen bereit. ich nehme meine zwei packtaschen, öffne das gegenüberliegende tor der waggons einen spalt, springe heraus, überquere, als die luft rein ist, zwei, drei geleise und steige in das bremserhäuschen eines zufällig bereitstehenden zuges, tür hinter mir zu.

niemand hat mich bemerkt, niemand holt mich heraus.

meine krankenpapiere bleiben in nikolajew, ich nicht.

ich bin absolut ruhig, klappe den holzsitz herunter, lehne mich soweit zurück, daß ich nicht gesehen werde, die beiden packtaschen zwischen meinen beinen. was kommt, das kommt. ich bin fuchs, nicht hase.

plötzlich kommen die zuckungen des anfahrenden güterzuges, die kupplungen schlagen, mein zug setzt sich in bewegung, aber –: in die falsche richtung. richtung cherson. richtung front. für einen moment bringt mich das durcheinander. aber wie ich so an einem sonnigen tag mitten durch das weite russische land fahre, geradeaus, lange gezogene kurven nach rechts, nach links, überkommt mich das bestürzende brennen der großen freiheit. ich ziehe meinen atem ein, so tief ich kann. ich bin mit mir allein.

ich stehe in dem bremserhäuschen und überblicke den ganzen zug vor mir, wie er durch die endlose ebene zieht, die in der vollen morgensonne steht.

rußland ist ein eisenbahnland. wie amerika hat es sein territorium mit dem eisenbahnbau begründet. der staat folgte den schienen. allmählich verfliegt der schreck.

und läßt das erlebnis breit werden, in einem bremserhäuschen eines güterzuges durch die ebene süd-rußlands zu fahren. die schienen teilen die steppe in zwei hälften, die deutlich hinter mich zurückfließen.

ich habe freiheit bis jetzt kaum als hochgefühl gekannt, immer als anstrengung, verpflichtung, absicht, kampf.

ob noch jemand auf dem zug ist, außer dem heizer und lokomotivführer ganz vorne? ich glaube kaum. ich stehe allein in dieser schlange von waggons. es käme mir nicht fremdartig vor, wenn ich mich fragen würde, ob dieser zug nur meinetwegen fährt, nur um mich weiter zu bringen.

bin ich ein deserteur? dann müßte es eine autorität, eine instanz geben, die mich hätte binden, verpflichten können. wo aber ist eine solche instanz? der staat? der hat sich seine autorität erschlichen. vor allem in der form des nationalstaates hat er sich, ohne jede legitimation, zur letzten instanz erhoben. ein staat ist ein funktionsmandat der verwaltung, und es ist nur der taumel der macht, der ihn zu der hybris führt, man könne auf ihn schwören. weder unser deutscher kaiser noch ein präsident, noch unser führer sind beeidbare positionen. wie kommt ein staat, der kriege vom zaun bricht und seine bürger brennend und mordend durch das land ziehen heißt, zu dem recht, mir einen eid abzuverlangen? die instanz meiner rechtmäßigkeit, das mußte mir sogar die amtliche religion zugestehen, war letztlich ich selbst. und ich will den untergang dieses staates, der alles, was deutsch ist, mit blutiger brutalität besudelt.

ich habe mein wort nur mir gegeben. ich bin ein gedungener soldat, eingezwängt in die maschinerie einer armee, verurteilt, mitzuspielen oder mich aufzugeben.

jetzt bin ich mein eigener soldat. ich führe einen

eigenen krieg. im bremserhäuschen steht mein eigenes oberkommando.

natürlich kann der staat das recht für sich in anspruch nehmen, einen eid auf sich schwören zu lassen und mich an die wand zu stellen, wenn ich ihn verweigere. aber das ist nur ein formales recht. es klingt plausibel, weil unsere geschichtsprofessoren den staat neben den lieben gott gestellt, ja als weltgeist selbst etabliert haben. aber wie viele weltgeister gibt es dann, wenn jeder staat ein metaphysisches wesen ist? eine aberwitzige vorstellung. ich sperre mich nicht dagegen, einer guten sache mein wort zu geben, mein wort, mein eigenes wort. aber wo ist der staat, der sich bewußt ist, daß er seinen bewohnern verpflichtet ist, anstatt daß die bewohner ihm verpflichtet sind? wo ist der staat, der das staatsbewußtsein des 19. jahrhunderts umgestülpt hätte?

ich bin kein anarchist. staaten wird es geben müssen. aber was macht den fußball zum fußball, die fußballspieler oder der verein?

ich denke wieder hierhin, ich denke dorthin. die weite der steppe rückt auch die horizonte des hirns in die ferne. mitten in dieser weite ist ein kleiner einzelner punkt. ich.

werde ich die kraft aufbringen, das durchzuhalten? den willen habe ich. das ist nicht das problem. aber die kraft. einfach die kraft, total allein zu sein. ich habe hier keine freunde. es gibt keine organisation. ich habe nur mir selbst mein wort gegeben.

es ist ein sonderzug, wie ein für mich bereitgestellter sonderzug, in dem ich hier durch den morgen fahre.

in cherson setze ich mich ab, gehe über die geleise zum personenbahnhof, jedem ausweichend, der mich dumm ansprechen könnte. im bahnhof ein getümmel von soldaten, meistens urlauber, die umsteigen.

in der zentralhalle gibt es eine gulaschkanone, aus der heiße graupensuppe ausgeteilt wird. ich hole mir dreimal, wer weiß, wann es das nächste essen gibt.

was nun tun. immer informationen sammeln. mit den leuten anfangen, über das wetter zu reden. so erfahre ich von soldaten, die die viehwaggons eines langen zuges auskehren, daß hier ein lazarettzug zusammengestellt wird. wann? weiß niemand. ich finde einen punkt, der mir erlaubt, die ganze szenerie zu überblicken, hole mir stunden für stunden wieder von der suppe, die an die urlauber ausgeteilt wird. die malaria läßt mich in ruhe.

185

mein zug steht ohne lokomotive, gereinigt, aber unbewegt da. gegen abend aber beginnt man, frisches stroh zu bringen, der ellenlange zug wird einige geleise verlegt, neben eine auffahrt, die es fahrzeugen ermöglicht, direkt neben die waggons zu fahren. als es nacht wird, kommen die ersten autos mit kranken und verwundeten. das programm läuft. allmählich verknäueln sich die fahrzeuge, die einen kommen, die andern gehen. es entsteht ein ziemliches durcheinander. in diesem durcheinander fällt es niemandem auf, daß ein ungeladener sich hineinmischt. plötzlich stehe ich in einer gruppe »chirurgischer« und werde zum einsteigen abgezählt, habe die nummer dreizehn. ich bedarf zwar keiner verladehilfe, lasse mich aber trotzdem vorsichtig hochheben wie die andern, denen zum teil beine oder arme abgeschossen sind. das ganze geht im gefunkel von taschenlampen vor sich und ist nicht mehr kontrollierbar. sich im waggon verkriechen, sich hinlegen und ein bißchen stöhnen, ist der beste schutz. einer fragt mich teilnahmsvoll, was mir fehle. oh, nichts, sage ich.

es muß fast morgens sein, bis der zug sich in bewegung setzt. diesmal in die richtige richtung.

tatsächlich fährt er wieder nikolajew an, er fährt auf denselben bahnhof, den ich gestern verlassen hatte. ich werde etwas unsicher, erregt, weil wieder die rotkreuzbusse von gestern dastehen. könnte eine auswahlvisite erfolgen? wohl nicht. am ende des zuges werden einige waggons mit malariakranken abgekuppelt. man beginnt mit den ersten verladungen dort hinten. unser zug aber setzt sich in bewegung, fährt weiter, unentwegt weiter.

den trick des schlafens und gelegentlichen stöhnens kenne ich. essen tue ich, ebenso unrasiert wie die andern, nur wenig. einfach, um nicht ins gespräch kommen zu müssen.

als ich – es muß schon in der gegend von winniza sein – einen weiteren malariaanfall bekomme und betreuung an mich ziehe, kann ich auch mit der wahrheit heraus. nach nikolajew zurück bringt mich niemand mehr. der anfall ist ziemlich heftig. mit fieber über einundvierzig grad stößt man an die grenze seines bewußtseins. das zeitgefühl ist bereits verlorengegangen, eine minute wirkt wie eine stunde.

ich füge mir selbst einen vielleicht bleibenden schaden zu. es ist nicht der feind, der mich trifft, ich treffe mich selbst. ich nehme mich aus dem geschehen heraus, weil ich will, daß dieser krieg verloren geht

186

und ihre anstifter ihr leben lang trümmer schleppen sollen. es wird allemal – nazi hin, nazi her – ein abscheuliches vergehen bleiben. wir werden das vaterland nie zu einer solchen moralischen qualifikation erheben, daß es den deserteur ehrt und den, der sein auge ausreißt, weil es ihn stört, adelt. abstruse idee: könnte es einmal eine zeit geben, wo deserteure ein denkmal erhalten?

aber das ist ein hypothetisches gedankenspiel. die saboteure des krieges sind einzelgänger und verantworten sich nur vor einem gewissen, das in ihnen selbst verborgen ist. so bleiben sie aus ihrem wesen heraus im untergrund. in einem untergrund, in dem es keine denkmäler gibt. im untergrund des gewissens.

ich möchte zu den dunkelziffern gehören.

herrenrasse

bei lemberg, wo neuerdings das reichsgebiet anfängt, gibt es einen zugwechsel. bis hierher wird man in viehwaggons transportiert, liegt auf stroh gebettet, ab jetzt geht es in personenwagen und liegewagen weiter mit gepolsterten sitzen und liegen. man will die bevölkerung schonen.

es gibt in dem lazarettzug sogar einen schnellzugwagen erster klasse. wie ich da rein komme, weiß ich nicht, denn er ist für offiziere reserviert. er hat kabinen und einen seitlichen gang. aber ich lasse mich nun auch mal gern in der mitte des waggons weich durch die landschaft wiegen. der waggon ist lang, und die ratternden und rumpelnden räderblöcke sind an die enden gesetzt.

ich stehe im gang, einen fuß auf den heizungskanal an der außenwand aufgestützt, und schaue durchs breite fenster auf die sich vorbeiwellende polnische landschaft. die kabelpakete an den masten entlang der bahnlinie wiegen auf und ab im takt der mastenfolge.

neben mir steht ein general, ein solcher mit karminroten biesenstreifen an der stiefelhose und karminroten spiegeln am kragen, ein goldenes eichenblatt drin. adlige erscheinung, gespannter körper. weder arm noch bein lagen im verband, nur die nase war zugepflastert. ich schaue ihn treuherzig von unten an und sage: so, war die nas' zu lang?

der general ruft einen oberleutnant aus der kabine. »herr oberleutnant, hier steht ein dienstgrad.« gemeint war ich. mein vergehen war, als dienstgrad neben einem general zu stehen. das jüngste gericht bricht über mich herein: wie kommen Sie dazu! nehmen sie haltung an! stramm stehen! name! einheit! beleidigung! respektlosigkeit! mache meldung!

ich erschrecke über mich. zwar bin ich in diesem zug wieder halb legalisiert, aber wenn er eine meldung gemacht hätte, hätte es vielleicht eine unangenehme sucherei gegeben. ich bin dankbar, daß es bei einem zusammenschiß geblieben ist und mache mit einem »jawohl« kehrt. so ist ein general. dem schönen gesicht nach hätte er von preußischem adel sein können. der adel spricht nicht mit jedem. schon gar nicht mit einem gemeinen soldaten.

dabei war der general eigentlich gar kein richtiger soldat, sondern ein vom staat fürstlich bezahlter kriegsbeamter mit anspruch auf pension. wir, wir soldaten sollten gegen den bolschewismus kämpfen, gegen den weltfeind nummer eins, die halbasiaten mit schlitzaugen. wir sollten das vaterland verteidigen gegen die unterwanderung. uns hat niemand von einer rente erzählt. wir waren aufgerufen, helden zu sein, und wenn wir fielen und von uns noch was auffindbares vorhanden war, kamen wir auf den heldenfriedhof.

wenn der general fiel, dann trat ein soldatischer staatsbeamter ab, dessen tod ein berufsrisiko war. die frau zu hause wußte, daß sie einen mann mit einem gefährlichen beruf geheiratet hatte. sein tod verschaffte ihr aber auch das mitgefühl der höheren gesellschaftlichen kreise und eine rente, die ihr erlaubte, auch weiterhin einen mercedes zu fahren und sich einen burschen zu leisten.

dieser mann wurde für seinen krieg bezahlt. er brauchte keine verletzte ehre, keine wut auf feinde, er verteidigte nicht eine bedrohte kultur oder ein gefährdetes vaterland. seine welt, seine ideologie, sein wertsystem war der staat, der ihn bezahlte.

natürlich war er gebildet. natürlich hatte auch er seine vaterlandsliebe. er kannte die abendländischen werke von beethovens fünfter bis zu mommsens päpsten. er wäre sich nie als gekauft, bezahlt, bezahlbar vorgekommen, ganz zu schweigen von käuflich. er war ein wohlerzogener mann aus einer alten familie, kein zweifel. aber er konnte krieg führen auch ohne ein kriegsziel. dazu genügte das training seines berufes. das mit dem bolschewismus hat er vielleicht hitler nie abgenommen. er brauchte es auch nicht, um an der maschinerie der obersten heeresleitung eines krieges gefallen zu finden. kriege sind schön. die struktur von aktion, gegenaktion, information und entscheidung ist aufregend für den, der als general in sie eingebunden ist. er selbst hat weniger zu sagen, als man so gemeinhin denkt. aber dabei sein, wenn geschichte entsteht, und dies ohne büro und dienststunden so im morgengrauen, das ist die höchstform der ästhetik organisatorischen verhaltens.

der weiß, was gestern an der front geschah, und ist dabei, wenn entschieden wird, was morgen geschehen soll. wir unteren wissen nichts davon, haben nur die vaterlandsliebe im blut und in den ohren und dürfen somit das tun müssen, was ein beamter für richtig hält.

und selbst wenn der krieg verloren sein wird, wir kehren heim und schweigen. manche zweifeln sogar an der weltrechnung.

aber ein staat, der nicht in jedem fall die angehörigen seiner generäle ausbezahlt, verliert sein fundament. sie könnten aufhören, ihn zu tragen. und wer trägt dann seine hoheit?

und wenn der krieg im totalen elend endete und wenn ein diametral entgegengesetztes regime aus ihm hervorginge, eine demokratie oder ein kolonialstaat eines unserer feinde, in jedem fall würden die offiziersrenten bezahlt, und eine der ersten aktionen des neuen regimes würde sein, die witwe meines generals zufrieden zu stellen. sie bekäme keinen burschen mehr, aber den mercedes könnte sie sich noch leisten, müßte sie sich leisten, sobald er wieder zu haben wäre.

der preußische staat weiß, was er dem offizier schuldig ist. er hat ihn vor napoleon gerettet, er hat ihm schlesien zugeschanzt, er hat die dänen rausgeworfen, er hat mit sedan die süddeutschen länder abhängig gemacht, er hat ihm zur europäischen großmacht verholfen, er hat ihn überhaupt als staat erst lebensfähig gemacht. er ist der berufsbeamte der politik mit andern mitteln. sogar sehr direkt hat er ihn als ersten beamten durch eine rente gerechtfertigt. die preußischen kriege kamen immer auch der staatskasse zugute. hat andreas hofer, hat wilhelm tell auch eine rente bekommen?

die oberleutnants
vom krieg macht man sich ein falsches bild.

jeder, der im urlaub zuhause etwas von der russischen front erzählt, wird in eine große kriegsgemeinschaft oder auch undefinierbare kriegsorganisation

189

eingeordnet. der soldat im graben ist in derselben mannschaft wie der general guderian.

in wirklichkeit hat der krieg klassen, die eifersüchtig darüber wachen, daß ihre privilegien und ihre geheimnisse nicht vertauscht werden. sie pochen auf ihre kompetenzen, zuständigkeiten und damit ihre andersartigkeit.

die generäle planen, geben anweisungen, mischen sich kurz in den angriff, ziehen sich aber schnell wieder in die unterstände der telefone und karten zurück. sie spielen krieg wie ein schachspiel mit dem einzigen unterschied, der einem general nie bewußt wird, daß ein weggenommener bauer ein toter mensch ist. krieg ist ihr beruf. ein gelernter beruf.

umgekehrt ist der gemeine soldat ein kämpfer, der wegen seiner ideale und der balance seiner gefühlswelt nie realisiert, daß er, wenn er fällt, dann auch tot ist. er macht alles. alles, was man ihm sagt.

eine klasse, die ich neben den feldpfarrern nie ausstehen konnte, waren die oberleutnants.

ein hauptmann hatte in der regel frau und kinder zu hause und sah die welt als eine solche auch mit frauen und kindern. die leutnants und die oberleutnants waren die abiturienten, die vom gymnasium weg in einen offizierslehrgang gesteckt wurden. einen oberleutnant konnte man schon von weitem von einem hauptmann unterscheiden. ein hauptmann war angezogen, wie die heeresvorschrift es vorsah. ein oberleutnant hatte eine weichere, schlacksigere mütze, stiefel aus weichem leder, kürzeres jackett, sportlichere, etwas verwaschenere hosen. er sah immer aus, als sei er eben von einem stoßtrupp zurückgekehrt, obwohl das das typische geschäft für unteroffiziere war. aber gerade deshalb mußte seine autorität, die keine des krieges, sondern des herkommens war, mit einem erscheinungsbild aufpoliert werden.

der oberleutnant war der nazis liebstes kind. das war das material, das sie kneten konnten mit der philosophie des krieges und dem ritterkreuz am adamsapfel.

mit etwas mehr als zwanzig jahren führen dürfen, war ein privileg, da schwoll das selbstbewußtsein aus den nähten und beseitigte die hemmschwelle für das wagnis. gut, das kannte man schon von langemarck, als junge leutnants im ersten weltkrieg singend in die maschinengewehrgarben der engländer liefen. was ich nicht kannte, war, daß die gunst, führen zu dürfen, so schnell eine andere stimme hervorbrachte. ich war ja auch so etwas wie ein abiturient, aber ich hätte mir die

schreiende press-stimme nicht aneignen können, mit
der ein schnösel über den kasernenhof brüllen konnte:
das janze hört auf mein k'mmandooh.

die väter mochten vielleicht kommunisten oder
sozis gewesen sein, sie selbst lernten ohne intervall
den übergang vom indianerspiel zum geländespiel der
hitlerjugend. jugend lernte durch jugend geführt zu
werden und sich abzusetzen in eine neue gemeinschaft. unkritisch, empfänglich für jede wertordnung
von oben, gebildet im rahmen eines schulunterrichts
der erlösung durch kaiser und krieger, aber trainiert in
mathematik, physik und sport, war dieser adrette mitläufer das schoßkind der nazis geworden, das im nu
die sprache der sportlichen zackigkeit und gepreßten
kommandos erlernte.

wenn jemand hitlers kriege ermöglichte, dann die
oberleutnants, in deren hirne nie der wind einer kritischen frage hineinwehte. wenn sie 10 panzer geknackt
oder 20 englische jäger vom himmel geholt hatten,
wurden sie gleich noch majore, mit dreißig jahren vielleicht sogar oberstleutnant. die flotte erscheinung, die
bereitschaft, risiko wegzuschieben, die joviale kolle-
gialität, verbunden mit der enthemmten bereitschaft,
alles unter den befehl von oben zu stellen, erlaubte
ihnen, schlüsse zu ziehen ohne raison, entscheidungen zu fällen ohne vernunft, urteile ohne argument.

dazu bedurfte es eines eigenartigen intellekts. eines
intellekts, der nichts wahrnahm, aber alles verstand.
der kopf war trainiert wie der eines ingenieurs oder
physikers. die wirklichkeit bestand aus kalkül und
erklärung, zur beschreibung und beobachtung reichte
es nicht. man verfiel der projektion von oben und
entschädigte den verlust eigener wertung mit dem
glauben an das große.

solchen leuten konnte hitler seine kriege glaubhaft
machen. sie gehörten zur partei, ohne daß sie parteimitglieder geworden wären. aus der pubertät heraus
stolperten sie in die führungsrolle eines neu aufbre-
chenden volkes. im umgang lässig, im auftreten flott,
im führen hart, im angreifen blind, im denken ver-
kümmert.

manches alte parteimitglied mochte dem führer
lästig sein, weil es die liaison von staat und industrie
auf dem boden einer arbeiterpartei nicht verstand,
weil es einmal an die brechung der zinsknechtschaft
glaubte, an das selbstbestimmungsrecht der völker
und was immer das erste parteiprogramm verkündete.
diesen leutnants, den parteimitgliedern ohne partei-

191

buch, genügte die militärmusik, um sie an die kraft des volkes und des krieges glauben zu lassen. jedes teutonische geschichtsbild, das man ihnen vorsetzte, wurde nicht nur nicht bedacht, es wurde nicht nur geglaubt, sondern empfangen als stimulans des heroischen, des geschichtlichen. diese parteimitglieder ohne parteibuch brauchten nicht einmal ein programm, weil ihnen ein überprogramm angeboten wurde, nämlich teil zu werden der nationalen elite.

manches alte parteimitglied war in der filzokatie matt und dick geworden, diese elite war für jedes wagnis gut, wenn man sie aus den massen herausholte. wer in der hitlerjugend, der alle jugendlichen angehörten, das führen probiert hatte, besaß bereits das privileg, auch die söhne des volkes zu führen, zum corps der befehlenden aufzurücken. aufzurücken zu denen, die in diesem volk die geschichte machten. wer mochte dem widerstehen?

so einfach ist der sozialmechanismus, aus pimpfen die garde des krieges zu machen, die leutnants, die oberleutnants, hitlers liebste soldaten.

mochte ein alter offizier gelegentlich fragen, warum? mochte er fragen, ist das richtig? ein oberleutnant hat selten eine frage zustandegebracht, es sei denn, die umstände hätten ihn fallen gelassen.

nur einmal habe ich einen offizier kennengelernt, der selbst zur zeit der großen siege, als hitler die welt mit seinen blitzkriegen beeindruckte, sich weigerte, das spiel weiter mitzumachen. es war mutig, gefährlich mutig, beförderungen auszuschlagen. er tat es.

es war ein einzelfall. aber auch das hat es gegeben, mal hier, mal dort.

dieser offizier war in die wehrmacht eingetreten, ehe der krieg begann. es gab für ihn so etwas wie das ethos des soldatischen. man hat uns in der tat aus der geschichte genügend personen vorgestellt, bei denen es schien, daß kriegshandwerk und edelmut zusammenfallen könnten. man mußte ja nicht gerade ernst jünger folgen, der glaubte, aus dem feuer der schlachten entstünde ein neuer mensch.

wir drängten nach bewährung, nach übereinstimmung von tun und lassen mit wollen und können. das öffnete manchem, der es zunächst nicht übersah, das tor zum heer.

gerade aber dem mußte mit der zeit aufgehen, auf welch triviale weise oft geschichte gemacht wird, auf welch primitive mechanismen von befehl und gehorsam das heldentum aufgebaut war, mit wieviel oppor-

tunismus der weg zum ruhm erkauft wurde. ganz abgesehen von der frage, ob tapferkeit ein selbstzweck war.
schon bei scholastikern wie thomas von aquin setzt die
tapferkeit klugheit voraus, das wissen darüber, wofür
man einsteht. das war, gemessen an der historischen
wahrheit, sicherlich eine reichlich theoretische ab-
leitung. krieg ist eine vitale veranstaltung, die kaum
durch denken gestört werden will. aber gerade wer mit
bewußtsein in die armee eintrat, mochte eines tages
erkennen, wie störend bewußtsein sein kann, wenn es
gilt, die kriegswirklichkeit zu erklären. vollends die
kriegswirklichkeit eines krieges wie dem jetzigen.
wozu wurde er geführt? aus welchem anlaß? mit welchem ziel?

eine beförderung ausschlagen war nahezu ein pro-
vokatorischer akt. ich habe auch den vorgesetzten zu
achten, der dies gedeckt hat, um keine schergen und
schnüffler auf ihn zu ziehen.

ideologie und funktion

was der mensch in seinem leben erreichen kann, ist
der entwurf einer ethik. der entwurf eines wert-
systems, an das er sein leben anhängen kann. nichts
bewundere ich mehr, als wenn jemand es fertig bringt,
aus sich selber heraus zu leben. das muß ja nicht
heißen und sollte auch nicht heißen, daß man mit sich
selber immer im reinen ist. aber vor ruf, stand, leistung, besitz, aussehen ist es das an einem menschen,
was mich anzieht.

das ist mehr als charakter. es ist haltung. charakter
ist eine stärke der person, alles sich zu eigen zu
machen, auch fehler, und zu sich selber zu stehen.
haltung ist mehr. mich faszinieren menschen, die so
stark aus sich heraus leben, daß man sagen kann, sie
leben nach ihrem entwurf. sie haben eine art selbststeuerung. sie sind sich selbst nicht nur treu, wie die,
die charakter haben, sie sind ihre eigene projektion.

wer so aus sich heraus lebt, entwickelt eine art
kunstwerk. er ist kreativ. er ändert, er biegt um, er
dreht und wendet sich. er baut an sich. er reflektiert
sich selbst, geht um sich herum, sucht neue blick-
punkte. er hat perspektiven.

ich liege in verschiedenen lazaretten, habe malaria,
scharlach, einen malariarückfall auszuheilen. das gibt
mir die möglichkeit, viel zu lesen und viel zu zeichnen.
trotzdem ist es eine zeit der isolierung. die freunde

sind in alle winde zerstreut, inge erholt sich von einer langen krankheit, die sie sich im gefängnis zugezogen hat. ihre familie mußte die stadt verlassen. lebenslandschaft entleert sich, löst sich auf, wird dünner.

begriffe des militärischen kommen mir zu hilfe. ich bin dabei, für mein leben eine strategie zu entwickeln, die es mir erlaubt, taktisch richtig zu handeln. aber an was messe ich diese strategie, welchen maßstab lege ich an, meine moral zu bestimmen?

meistens helfen dazu leitbilder, leitlinien oder ideologien.

die allerdings verlieren an kraft, wenn man gezwungen wird, sehr selbständig zu handeln. zudem ist der verdacht berechtigt, daß ideologien personen erdrükken und nivellieren können. niemand kann auskommen ohne denksysteme, aber sind nicht sie es, die das denken ausschalten?

wenn man den sinn seines lebens selber zu suchen hat, wenn das die eigentliche leistung ist, was aber ist dann der maßstab, an dem sich sinn messen läßt? was ist das richtige?

die wirklichkeit?

es gibt keine ethische wirklichkeit. es gibt nur ethische projektionen, ideale, prinzipien. ethische normen sind ordnungskategorien des wirklichen, nicht ableitungen. sie bestimmen es.

wir leben nicht in einer seinswelt, sondern in einer projektionswelt. wir begnügen uns nicht mit dem, was ist, uns beschäftigt das, was sein sollte. nicht die natur ist unser problem, auch nicht die technik, auch nicht die kultur, sondern das, was wir mit der natur anfangen, was mit der technik, was mit der kultur.

in der geschichte komme der mensch zu sich selbst und im staat realisiere sich geschichte, das hat man uns glauben lehren wollen. dieser glaube gerät nun in arge bedrängnis, seitdem der deutsche staat das siegen verlernt hat und im westen und im osten die deutschen armeen zurückweichen müssen. ich glaube nicht, daß viel von diesem staat übrig bleiben wird, wenn das ende des krieges gekommen ist. seine geschichte, in die wir unser selbst einbringen sollten, wird man verleugnen, verurteilen, vergessen, verdrängen.

wir werden wieder alle mit uns selbst allein sein, jeder für sich. und jeder wird es mit sich selbst auszumachen haben, inwieweit er auf diese geschichte, diesen staat hereingefallen ist. wir werden ziemlich nackt dastehen. oder ist der kantsche imperativ eine begründung für das moralische gerüst, das ich suche?

194

so zu handeln, daß alle danach handeln könnten? ich
habe aufgehört, mein verhalten in beziehung zu
setzen zu dem der andern, und der traum der andern
ist nicht mein traum. nicht mehr.

gibt es wahrheit?

was hat sie mich gelehrt? war sie überhaupt da, mich
etwas zu lehren? hat sie mir gesagt, was zu tun wäre?

die wahrheit hört für mich allmählich auf, eine kategorie des philosophischen zu sein. es gibt wahrheiten
im plural, in konkreten fällen. aber die wahrheit als
solche ist für mich zu abstrakt, zu fern, zu hoch, zu
weit, unerreichbar. welche form des denkens könnte
von sich behaupten, sie zu erreichen? der rationalis-
mus mit seinen logischen prinzipien hat sich von ihr
eher entfernt als sich ihr genähert. das wahre, das ein
resultat logischer schlußfolgerungen ist, ist fern und
dünn.

ich möchte mich nicht auf das wahre beziehen
(»was ist wahrheit?«), eher auf das richtige. das
richtige ist das dem menschen mögliche wahre. es ist
konkret. es hat umstände, es ist überschaubar, es ist
dinglich, anschaulich, läßt sich überprüfen und diskutieren. das richtige ist das wahre in einer konstellation.
eine konstellation ist besetzt von menschen, dingen,
bedingungen, anschauungen, tendenzen, widerstän-
den, einflüssen. das ist mein feld. hier findet wahrheit
statt in form des richtigen.

das richtige gibt es nicht vorher. es erweist sich in
der behandlung des falles. wahrheit, wenn es sie gibt,
wäre immerdar, ewig, aber abstrakt, nicht greifbar. was
fange ich damit an? im Neuen Testament heißt es
nicht: ich bin die wahrheit, sondern: ich bin die wahrheit und das leben. und was ist das, das leben? es ist in
jedem fall ein gegenbegriff des abstrakten. das leben
ist etwas, was auch seine klugheit besitzt. es gibt nicht
nur die klugheit der philosophen, sondern auch die
klugheit, die richtigkeit des lebens. an die stelle der
anbetung wahrer prinzipien tritt die bewältigung eines
falles.

ich bleibe trotzdem skeptisch. das kann in opportunismus umschlagen. (hätten die kirchen die entwicklung der moral beobachtet, es hätte ihnen klar werden
müssen, daß der opportunismus die erbsünde dieses
jahrhunderts ist). die suche nach dem richtigen ist
nicht opportunität. das richtige für eine situation ist
nur dann richtig, wenn es einem kriterium entspricht,
das außerhalb des falles liegt.

das ist ein entscheidendes problem. was für die tech-

nik richtig ist, erklärt sich nicht aus der technik. es
erklärt sich aus dem umgreifenden system der folgen.
was für den ackerbau richtig ist, erklärt sich nicht aus
dem ackerbau, sondern aus der ernährung und den
ansprüchen des menschen.

funktionalität transzendiert sich selbst, erklärt sich
nicht aus der funktion, sondern aus ihren kriterien,
ihrem bewertungsrahmen, ihren zielen.

ich möchte mich auch nicht für ein jenseitiges
entscheiden müssen, sondern für ein jetzt und hier, für
das richtige. und wo finde ich es? und wie finde ich es?

im denken. aber in welchem denken? in meinem
denken. wirklich? ich finde es in meinem denken,
wenn es aus sich heraustritt. wenn es sich selbst
gegenübertritt, wenn es mit sich selbst in einen dialog
eintritt. ja?

ich bleibe skeptisch. meine letzte autonomie
gewinne ich möglicherweise nur, indem ich die letzte
autonomie anrufe.

auch ich brauche siege
das lazarett liegt auf einem berg, bei einer wallfahrts-
kirche vor der stadt. ich bleibe in meiner lazarettkleidung, als mich inge besucht und wir in der umgebung
spazieren gehen. ein anzug aus blau-weiß gewobenem
baumwolltuch. nur die pantoffeln habe ich gegen feste
schuhe eingetauscht, gleichgültig, wie das aussehen
mag.

am abend muß inge zum zug, und ich riskiere das
wagnis, in diesem aufzug, der dem eines gefangenen
gleicht, zum bahnhof zu gehen. ein weltreich bricht
deshalb nicht zusammen, aber mancher bürger fängt
erst bei einem störfaktor zu denken an, bemerkt die
musik erst, wenn die platte einen kratzer hat. der
glaube an sieg und ordnung der weltgeschichte hängt
zusammen mit einem makellosen erscheinungsbild.
die uniform ist keine funktionelle soldatenkleidung,
die sähe anders aus, sie ist das bild der geschlossen-
heit, die das wirkliche in die bahnen des wollens
zwingt.

es gelingt wieder einmal, jemanden zu zwingen,
zweimal hinzusehen. und ich habe das vergnügen,
etwas produziert zu haben, was in keiner dienst-
vorschrift steht, nicht einmal als verbot. ich habe über
den rahmen des militärisch möglichen hinausgedacht.

truppenbewegung

nach monaten lazarettaufenthalt bin ich wieder beim ersatztruppenteil. jede einheit an der front hat in der heimat ihren festen standort mit einer truppe, die für ausbildung und nachschub sorgt. hier werden auch die genesenen wieder eingesammelt und langsamer oder schneller an das soldatenleben gewöhnt. eine unsympathische einrichtung. um die heimatstellung zu halten, sind offiziere und unteroffiziere eilfertiger als sonst, machen schärferen dienst und sind soldatischer als der soldat. wie als rekrut putzt man die stube mit der zahnbürste, muß in der nacht noch raus aus den fallen und trainiert ausdauer in überlandmärschen.

eine gesellschaft für organisierten drill ist sicher etwas vom feinsten, was uns das 19. jahrhundert beschert hat. ich messe der einführung der allgemeinen wehrpflicht überhaupt eine bedeutung zu, die noch kaum wahrgenommen wird.

wo ein gesangverein ist, da wird auch gesungen. wo ein turnverein ist, wird auch geturnt. und wo man ein stehendes heer hat, wird auch krieg geführt. die entwicklung vom universalstaat zum nationalstaat wird ursächlich begleitet von der allgemeinen wehrpflicht. in deutschland sind es die befreiungskriege, die es ratsam erscheinen ließen, alle jungen männer zum kriegsdienst einzuziehen. und mit dem erfolg dieses systems entsteht ein staatsbewußtsein, das sich zuerst auf das heer stützt. und kann man ein heer nutzlos herumstehen lassen? proportional zur potenz dieser neuen kraft wachsen ansprüche und konflikte. und da bei kriegen einer immer der sieger ist, wird es dabei bleiben, daß man mit dieser methode zu vorteilen kommen will. für einen lohnt es sich immer.

dementsprechend ist auch der offiziersstand neu. der offizier tritt an bedeutung neben den pfarrer und den professor. noch zu wallensteins und prinz eugens zeiten war der offizier ein adelsherr, der sein praktikum zu machen hatte. die eigentliche tätigkeit des adels war die hofhaltung und die entfaltung einer politik der beziehungen und vermählungen. krieg war gelegentlicher außendienst zu abhärtung und körpertraining.

der neue offizier verdankt seine stellung der dauerhaftigkeit seines berufes. nun erst, mit der einführung der allgemeinen wehrpflicht, wird der offiziersstand zum rückgrat der gesellschaft. neben den kaufmann und bürger, neben das freie bürgertum, stellt der staat seine neue klasse, macht den staat als staat erst sicht-

197

bar. und die hierarchie der offiziere nimmt es nun an
bedeutung auf mit der hierarchie der richter und des
klerus. hatte der adel bisher seine stellung manifestiert
durch den umfang seines besitzes, so jetzt durch den
rang der offiziere, die er stellte.

was sollen alle diese soldaten hier? wozu werden sie
gehetzt, geschunden, herumkommandiert?

die vorsichtigste philosophie ist, zu sagen, daß sie
uns schützen können. aber auch die jäger behaupten,
sie schützen das wild. und was noch bemerkenswerter
ist, sie glauben es auch noch. sie helfen der natur bei
der auslese und halten den wildbestand gesund. was
läßt sich dagegen vorbringen außer der feststellung,
daß sie gerne schießen?

der nationalstaat mit seinem stehenden heer hat
uns eine unablässige folge von kriegen gebracht, und
für einen bismarck, wilhelm und hitler war der krieg
nicht die fortsetzung der politik mit andern mitteln,
sondern das mittel, mit dem sich politik nach ihrem
geschmack erst machen ließ. erst das stehende heer,
das unbeschäftigt ja ein widersinn ist, hat den neuen
stil der politik bestimmt. das stehende heer will nicht
stehen.

ob sich das wieder zurückdrehen läßt? eine gewisse
kritische steigerung ist nicht zu übersehen, die möglicherweise auch zu einem kritischen punkt führt.

rotbuchen
bei meinem ersatztruppenteil in chemnitz unternahm
ich es aus eigenen stücken, täglich an der europakarte
neben der schreibstube den neuen verlauf der front,
exakt nach wehrmachtsbericht, einzutragen. die amt-
lichen verlautbarungen waren so blumig und vage, daß
sich der normalbürger nur schwer ein bild der lage
machen konnte. aber meine visualisierungsbemühun-
gen fanden wenig interesse. fast niemand interessierte
sich für die entwicklung des krieges. die alliierten
waren am kanal gelandet, standen vor paris. die russen
besetzten das erdölgebiet von plojesti und standen in
polen.

den landser bewegte das nicht. er lebte im empfin-
dungsraum seiner befehle – bei mir entbrannte ein
fieber nach dem tag der freiheit, bei dem jeder neue
stich einer rückwärts wandernden nadel an der karte
eine genugtuung auslöste.

in deutschland wurden allmählich rohstoffe knapp.
autos wurden von benzin auf holzgas umgestellt.

198

so kam ich eine woche zum holzfällen in das erz-
gebirge. für holzgasgeneratoren, die auf das heck der
autos montiert wurden, eignete sich besonders
buchenholz, und wir wurden eingesetzt, vor allem rotbuchen zu fällen, zu zersägen und zu spalten. mir war
das eine liebe beschäftigung, wenn ich auch mit den
vorarbeitern, die ihr handwerk gewohnt waren, nicht
ganz mitkam. akkord gab es aber keinen. ich fühlte
wieder meine kräfte und genoß den aufenthalt im wald
mit dem würzigen geruch eines nie ausgehenden
feuers. es tut gut, unter fachleuten mit einem werkzeug zu arbeiten, das seinen biß hat. was sind unsere
sägen zu hause, was taugt unser beil? mit jedem schlag
gab die axt eine volle spanfassade frei.

und wie das so geht, am letzten tag rutscht mir bei
einem schlag die axt vom holz und saust mir durchs
schuhwerk von vorne in den fuß. holzfäller regt das
nicht sonderlich auf. sie schneiden den schuh frei,
drücken den gespaltenen großen zeh zusammen und
stoppen erst einmal den blutverlust. das blut drückt
noch lange durch den wuchtigen verband, ansonsten
geht die gewohnte arbeit weiter, auf reisig liegend
warte ich, bis mich ein auto abholen kann.

von der liste der landser, die in den nächsten tagen
in den osten sollen, werde ich zunächst gestrichen.
und als ich wieder zum abtransport aufgerufen werde,
ist meine wunde noch so eitrig, daß mich der arzt strei-
chen läßt. die wunde wächst lange zeit nicht zu. als
aber dann in dänemark eine neue division zusammengestellt werden soll, ist sie ausreichend geheilt.

es war herbst geworden. meine kartennadeln steckte
ich im westen bis in die vogesen und ardennen, im
osten bis zur oder.

die neue division war keine division. sobald in dem
dänischen küstenort genügend soldaten eingetroffen
waren, um einen transportzug zu füllen, wurden wir
verladen und durch deutschland gefahren bis in die
gegend der oberen mosel. gewehr hatte ich keins mehr
mitbekommen. artilleristen brauchten vorläufig keine
gewehre. gewehre waren rar geworden.

frontsoldat
beim regimentsstab taugte ich offenbar nicht allzuviel.
die zeichnungen waren nicht genau genug, um danach
schießen zu können. mit einem millimeter ungenauig-
keit auf der karte geht ein artillerieschuß hundert

199

meter daneben. ich war ein schneller arbeiter, gewiß, aber viel zu fahrig und unkonzentriert. hätte man sich auf mich verlassen, hätte die ganze armee daneben geschossen. man versetzte mich.

bei der neuen einheit an der grenze zu lothringen hatte man mir eine angemessenere stelle ausgesucht: bursche bei einem oberleutnant. ich selbst hielt mich ungeeignet dafür. ich hatte noch nie andere leute bedient, und offiziere hielt ich für drohnen. sie haben befehlsgewalt, aber wenig ahnung.

der oberleutnant war das typische produkt der hitler-jugend, als strammer HJ-führer direkt übernommen worden in die führungselite der wehrmacht. er hat nur den schicksalhaften, nicht aus eigenen stücken korrigierbaren mangel eines etwas welligen schwarzen haares. er war darum ausgeschlossen, auch äußerlich ein mustergültiges exempel der nordischen rasse sein zu können. ich kann ihn mir auch mit gepflegter frisur, mit glänzender pomade im haar vorstellen, wie das in den zwanziger jahren chic war. vielleicht lag in der tat darin der grund, warum er gern broadway-schlager pfiff. für gewelltes haar ist man nicht selber verant-wortlich. so mag es sein, daß man sich zum trotz die unteutonische lässigkeit von großstadtschlagern aneignet.

bald entdeckten wir eine brücke, die eine gegensei-tige duldung garantierte, auch wenn wir durch ozeane voneinander getrennt waren. wo immer unsere artille-rieeinheit in stellung ging, suchten wir erst das haus des pfarrers oder lehrers, fanden meistens darin ein klavier; ich holte einen leeren benzinkanister, und wir begannen zu hotten und zu jazzen. broadway, ufa-berlin, er der große pianist, ich sein unentbehrlicher schlagzeuger.

ansonsten ging ich ständig zur gulaschkanone bei der batterie und stellte ihm kochgeschirr und teller auf den tisch zur selbstbedienung. das bat er zu ändern. er esse gerne aus dem teller mit normalem besteck, und ich solle die speisen aufgewärmt servieren.

ein halbes jahr später war ich ein gourmet. der kommandeur kam zum abendessen zu besuch, um die kunst meiner küche zu genießen.

in den verlassenen häusern gab es im keller oder in den küchenschränken immer noch etliche reste an lebensmitteln zu finden. kochbuch hatte ich keines, aber, das ist heute noch meine meinung, kochen ist phantasiesache.

das wurde mein neuer soldatenberuf, unterbrochen

vom wachestehen, das ein gefreiter nach dienstgrad
zugeteilt bekommt, nicht wenig. so konnte ich mich
oft schon um sechs in der früh nach der letzten wache
auf den weg machen, um an der feldküche, die meist
kilometerweit weg war, frischen kaffee zu holen.

auf dem artillerie-beobachtungsstand vorne bei der
infanterie gab es keine feldküche mehr. zwar kamen
essenträger vor, aber bei den langen wegen dickte der
gutgemeinte stampf zu einer nur durch spachtel teil-
baren masse zusammen, in der alle elemente sich zu
einer gleichartigen, schwabbeligen konsistenz verfesti-
gen mußten.

ich versuchte, weiter hinten, hasen zu jagen. aber
ich fand keinen. und zudem hätte ich zweifel gehabt,
als unjäger ein davonrennendes tier zu treffen, dazuhin mit einem feldgewehr 98 K.

bei meinen wachen, meistens zwei während der
nacht, saß ich hinter einem scherenfernrohr, das zum
dach des dorfbahnhofs hinausgeschoben worden war.
so groß habe ich den mond noch nie gesehen wie hinter diesen gläsern. im schatten der nacht konnte ich
noch ausmachen, was die amis da drüben am hang so
trieben. sie liefen, solange nicht befehl zum krieg
herrschte, ebenso ungeschützt umher wie wir. auf der
rechten seite, getrennt durch einen fluß, begann die
nachbardivision, und genau auf ihrem territorium,
ganz vorn unter dem hang der amis, lag ein halbzer-
schossener hof, auf dem noch, ich konnte es im mond-
licht deutlich ausmachen, hühner herumliefen.

nach der wache nehme ich mir einen rucksack, ein
gutes messer habe ich in der tasche, und begebe mich
zu den hühnern. erst muß ich vier kilometer zurück,
dann auf einem steg über den fluß und mich auf der
andern seite an das gehöft heranmachen.

zuerst ist es ein spaziergang, aber je näher ich dem
hof komme, um so mehr muß ich mich vor den amis in
acht nehmen, die das gelände einsehen. eigentlich
sollte man sich nur nachts dorthin nach vorne wagen.
aber am fluß stehen genügend weiden und pappeln,
hinter denen man sich von sprung zu sprung versteckt
halten kann. gegen zehn uhr habe ich die ersten
mauern der hofgebäude erreicht. etwa alle zehn minuten kracht eine routinemäßige artilleriesalve herein.
dazwischen kann man sich bewegen. das wohnhaus ist
bis auf die grundmauern zusammengefallen. einzelne
wandbrücken stehen noch. hinter einem mauerstumpf
steht ein infanterist, der einzige mensch außer mir, auf
posten. er ist wortkarg, hält mich wohl für allzu grün.

neben ihm im ehemaligen wohnzimmer liegen zwei
kühe, den brustkorb löchrig von maden zerfressen,
den kopf mit hörnern noch hoch erhoben, gestützt
vom offen zutage tretenden skelett. eine schublade
eines bürgerlichen möbels liegt noch am boden, an
einer stange flattert im wind noch ein stück vorhang.
wenn es zeit zur nächsten salve ist, ducken wir uns an
ein günstiges stück mauer und warten den einschlag
ab.

es scheint die sonne, wie bei einem ersten frühlings-
tag, aber die wärme setzt bestialischen geruch frei.
die maden beginnen in der wärme, den kühen eine
bewegte oberfläche zu geben.

nur die augen bleiben unangetastet. wie mit
schwarzen glaskugeln blicken die kühe leblos aus
halbskeletten.

der infanterieposten wird jede nacht abgewechselt.
länger ist das auch nicht auszuhalten. wahrscheinlich
ist er nur dazu da, mit leuchtsignalen ein zeichen zu
geben, falls die amis angreifen sollten.

die rückwärtigen ökonomiegebäude sind nicht ganz
so stark beschädigt. ich finde auf mauerabsätzen noch
getreidereste und habe im nu mit dieser lockspeise
fünf hühner im rucksack. gelegentlich scheuche ich sie
dabei auf, und nervöses hühnergeschrei vermischt sich
mit dem krachen der granaten.

soll ich nun warten bis zum abend, um zurückzu-
kehren? man weiß, daß ich hier bin und würde das
hinnehmen. aber ich habe keine lust, hier einen
ganzen tag zuzubringen. es gibt zwei wege, um zurück-
zukommen. entweder, ich gehe wieder den bäumen
am fluß entlang bis zur brücke, wie ich gekommen bin,
oder ich nehme einen feldweg, der vom gehöft auf
einen rücken führt, hinter dem man dann von den
amis nicht eingesehen wird. dieser weg ist kürzer, liegt
aber bis zur krone des rückens direkt dem hang der
amis gegenüber. sicher ein leichtsinniger weg, aber es
reizt mich immer wieder, in erfahrung zu bringen, ob
ich lebensangst habe, ob angst eine essentielle grund-
erfahrung des menschen ist. in einem alter, wo man
sich sein eigenes weltverständnis zulegt, ist dies keine
unerhebliche oder gar platonische frage. ich möchte
spekulationen gern verifizieren können. dieser
gedanke kommt mir aber erst, nachdem ich, jeweils
zwischen zwei einschlägen, aufgesprungen und ein
stück dem hang zugerannt bin.

hinlegen und warten, bis der einschlag kommt, und
dann sofort auf und davon, weiter den hang hinauf.

202

zwei dinge fallen mir auf. einmal: fünf hühner im rucksack sind ganz schön schwer, und zweitens, die einschläge folgen mir nach. und tatsächlich, die brüder haben mich entdeckt und ziehen das rohr ihrer kanone – eine 10,5 wird es sein – mit: ein krach ohne vorheriges heulen, ganz kurz, und ich liege in einer schwarzen wolke pulverdampf.

sofort auf und rennen, was man kann. sobald ich denke, die kanone ist wieder geladen, sie wird abgefeuert, werfe ich mich hin – glücklicherweise ist am rand des steinigen feldwegs eine wildwasserrinne – ich werfe mich hinein und warte, bis es kommt, arme über ohren und kopf gelegt.

diesmal ging der schuß zehn meter zu weit, lag aber genau auf meiner höhe. wieder auf und rennen, was die lunge hält. hast du angst, angstgefühle? ich werfe mich in die rinne und warte.

zu kurz.

meine sprünge werden allmählich weniger lang, aber ich komme trotzdem voran.

oben am ende des weges auf dem rücken steht ein zwetschgenbaum. wenn ich den habe, geht es hinter dem rücken bergab, und niemand kann mich mehr sehen.

an die zwanzig einzelschüsse einer kanone auf ein kleines rennendes lebewesen sind vor, hinter mir, neben mir niedergefetzt. noch fünfzig meter und ich bin oben.

und als ich tatsächlich den zwetschgenbaum erreiche, entdecke ich unter einem rest von schnee, daß hier einmal eine amerikanische MG-stellung gewesen sein muß. ich ziehe die zeltplane, die als dach diente, weg und lasse mich in das strohgefüllte schützenloch fallen. im gleichen augenblick kommt der einschlag. der zwetschgenbaum ist weg. ich bin im loch.

während der pulverdampf verfliegt, entdecke ich meine beute: ein fernglas liegt noch am ausblick, verpflegung in paraffinpäckchen verpackt, liegt herum, ›stars and stripes‹.

so war jeder zufrieden. für die amis war ich wie der zwetschgenbaum vom erdboden verschwunden, ich selbst begab mich ans öffnen der päckchen und fand eine neue zivilisation sich ausbreiten: in jedem päckchen klopapier, zigaretten, büchsenöffner, dosen mit schinken, dosen mit käse, in zellophan gewickeltes knäckebrot und eine zeitung mit comics. es war wie eine weihnachtsbescherung. dazu ein funkelnagelneues nachtglas.

nur meine kumpels von der B-stelle dachten anders.
sie hatten mich mit dem scherenfernrohr verfolgt, und
plötzlich war zusammen mit einem einschlag auch ich
verschwunden, nicht nur das bäumchen. man versuchte, einen stoßtrupp bei der nachbardivision zu
organisieren, um nach mir zu fahnden, ohne erfolg.
man wollte nachts sich selber vorarbeiten und nach
mir sehen. vielleicht war ich nur verwundet. derweil
stolperte ich schon wieder, froh über meine hühner,
dem flußsteg zu und kam gerade zur dunkelheit im
keller unserer B-stelle an, voller freude auf eine gute
küche für die nächsten tage. aber man stierte mich an,
als sei ich ein gespenst.

militärische niederlage

leider waren die hühner alt und zäh. so reifte nochmals
ein plan, an jüngere hühner des vorgeschobenen hofes
heranzukommen.

einnebeln, jawohl, das tal einnebeln und dann
direkt über den fluß übersetzen, nicht erst von weit
hinten auf der andern seite vordringen...

sooft ich wache hatte, suchte ich das ganze gelände
mit dem fernrohr nach jeder einzelheit ab, um nichts
außer acht zu lassen. nur mußten wir das zu zweit
machen, wenigstens mit unserm boot – in der metzge-
rei fanden wir einen hölzernen schlachttrog – zu zweit
an das ufer eilen. ich würde dann hinüberpaddeln und
zum hof vorspringen. das ganze mußte in einer stunde
zu machen sein.

der netteste aus unserer mannschaft, der unteroffizier erlenbruck, eine ellenlange sportskanone, machte
mit.

früh am morgen, kaum daß der tag da war, warfen
wir die nebelkerzen und wie aus kartoffelfeuer spru-
delte weißer rauch. da kaum wind war, begannen sich
zähe fladen zu bilden, dicht am boden, und das tal
allmählich so einzuhüllen, daß nur noch die großen
pappeln darüber emporschauten. mein erstes militär-
unternehmen. schön anzusehen. der dunst der wärmer
werdenden tage vermischte sich mit dem künstlichen
nebel zu einer glaubwürdigen morgenstimmung.

aber die amis schienen mißtrauisch zu werden.
gerade, als erlenbruck und ich mit dem schweinetrog
zum fluß springen, setzt MG- und artilleriefeuer ein,
wahllos in die nebelsoße hinein. wir bringen den trog
zu wasser, ich steige ein und paddle schwankend zum

andern ufer, mache das boot fest, alles unter krachen und geratter, und eile zum hof. diesmal halte ich mich an das richtige federvieh, fülle meinen rucksack und eile zurück zu meinem kahn. erlenbruck war verschwunden, verständlich bei einem solchen feuerüberfall. ich bringe das boot auch allein ans andere ufer und arbeite mich von baum zu baum aus dem talgrund heraus.

mit noch keuchender lunge, aber lachend, liefere ich meine jüngeren hühner ab.

wo ist erlenbruck?

er ist nicht hier.

ich gehe wieder hinunter zum talgrund. das feuer hat nachgelassen. ich rufe: erlenbruck. ich gehe flußauf, flußab und rufe: erlenbruck. der boden mit dem ersten grünen märzgras ist von einschlägen übersät, schwarz aufgerissen.

ich finde ihn nicht.

ich gehe wieder zurück zum bahnhof, vielleicht ist er doch noch aufgetaucht.

er ist nicht da.

ich gehe wieder zum fluß. diesmal weiter nach oben und weiter nach unten, bis an die stelle, wo die amis, als sie noch hier waren und ehe sie zurückgetrieben wurden, einen stacheldrahtwall aus drei übereinandergelegten und auseinandergezogenen rollen errichtet hatten.

ich rufe: erlenbruck. nichts.

ich gehe das ufer entlang, sehe, ob ihn nicht ein einschlag direkt neben einem baum, der ihm schutz geboten hat, ins wasser geschleudert hat, vielleicht verwundet, vielleicht tot.

ich spüre, daß ich vielleicht ein menschenleben zu verantworten habe, dazuhin bei einer unsinnigen unternehmung. der einzige trost im moment bleibt das suchen. jetzt nur nicht aufgeben und zu grübeln anfangen. noch gegen mittag rufe ich gelegentlich: erlenbruck. und tatsächlich, ganz fern erhalte ich ein echo. ich gehe bis zum stacheldraht und sehe auf der andern seite tatsächlich erlenbruck daherschlendern. an einer nicht zu hohen stelle nimmt er anlauf und springt über den drahtverhau.

ich weine fast. die sache klärt sich dadurch auf: er erzählt, er sei kölner landesmeister im hürdenlauf gewesen und hätte so über dieses hindernis hinweg reißaus nehmen können.

es war auch zu dumm, es war eine militärische stümperei, mit künstlichem nebel bei den amis den

eindruck zu erwecken, ein angriff bereite sich vor oder
sonst etwas unberechenbares.

also doch angst? ich weiß es nicht.

zunächst war es die last der verantwortung. ich war
es, der erlenbruck aufgefordert hatte mitzumachen.

es war vielleicht eher verzweiflung über die möglichkeit, etwas irreparables begangen, ein leben
ausgelöscht zu haben. etwas, was in keinem fall wie-
dergutzumachen ist, nie. leben läßt sich nicht zurück-
rufen. vielleicht war es das.

baden gehen

der krieg hatte pause. nichts tat sich mehr. vor unsern
augen gingen die amis in der kalten saar wasser holen
und begannen, sich von oben bis unten abzuseifen.

unsere beobachtungsstelle war in einem bürgerhaus
am diesseitigen ufer oben auf dem hang. aus dem
walmdach schaute unser scherenfernrohr und ein
maschinengewehr. es war der vorgeschobenste posten
der front, bei uns noch ein paar infanteristen. zu
unserm verein gehörte der oberleutnant, ein fern-
sprechunteroffizier, ein fahrer und ich, der bursche.
nach vier jahren soldat hatte ich es immer noch nicht
weitergebracht als bis zum burschen. ich kochte und
hatte vor allem wache zu schieben. tag und nacht,
nacht und tag, immer wieder durch das scherenfernrohr sehen, ob sich was tut.

ich musterte die nackten amis, beobachtete, was
sich hinter den verstecken ihrer stellungen tun konnte,
und machte mir den spaß, gelegentlich mit einem
MG-stoß die meute davonblitzen zu lassen, oft nicht
einmal mehr die hose unter dem arm. aber nach tagen
trauten sie sich wieder ans wasser, sie hatten gemerkt,
daß ich in die luft schoß. trotzdem hatten wir das zu
büßen.

der angriff begann mit einem trommelfeuer, vor
allem auf unser haus. es blieb uns nichts anderes
übrig, als uns in den keller zu verkriechen. für mich als
bursche gehörte es zu meiner aufgabe, auch den keller
kommod eingerichtet zu haben. mein oberleutnant
saß in einem fauteuil aus dem herrenzimmer, ich ihm
gegenüber, ebenfalls in einer sitzgelegenheit dieser
art. der unteroffizier und der fahrer hatten eine bank,
nahe der tür. im nu war die fernsprechleitung zerschossen, und der unteroffizier machte sich auf den
weg, sie zu flicken. die erde bebte, und das haus
wackelte.

plötzlich ein blitz, krachende trümmer, rauch und staub. ich tastete mein bewußtsein ab, was war geschehen, dann meine knochen, nichts. in dem maße, wie der staub und rauch sich verzogen hatten und in der außenmauer ein riesenloch erschien, das den keller taghell erleuchtete, tauchte auch mein oberleutnant wieder auf, ebenfalls mit offenen augen, aber bis zum hals mit schutt und ziegelsteinen zugedeckt, ein kopf mit einem hermelin aus baumaterial. ich fing an, furchtbar zu lachen. es sah so irre komisch aus, daß ich mich nicht halten konnte, auch als die miene meines offiziers ernster und militärischer wurde.

ich begann, die ziegelsteine und die betonbrocken in das nun eröffnete freie hinauszuwerfen, und hervor kam ein intakter deutscher offizier voller dreck und staub. ein paar rippen waren wohl gebrochen, aber die tatsache, daß ich im gegensatz zu ihm nichts abbekommen hatte und in heroischen stunden auch noch zu lachen anfing, machte ihn sauer.

ich ziehe es vor, mich ein bißchen im haus herumzutreiben, das ziemlich demoliert ist, und zu sehen, was sich draußen tut. plötzlich kommen drei panzer auf unserer uferseite über den buckel vor uns gekrochen und feuern, was die rohre halten. alles in unsere häusergruppe hinein. in einer kleinen mulde, wo nur noch die geschütztürme herausschauen, machen sie halt. der infanterievorposten sattelt hastig zum rückmarsch, wir selbst halten keine verbindung mehr zum stab. der unteroffizier, der für die leitung verantwortlich war, sitzt unten im keller. die schießerei läßt etwas nach. das ist meine stunde. ich sehe die chance, den krieg für mich zu beenden.

ich sage, ich werde die leitung flicken. ich lasse es mir zeigen, wie man es macht, nehme kombizange und isolierband mit, führe den draht in der hand, um jede gerissene stelle zu erfassen. nach hundert metern habe ich zehnmal geflickt, ziehe den draht liegend in drecklöcher herab, um ihn zu knoten und zusammen zu zwirbeln. es kracht ringsumher.

ich schaue ständig zu den panzern hinüber, die mich noch nicht entdeckt zu haben scheinen. ich hoffe, irgendwann kommt infanterie, und ich kann meine arme hochreißen und zu unsern befreiern hinüberlaufen. aber nichts tut sich, keine truppen. nur die geschütztürme spucken feuer.

weiter hinten werden die flickstellen weniger. ich komme rascher voran, das feuer wird ruhiger. nach vier kilometern bin ich bei unsern ersten geschützen.

aber die leitung gibt nichts mehr her. sie muß in fetzen
liegen. also wieder nach vorne. man hält mich für
nicht ganz normal. aber ich will doch nur eine gelegenheit, einem ami zu begegnen.

ich empfand sie nicht als freunde, aber als ein
geschenk des himmels, um die nazis loszuwerden.
wenn sie deutsche bataillone gehabt hätten, ich hätte
gegen die nazis und ihre mitläufertruppen gekämpft.
jetzt blieb nur die gefangenschaft, nachdem mir nichts
mehr einfiel, mich der deutschen kriegsführung zu
entziehen. ich gehe also zurück, den fernsprechdraht
in der hand, und bei jeder anheulenden granate mache
ich einen flachen sprung in den ackerdreck. zu allem
schrecken fliegt über mir ein amerikanisches artillerie-
flugzeug. natürlich sieht der mich, und bald bekomme
ich die wirkung zu spüren. die granaten kommen dichter. ich renne um mein leben. ein einschlag kommt so
dicht, daß ich beim fallen eine volle garbe ackerboden
ins gesicht geschlagen bekomme, alles unter die haut.
stahlsplitter waren ganz offensichtlich keine dabei.

es geht bergauf in ein gartengebiet hinein. der flieger gibt mich offenbar auf. und noch immer flicke ich
den draht.

es wird abend, das feuer läßt nach, und ich kann
sogar aufrecht gehen. ich denke, jetzt müssen sie kommen. sie kommen nicht. meine panzer stehen immer
noch da, ruhig, unberechenbar ruhig. ich bleibe
vorsichtig, verstecke mich hinter gebüsch und baum-
stämmen. nirgendwo ist mehr ein deutscher soldat zu
sehen. weiter weg rumort der krieg. hin und wieder
auch hier ein einschlag. sie kommen nicht.

als ich zur B-stelle komme, schaut man mich an, als
gäbe es mich nicht. erstens bin ich wieder da, und
zweitens muß ich aussehen wie eine schlammkröte.
für kurze zeit muß die leitung intakt gewesen sein,
man hat den rückzug unserer B-stelle befohlen. in den
trümmern wird das restliche hab und gut zusammen-
getragen. die infanterie ist schon lange weg.

ich sage, ich nehme das MG und sichere. ich will der
letzte sein, ganz am ende gehen. die andern schleichen
sich davon. ich schaue mich, geduckt und gebückt
mehr um, als ich gehe. die andern warten gelegentlich,
um nicht den kontakt abreißen zu lassen, und mahnen
mich zur eile. schlußendlich bleibe ich bei ihnen, wir
gehen aufrecht in reihe, es ist ruhig geworden. ich
trage das MG auf dem kreuz, mit dem ich die amis
geärgert habe.

die geputzte uniform

der bauernhof muß rasch verlassen worden sein. wir
fanden im rauchfang einen ganzen schinken hängen.
eine tonne mit zwetschgenmaische und eine ver-
gessene flasche kirsch standen im keller.

von da ab servierte ich uns fünfen von der beobachtungsstelle jeden morgen ein holsteinisches frühstück
in der bauernküche. frisch aufgeschnittener katen-
schinken rundum und tellergroß, brot und ein paar
gläschen. und abends verwendete ich die speckreste
für den eintopf aus bohnen, kartoffeln und fleisch.

es machte mir langsam spaß, meinem oberleutnant,
mit dem ich nie etwas privates gesprochen hatte, den
haushalt zu führen. so nahm ich mir sogar eine richtige reinigung seiner uniform vor mit bürsten und
plätten. ich drehte die hosentaschen um und auch die
ärmelaufschläge, in die er schriftstücke legte. und was
seh ich da: volksgerichtshof berlin wegen otl aicher.
die einheit wird informiert, daß ich wegen der studen-
tenunruhen in münchen beobachtet werde, daß ich
eine zeitlang in rußland wegen verlegungen nicht auf-
findbar gewesen sei und daß man wohl wissen möchte,
wie sich der gefreite aicher bei der truppe verhält. es
sei ein verfahren anhängig zur ermittlung der querver-
bindungen zu den münchner studenten.

der brief war wegen seiner irrfahrten über ein jahr
alt, die antwort neu: nicht aufgefallen, macht seinen
dienst, mehr umständlich als recht, sonst beliebt.

geburtstag

mein oberleutnant hat geburtstag. ich muß nach
vorne zur B-stelle. bei dieser gelegenheit auf dem weg
vom troß zur front, sage ich mir, kann ich verschwinden. wenn schon der versuch, in die gefangenschaft zu
kommen, nicht geklappt hat, muß ich mich in richtung
heimat dünne machen. und auf dem weg hier vom
bataillonsarzt nach vorne kann niemand beobachten,
daß ich mich aus dem staub mache.

ich gehe am morgen in einem kleinen tal spazieren,
um mir nochmals alles zu überlegen. eigentlich gibt es
gar nichts zu überlegen. wo bleibt da das kalkül, wenn
es ins absolut ungewisse geht? ich weiß nicht wohin,
ich weiß nicht wo lang, ich weiß nichts. und trotzdem
drehe ich alles mal so, mal so herum, betrachte es von
allen nur erdenklichen seiten. und dann sage ich ganz
ruhig und fest: jetzt wird es gemacht, und ich bin fast

209

ein wenig überrascht über meine entschlossenheit und meinen schritt in ein nichts.

wegen einer wunde am fuß war ich ein paar tage beim stabsarzt gewesen. ich sparte mir alle butterrationen vom mund ab, aß trocken brot und schaffte es, damit für mein geburtstagskind zwei wagenradgroße streuselkuchen backen zu lassen. in der etappe gibt es alles. ich schnitt die kuchen in je zwei hälften und ging mit vier halben streuselkuchen unterm arm, ein gewehr über die schulter, nach vorne, korrekt abgemeldet, zwar noch nicht ganz gesund, aber dem anlaß entsprechend freigegeben. ich drängte auch fort, weil ich hörte, ich solle zum obergefreiten befördert werden und für meine kabelflickerei das eiserne kreuz erhalten. beides paßte mir nicht.

nach wenigen kilometern schon gerate ich in die sperre der militärpolizei, wegen ihres metallschildes um den hals auch kettenhunde tituliert. besonders ausweisen für meinen auftrag kann ich mich nicht, aber die streuselkuchen, die ich als meine marschverpflegung gedacht hatte, wirken als geburtstagsgeschenk absolut überzeugend.

es ist einleuchtend, daß ich von nun an das gebiet zu meiden habe, in dem sich die kettenhunde aufhalten. ich muß so nahe wie möglich an die front heran und ihr entlang meinen weg suchen. eine karte über den verlauf der front oder sonstige informationen habe ich nicht, aber man kann sie wahrnehmen. wenn ich eine geschützbatterie oder motorisierte fahrzeuge sehe, bin ich zu weit zurück.

bis zu einer granatwerferstellung gehe ich in richtung B-stelle, dann wende ich mich ostwärts zu, richtung rhein. mein aussehen ist das eines frontsoldaten. unvorschriftsmäßig und etwas phantasievoll. die uniform ist für das kauern im dreck praktikabler gemacht, tücher um den hals, kopf unter dem stahlhelm gegen kälte eingebunden, an den füßen erbeutete amerikanische schnallenstiefel aus gummi bis unters knie. auch meine halbrunden kuchen in weißes papier gewickelt, sehen hier vorne so unmilitärisch aus, daß sie zum bild der front und ihrer soldaten passen.

wenn ich frage, wo's zur B-stelle des artillerieregiments 147 geht, kann mir zwar keiner eine antwort geben, aber es wirkt glaubhaft, und ich kann weiter aushorchen, wo der ami liegt und wo die unseren, wie die nachbardivision heißt und wo der letzte angriff erfolgt ist. soldaten, die hinter baumstümpfen lauern,

noch fetzen der winteruniform an sich, so zerlumpt
wie die märzlandschaft, gucken mich zwar dumm an,
erkennen mich aber doch als einen der ihren und
geben sich mit dem gruß eines angehobenen zeige-
fingers zufrieden. granaten, die angeflogen kommen,
kennt man. beim langen heulen wirft man sich erst gar
nicht hin, nur die, die mit einem kurzen zischen da
sind und dann krepieren, sind gefährlich.

ich befinde mich in der frühjahrsoffensive der
amerikaner gegen das saargebiet und der offensive der
franzosen aus dem eroberten elsaß heraus nach norden zu. die front brummelt und rumort in ihrer ganzen
länge. in der nähe wirkt sie weniger heftig, hier
krachen nur einzelne einschläge, maschinengewehre
ballern gelegentlich, heuler durchziehen die luft. man
wird nicht im zweifel gelassen, wo es lang geht. die
verteidigungslinien der unsern liegen nie auf offenem
feld. das überläßt man den angreifern. man verschanzt
sich an waldrändern, an bergsprüngen und bereichen
mit überschaubarem vorfeld.

die nacht ist so gut wie erleuchtet. immer wieder
flammt eine leuchtkugel auf oder erhellt ein blitz die
szenerie. an schlafen ist nicht zu denken. ich will ja
auch weiter. trotzdem döst man vor sich hin, als gehörten granaten zum alltag. einmal erschlägt mich fast ein
ast, den eine granate mit ihrer explosion herunterfetzt.
man erschrickt kurz und geht wieder seinen weg.

in der zweiten nacht gerate ich in das niemandsland.
die infanteriewaffen sind ziemlich ruhig, nur artillerie
kläfft hin und her. so muß ich übersehen haben, wo
hüben und drüben ist und bewege mich zwischen den
fronten. erst macht es mich stutzig, daß die kugeln von
links und von rechts kommen, noch nicht auf mich
gerichtet. ich liege in einer furche. rückwärts geht
nicht, links oder rechts auch nicht, also heißt es liegen
bleiben, bis beide seiten ohne mißtrauen sind. dann
krieche ich weiter. unsere front ist keine geschlossene
kette, und es gelingt mir, mich wieder einzufädeln und
aufzuhören, ein fremdkörper zu sein.

gelegentlich gerate ich schon mal weiter nach hinten, aber sobald ein motorisiertes fahrzeug zu sehen
ist, korrigiere ich mich. wo autos sind, ist auch militärpolizei.

ein halber kuchen reicht mir drei tage. der appetit ist
nicht groß. als ich den ersten kuchen vertilgt habe,
erreiche ich den pfälzer wald. ich habe nicht gewußt,
daß es in deutschland eine so schöne landschaft gibt.
die berge sind nicht ausgesprochen hoch, aber sehr

bewegt. es sind weniger rücken als einzelkegel, meist
bewaldet. viel kiefer und buche. es beflügelt mich,
auch wenn es ständig hereinkracht. ich falle wieder
einen bruchteil einer sekunde zu spät in eine krepie-
rende granate, aber es ist doch wieder nur erde, die mir
ins gesicht schlägt. das blut bleibt in perlen stehen.

das gehen macht mir langsam beschwerden. die
schuhe, die ich in einer amerikanischen stellung ergat-
tert hatte, sind mir zu groß. ich habe mir aus einem
zerschossenen militärmantel einige lagen filzsohlen
hineingeschnitten, gehe zwar weich und leise wie ein
panther, aber die füße schwimmen zu sehr, die haut
wird aufgewalkt, bekommt blasen.

allmählich nähere ich mich dem rhein. ich mache
mir gedanken, wie ich rüberkomme, ohne gefaßt zu
werden. zum schwimmen nachts ist es zu kalt. ein boot
wird es kaum geben. an brücken steht militärpolizei,
kontrolliert alles, was herüber und hinüber geht. was
machen? vielleicht doch noch zu den franzosen, die
hier an diesem teil der front angreifen? jetzt, wo ich
zuhause sein könnte, irgendwo untergetaucht und der
krieg in seine letzte phase eintritt?

der kopf beginnt mich wieder zu martern. beim
ruhen droht er gerne zu überdrehen, beim gehen vermischt sich die motorik des körpers mit der bewegung
der gedanken. die phantasiebeispiele, wie man alles
bewerkstelligen könnte, entwickeln sich zu einem
film. die handlung gleitet bilderreich voran, plötzlich
gibt es einschnitte, überfällen gleich, rückfälle, wände,
die nicht zu erklimmen, flüsse, die nicht zu überspring-
en sind. und der film wird zurückgedreht und geht
von vorne los. ich habe keinen freund, keine hilfe, ich
habe nur gegner. alles, was es gibt auf der welt, ist ein
potentielles hindernis. im film kämpfe ich gegen einen
militärposten an einer rheinbrücke, auch wenn sie
zerschossen im wasser läge und ich hinüber klettern
müßte. ich kämpfe gegen jeden menschen, der mich
als deserteur entlarven könnte. ich kämpfe gegen alles
und jedes, allein gegen den ganzen staat, alle seine
armeen und organisationen, nur unterstützt von meinem gehirn, das mir neue fährten auftut. ich habe aus
meinem gehirn eine kolossale maschine gemacht. es
arbeitet unaufhörlich mit einer heftigkeit, daß die
schädeldecke unter druck gerät. ich fühle die vibration
der tourenzahl, den stau der depressionen. immer
neue bilderserien entstehen, ich versuche, die zukunft
aufzureißen oder zu überlisten, indem ich alle ihre
möglichkeiten durchspiele, bis sich mir ein loch auftut

und ich ihr in den rücken fallen kann. zwischen den
blitzen des krieges blitzt mir unbedachtes mit schrek-
ken auf, weil es mich gefährden könnte. das unbe-
dachte ist mein schrecklichster feind. auf das sicht-
bare, das erkannte kann man reagieren, auf die person
aus dem rückhalt nicht.

je genauer und umfassender man denkt, desto
weniger braucht man angst zu haben. daß ich plötzlich
zerfetzt sein könnte oder von einer verirrten kugel
getroffen, macht mir keine angst. das gehört ins
kalkül. nur das unbekannte ist unheimlich. und also
habe ich das unbekannte so in die enge zu treiben, daß
es sich zurückzieht. meine phantasie streift alle gegen-
den des möglichen ab – nicht primär, um schlüsse zu
ziehen – sondern um sie sichtbar zu machen. sie leuchtet in alle eventualitäten des kommenden, um mir die
möglichkeit zu verschaffen, richtige entscheidungen
zu treffen. ich stachle sie zu immer neuen entwürfen
und neuen geschichten an, um dann sagen zu können,
so wird's gemacht.

deshalb sind die nächte meine tage, weil mich
niemand stört. und auch tagsüber, wenn ich wortkarg
bin, ist es nur, weil ich meinen filmen folge. den
ganzen krieg über habe ich nicht einen roman gelesen.
er lenkt mich von den erkundungen meiner phantasie
ab. ich führe meinen eigenen krieg, habe meine
eigenen scharmützel und meine eigenen schlachten.
ich führe krieg gegen den krieg. dazu muß ich prinzipien herbeischaffen, die historie als vorläufer dieses
kriegs auseinandernehmen, ich muß meine ziele
beschreiben und meine motive rechtfertigen. dabei
habe ich nicht einmal verbündete.

alles, was ich will, ist, mich von diesem krieg nicht
einspannen und als blinder untertan verheizen
lassen. mag ich umkommen, aber ich will nicht als angepaßter jasager mich vereinnahmen lassen. ich will
mich nicht aufs kreuz legen lassen. dieser krieg ist ein
krieg gegen menschen, tausende, abertausende
menschen, millionen von menschen, die sich nichts
haben zuschulden kommen lassen. dieser krieg ist der
selbstzweck eines heruntergekommenen nationalstaates. ich will nur eins, nicht mitgemacht haben. ich
will nicht, daß ich mir sagen muß, ich hätte den
speichel der nazis geleckt. mag sein, daß alle, die ihn
geleckt haben, eines tages sagen werden, sie seien
gezwungen worden, mag sein, daß sie ihre weißen
hemden von der braunen brühe gereinigt haben. es ist
ihre sache, wenn sie noch tiefer sinken. ich spreche

nur für mich. besudelt möchte ich nicht überleben. ich
möchte noch respekt vor mir haben können.

was die eines tages ihren kindern vorlügen werden,
ist ihre sache. ich möchte mir noch selber glauben
können.

ein alter mann, der zwischen einschlägen umherirrt,
sagt, die rheinbrücke sei noch ganz, aber unter
beschuß. wie nun rüberkommen?

der arme vogel

nachts war ich noch ein gutes stück in die rheinebene
hinausgekommen. in einer ehemaligen kiesgrube,
die nun mit birken bestanden war, legte ich mich nieder und schlief ein, das erste mal seit einer woche,
verdreckt, unrasiert, ein soldat von der front, von einer
frontbegehung, im gesicht eine verpichte mischung
aus erde und blut.

als das erste licht anbricht, bin ich hellwach. ein
wirklich schöner fleck. die erde riecht nach baldigem
frühling, der himmel hat etwas vom osterlicht. die
birken wollen bald ausschlagen. der winter ist endgültig vorbei.

zur ausstattung eines soldaten gehört notverbands-
zeug in einer unteren innentasche seines rocks. links,
versteht sich, damit man es mit der rechten hand
greifen kann. zu meiner kampfausrüstung in der rechten brusttasche gehört noch ein spezialpäckchen
besonderer art.

im vorigen herbst, als wir von dänemark aus zu
einer neuen division zusammengestellt und an die
westfront an der oberen mosel geworfen wurden, war
ich nach wochen von hin- und hermarschieren – jeder
fünfte hatte ein gewehr – in einem regimentsgefechts-
stand gelandet. ich war als zeichner abgestellt, um
frontverlauf und batteriestellungen in karten einzutragen. zudem mußte ich ewig vor dem rathaus des
dorfes, in dem wir untergebracht waren, wache schieben und morgens die bude sauber machen. zu mehr ist
ein gefreiter im vierten jahr dienstzeit nicht tauglich.
aber das hat auch seine vorteile.

als ich um sechs uhr morgens mit besen und säge-
mehl den boden zu reinigen hatte, war ich noch ganz
allein. und ich schnupperte in alles hinein, was einen
privatkrieger interessieren könnte. ich kannte den
ganzen frontabschnitt, die pläne für die nächste um-
gruppierung und die eingesetzten einheiten. bei dieser

gelegenheit inspizierte ich auch einen transportablen aktenschrank mit sämtlichen dienstformularen, blanko gestempelt, die das leben eines soldaten begleiten können. von oben nach unten nahm ich dienstausweise, urlaubsscheine, fahrausweise, krankenpapiere, verwundetenpapiere, totenpapiere zu einem bündel, faltete sie korrekt und trug seitdem ein ansehnliches päckchen papier in meiner rocktasche. ich konnte mich für alles ausweisen.

ich hatte in erfahrung gebracht, daß hinten und vorne an der rheinbrücke je ein polizeiposten war. so kam mir die idee, mich als verwundeter rüberzuschmuggeln. meine fronterlebnisse sah man mir an, nun war noch das attribut des verwundeten zu schaffen.

ich wickle das päckchen mit den papieren auf, nehme den uniformanhänger für verwundete mit den seitlichen roten streifen heraus, dazu das einweisungspapier. unterarmschuß, schreibe ich, feldlazarett 719 in karlsruhe. name. unterschrift, plmbrtz. ich lege mir das große verbandspäckchen zurecht, um meinen arm zu verbinden, mit schlinge um den hals. fehlt nur noch das blut.

in den frühen morgen zwitschern ein paar finken, die von birke zu birke hüpfen. ich nehme mein gewehr, lade durch, ziele in die höhe, und in den noch ruhigen morgen schlägt ein schuß mit rückecho. der fink fliegt wenig bekümmert auf die nächste birke. nochmals durchladen. schuß. er hüpft wieder weg. auch beim dritten mal denkt der fink gar nicht daran, reißaus zu nehmen. der frühjahrsmorgen hat ihn kühn gemacht. eigentlich war ich immer ein guter schütze gewesen. jedesmal, wenn es zum schießstand ging, siegte der ehrgeiz zu wissen, wie gut ich schießen kann, über den appell der vernunft, als dämlicher soldat dazustehen.

aber ich hatte erst vor wochen ein neues gewehr bekommen, das ich noch nicht kannte. vielleicht wurde bei den oft unsanften bodenbekanntschaften der letzten tage das korn angeschlagen. ich schieße zum vierten mal. immer noch auf denselben vogel. seine kameraden haben sich längst dünne gemacht bei dem morgendlichen radau. wieder nichts. aus einem bunker in der nähe kommen soldaten herausgekrochen, denken vielleicht, es könnten die franzosen sein. ich winke rüber. sie gaffen nur noch und verziehen sich dann wieder.

aber der vogel ist immer noch da, ein paar bäume

weiter, und finken sind so unermüdlich, daß sie auch in einer solchen lage noch zwitschern und pfeifen, ihre melodie ständig ein wenig modifizierend. vorsichtig gehe ich zu dem baum, ziele, denke, vielleicht schieße ich etwas daneben, aber wie daneben, rechts, links, oben oder unten, vorne, hinten? und: welche erlösung, der arme fink fällt mir vor die füße.

ich kann's nicht ändern. vögel, die aufhören zu zwitschern, sind zweimal tot. ich betrachte ihn mit bedauern.

ich binde meinen linken unterarm fachmännisch ein, zweimal die binde um den hals, dann presse ich das blut des vogels auf meinen noch allzuweißen verband und bin ein getroffener soldat, einen anhänger am kittel, wie bei einem postpaket, mit dem für jedermann klar ist, daß ich zu den besonderen, tapferen soldaten gehöre, die sogar ihr blut fürs vaterland gegeben haben. fast kommt rührung auf. jede kreatur hat ein recht zu leben, auch ein vogel.

ich humple auf die brücke zu. ich kann wirklich nicht mehr normal gehen. so alle minute kommt ein störfeuer auf die brücke.

die militärpolizei hat sich an der auffahrt einen bunker errichtet. es kommt zu einem wortwechsel, hauptsächlich, wie man rüber kommt. mein aussehen sagt zum dienstlichen teil offenbar alles. ich warte den nächsten einschlag ab, renne dann bis etwa mitte brücke und werfe mich hin. das geschoß fährt wie in eine stahlharfe, die splitter klingeln der explosion hinterher. ich renne weiter, mit weichen knien, müden füßen und gehe dann – egal, wer hinter mir noch schießt – in eine aufrechte, langsamere gangart über. ich bin drüben. der posten am anderen ende winkt mich nur weiter.

ein reservelazarett 719 in karlsruhe gibt es nicht. ich will weiter, und einen so geschundenen landser, direkt von der front, nimmt jeder LKW-fahrer mit. viel verkehr ist nicht mehr. so gelange ich, in verschiedenen etappen, als es nacht wird, bis an eine steige hinter gaggenau. ich denke, ich kann noch über den buckel rüber, aber kein verkehr mehr. so trage ich mich, meinen stahlhelm und mein gewehr auf meinen müden, kaputten beinen die steige hinauf. ein arbeitsgaul holt mich ein, auf dem ein bauer sitzt. ich halte ihn an, bitte ihn, mich mit auf sein pferd zu nehmen. zweie sind zuviel, meint er, steigt ab, hilft mir hinauf, und wortlos überqueren wir die höhe.

endstation eisenbahn

der schwarzwald war von einer flakdivision belegt. ich
war an der heimatfront, wo es wieder ordentlich
zuging. jetzt nur keine fehler machen. ich brauche ein
neues gehirn. es sagt mir, daß ich mich sauber zu
machen habe, zu waschen von kopf bis fuß, daß die
klamotten zu reinigen sind, die schuhe zu waschen.
die verwundetengarnitur wird abgelegt. ich erhalte
einen dienstausweis und einen fahrausweis zu einer
gerichtsverhandlung der 5. division in donaueschingen. und also habe ich adrett zu sein wie aus der kaserne. das gelingt nicht ganz, denn etliche praktische
beutestücke aus amerikanischen depots wie schuhe
oder gürtel gibt man schon als fronttrophäe nicht ab.
der dienstausweis ist wieder unterschrieben von
plmbrtz.

die wirtin des schwarzwaldgasthofes behandelt mich
wie ihren sohn, auch wenn es darum geht, die unter-
wäsche zu kochen und mir ihre nähschere für finger-
und fußnägel zu leihen. meine verwundung sei nicht
schlimm gewesen, halt viel blut, aber ob sie nicht ein
größeres pflaster hätte.

der fahrausweis nützt mir wenig. es fahren keine
züge mehr oder so selten, daß ich mich ihrer nicht bedienen kann. der erste lastwagen, der mich mitnimmt,
hat nur auf der pritsche platz. erst denke ich, die einstellung zum soldaten ist hier eine andre, denn es ist
kalt. warum nimmt man mich nicht ins führerhaus?
aber ich habe grund, dankbar zu sein. von hier oben
sehe ich schon von weitem, daß an der nächsten kreuzung eine militärpatrouille ihre kontrollen macht. das
auto hält, die kettenhunde gehen zum führerhaus, ich
schleiche mich zur entgegengesetzten hinteren ecke,
springe lautlos ab und verschwinde zwischen ein paar
häusern und ihrem sichtschatten im wald.

das war knapp.

zwar habe ich meinen dienstausweis. aber gibt es
eine 5. division in donaueschingen? würde ich kaltblü-
tig genug sein, ohne mich zu versprechen, ohne verdacht zu erwecken? eine telefonische rückfrage, und
sie hätten mich gehabt. wenn sie mich erwischen, bin
ich dran. definitiv. ohne pardon. vielleicht sogar auf
der stelle. das beunruhigt mich nicht einmal. dieses
risiko gehe ich ein, bin ich immer eingegangen, seit
jahren. irgendwie billige ich dem staat zu, daß er sich
entsprechende gesetze geschaffen hat, um sich total zu
schützen, auch wenn sie für mich null und nichtig
sind. ein solcher staat kann gar nicht anders, als jeden

umbringen, der ihm suspekt ist. trotzdem sind sie für mich bar jeder autorität, bar jeder legitimation. ich habe meine eigenen gesetze. dabei konnte ich weder juristen noch theologen fragen, wie ich mich zu verhalten hätte. vielleicht hätte der theologe auf paulus verwiesen: seid untertan der obrigkeit.

das ganze war eine sache außerhalb von rechtspositionen. es war ein duell. es war ein katz-und-maus-spiel, und rechtmäßigkeitsüberlegungen waren weniger angebracht als die list, sich zu entziehen, sich unsichtbar zu machen, sich zu verkriechen. erwischen sie mich, waren die maschen zu eng.

erwischen sie mich nicht, bin ich kein sieger, habe keinesfalls gewonnen, vielmehr kann ich sagen, ich habe bei dieser sache nicht mitgemacht, ich habe mich nicht herumkriegen lassen. ich habe mir meinen ekel bewahrt. mehr nicht.

wenn sie mich erwischen, gut. dann bin ich auf meine weise gefallen. kein heldentod. ich bin schlicht unter die räder gekommen. aber mehr kann und will ich auch nicht. einen zug entgleisen lassen, das kann ich nicht. den krieg zu verkürzen, leben zu schonen, zu retten, dazu bin ich zu schwach. ich bin allein, und wenn ich glück habe, schaffe ich es, auf meine weise, mich dem krieg zu entziehen.

oder müßte ich nicht doch einen zug entgleisen lassen? müßte ich nicht alles tun, um die perversionen alles menschlichen stoppen zu helfen, zu helfen, daß es unterliegt?

an sich wäre es machbar, einen zug, sagen wir einen munitionszug, aus den schienen zu kippen. aber muß ich das? ganz abgesehen davon, daß ich alle nerven und alle gehirnwindungen brauche, um herr meiner jetzigen situation zu bleiben. deutlich fühle ich, daß ich mich selbst schuldig mache, wenn ich an dieser schlächterei mitwirke, aber werde ich auch schuldig, weil ich nicht etwas mehr tue, als mein eigenes gewissen sauber zu halten?

wieder einmal beschließe ich, bei dem zu bleiben, was ich kann, nicht, was ich müßte.

moral und recht sind himmlisch ferne, duftige gebilde. das netz der kasuistik ist zu dünn, als daß es solche wirklichkeit einfangen könnte. was ich will, ist, meinen anstand bewahren. mich immer im spiegel angucken können, ohne widerwillen, ohne wegsehen zu müssen.

ich merke, daß sich meine phantasie wieder wundgelaufen hat. wenn man in jeder minute vorausdenken muß, was in den nächsten zehn minuten passieren könnte, rechts, links, vor einem, hinter einem, kommt das denken und bildermachen nicht mehr zur ruhe. die gedanken schaben sich blutig.

wenn an der nächsten kreuzung wieder eine polizeistreife kommt und sie mich stellt, was werde ich tun? werde ich schießen? nein. ich werde um mein leben rennen. das ende würde wahrscheinlich kurz sein. oder ich komme davon. in einen wald. bei der gendarmerie sind lauter ältere jahrgänge. ich kann laufen. aber dann?

was tut man, wenn man sich verstecken muß? wenn eine großfahndung einsetzt?

es hat keinen sinn, danach zu fragen. sie werden mich erwischen.

es wäre ein tod, der mir steht. der zu mir paßt. wie viele haben heute den falschen tod, einen dummen tod, einen niederträchtigen tod. sie lassen sich abschlachten aus dummheit, aus innerer schlamperei, aus abenteuerlust, aus falschem verantwortungsgefühl, aus der moral des herdenviehs oder aus politischer geilheit. ein so miserabler tod bleibe mir um alles in der welt erspart.

nach hause würde man mitteilen, ich sei an der front verschollen, vermißt. aber es wäre ein tod einer auseinandersetzung, einer ungleichen, mit einem risiko von eins zu hundert, geschnappt zu werden. sie haben mich alle umstellt, eigentlich müßte ich schon längst tot sein. irgendeiner müßte was verdächtiges an mir entdeckt haben.

ich werde den tod der kleinen sterben, wenn sie mich erwischen, derer, die vergessen werden, derer, die verheizt werden, damit sich wenige an einem feuer freuen, am feuer des krieges, der der vater aller dinge sein soll. aber es ist wenigstens ein sauberer tod.

eine zeitlang nehme ich meinen weg im wald, später komme ich wieder auf die straße, habe aber viel zu gehen. kaum verkehr. die füße tun aber wieder mit, nachdem sie aus den gummischuhen gekommen sind. meine reiseverpflegung ist auf ein viertel streuselkuchen zusammengeschrumpft. die schwarzwaldorte, durch die ich komme, sind bekannt, aber nichtssagend, entfremdet. ein stück weit nimmt mich ein milchauto mit, auch hinten auf der pritsche. in drei kannen ist milch, in zwei kannen, halbvoll, sahne. ich schnalle mein kochgeschirr von meinem koppelbeutel ab und tauche es voll in die sahne. sahne mit streuselkuchen, ringsum gute luft der schwarzwaldwälder.

219

auf dem weg durch schramberg – wieder zu fuß –
bemerke ich, daß sich leute in einer uhrenfabrik, in der
jetzt sicher zünder gefertigt werden, an die fenster
drängen. ich mache mir noch keinen rechten reim
darauf. zum teil sind es kichernde mädchen, am ende
des fabrikgeländes treten zwei leitende angestellte im
weißen kittel auf die straße und bitten um meinen ausweis. es beginnt das fragespiel, woher, wohin, wobei
ich darauf verweise, daß ich zivilisten gegenüber nur
eine begrenzte auskunftsmöglichkeit besitze. aber
meine reise ist ja halb zivil, die beiden dürfen es schon
erfahren: zeugenvernehmung bei einem prozeß des
militärgerichts in donaueschingen. die verkrampfung
löst sich, man begibt sich auf nebenfragen, die aber
immer um meine person kreisen. beruf, heimatort, bis
sich der knoten löst. aufgrund meines aufzuges hat
man mich für einen der vielen amerikanischen flieger
gehalten, die bei den rollenden bombenangriffen auf
deutschland abspringen müssen. offenbar blühen im
gebiet einer flakdivision die phantasieblumen gerade
in diese richtung.

ich erreiche donaueschingen mit streuselkuchen
und sahne. die kostbare sahne trage ich in der hand.
zwanzig kilometer von hier gibt es einen einzelstehen-
den schwarzwaldhof, der mich bestimmt, wenigstens
für tage, aufnehmen und verstecken wird. ob man in
die schweiz hinüberkäme, halte ich für fraglich, mehr
wegen der schweizer als wegen der deutschen. ich
weiß, wie von dort leute wieder in ihr unheil abgeschoben werden. immerhin habe ich mich regelmäßig im
unterwasserschwimmen trainiert, um eventuell einmal
den rhein überqueren zu können. ich setze auf den hof
und bringe ein feldgeschirr voller sahne und einen rest
streuselkuchen als einstand mit.

in der nacht geht noch ein zug drei, vier stationen in
meine richtung. er ist fast leer. vor meiner endstation,
das züglein schnauft und rattert, gehe ich aufs klo, ein
trockenklo, wo man durch die röhre das gleis sehen
kann, nehme mein gewehr, halte es zentriert über die
mitte des rohres und lasse es fallen, auf daß es krumm
und verbeult werde zum nimmergebrauch.